法 律 人 的 一 千 零 一 夜

合同相对论

1

常金光　　踢米尼　主编
法天使-中国合同库　发起

中国法制出版社
CHINA LEGAL PUBLISHING HOUSE

联合出品人

段超男　孟　丽　周亚丽　张定国　韩锦超　范婷婷　陈太阳　元　蔚（Iris）

刘思璟　陈竹伟　武鹏飞　刘珂豪　莫梓楠　王玉静　张雅雯　程宝枝

冯小东　林振华　陈婉琼　徐睿明　高建英　方文璟　贡丽华　李红丽

童天慧　林　超　王　倩（璀璨）　徐俊玲　裴彦婷　贾祖昇　何燕铭

孙思仲　林霄华　雷萍萍　常　虎　丁善礼　韩清明　段聪越　卢温海

尤　健　魏东达　钱乐熙（盛菲）　罗　柳　孟庆州　韩光雷　薛　飞

刘青青　张姝姝　粥　粥（Zoe）　闫得玉　胡北辰　郝丽芬　刘　飞

赖禹立　陈玉敏　汪华燕　姚满芳　何丹莹　庄　喆　梁佳岚　吴海涛

邓巍巍　郝红艳　曾文汉　李文平　陶　利　闪　亮　王金茜　毛咏梅

余溢源　刘文亚　卢进龙　李小鹏　杨　珊　姜俊壮　邱海峰　周　宇

丁　敏　黄超焕　周　璇　张天伦　黄百万　宋富江　邹　敏　吴培育

徐　筠　徐叶红　夏　薇　李桂平　金　玮　盛　夏　邢少英　路　璐

丁　涛　蔡江天　袁　旭　王　旭　罗镜标　杜　瑛　丁　丹　李　源

薛继楠　李　昂　李泽芳　李　琼　周　婧　袁妍萍　黄瑜阳　张宏宏

李婷婷　徐静静　胡亚萍　苏超艺　黄伟杰　王　琦　白嘎利　郑　杰

罗秀钧　金　鑫

序一

法律人的一千零一夜

常金光[①]

一、风陵渡炉边故事

金庸有部小说叫《神雕侠侣》，讲的是杨过和小龙女的故事，其中有很多精彩情节，然而给我印象最深的却是风陵渡的那场夜话。

初春时节的黄河北岸，天气乍寒乍暖，黄河刚解冻结果北风一刮，下起雪来，河水又结了冰。各地来的客商不能过河，把镇上的几家客店都住满了。最大的客店名字起得很好，叫作“安渡老店”，店老板非常靠谱，尽管无房间可住，但硬是在大堂生了一堆大火，让旅客围坐过夜。门外北风呼啸，寒风夹雪，从门缝中挤将进来，吹得火堆时旺时暗，而屋内菜肴倒也丰盛，鸡肉俱有，另有一大壶白酒。

你看看这场面，有酒有肉有火堆，火堆旁围坐着一圈天南海北见多识广的旅客，氛围烘托到这儿，不讲点江湖八卦，实在是说不过去。正是在此情此景之下，

---

① 法天使－中国合同库创始人，微信：fatianshi317。

初入江湖的郭襄跟着姐姐和弟弟，第一次听说了神雕侠杨过的故事。有劫富济贫的故事；有救下了小王将军，把奸臣杀掉，脑袋挂在钟楼檐角上的故事；还有带了一头大怪鸟，时不时去海边呆呆望着海潮，等待自己失散多年的妻子的故事。

有句话叫"风陵渡口初相遇，一见杨过误终生"，要我说啊，金庸这段描写恰似红楼梦里"未见其人先闻其声"的王熙凤的出场手法。于郭襄而言，其实见到杨过之前，就已经通过这些故事懂得了神雕侠，此后才有与之相遇的系列奇遇。年过四十时，郭襄大彻大悟出家为尼，开创峨眉派，给第一个弟子起的法号不是别的，正是"风陵师太"。

二、合同相对论线上直播

这段情节我非常喜欢，乃是在于它营造的那个场面和氛围。没有现场的打斗，只有一段又一段江湖轶事，侠骨柔情。现实世界，一场疫情侵扰，人们难以当面围坐聊天。意外之下，踢米尼（Timini）和我发起了一个聊天直播，名叫"合同相对论"，口号略带江湖气息："天南地北，有关合同，却不止于合同"。每周三、周日晚八点半在法天使微信视频号准时开播，每期邀请一位嘉宾，连麦一对一聊天，每次聊两个小时。

对谈嘉宾有资深律师、律所主任，有企业的资深法总，有法律科技创业者，偶尔还有与法律不那么直接相关的跨界嘉宾。对谈内容既有法律专业的前沿话题，也有职业发展的个体经验；既有对行业趋势的观察，也有法律人成长的方方面面。各位嘉宾都非常优秀，出版的书加起来也有数十本，而今共同作为本书作者，可谓星光熠熠。

一位律师说，这个直播开始时她刚生完孩子，伴着每期直播，她走出了产后抑郁；一位法务说，每周三、周日准时蹲这个直播，找到了童年看动画片的感觉；更有朋友说，这个直播打开了很多扇窗户。每期都有众多朋友围观、评论、留言，回到群里讨论，他们之间也成为朋友。这让我想起风陵渡口夜话的热络场景。后来这个直播有幸获得出版社的关注，编辑老师提议，请各位嘉宾在对谈话题基础上二次创作，撰文出版成书，这就是本书的来源。

如今直播已经做到了近100期且仍在继续。稍稍回顾，有很多有趣的细节，比如邹雯律师讲作为知识产权律师穿着高跟鞋到现场取证的故事，投行并购大牛劳阿毛分享去客户处谈并购的心路历程，谈判专家李雪松在国际航班与人谈判找到座位的经历……打动我的经常是一些看似微不足道的小情节，比如君合合伙人史欣悦律师说每天早晨到办公室，不肯劳烦保洁阿姨，而是自己拿着茶壶茶杯边清洗边开启一天的工作。受此自洽心境感染，我早晨到办公室后，也学着更耐心地清洗自己的茶杯，不慌不忙地开始一天的工作——几乎每位嘉宾都有一些有趣的细节，恕我不能在此一一列举，诸位不妨到书中阅读。

呈现在书中的内容，与各期聊天的主题相关，又不局限于当时的聊天。作者做了必要的增删调整，各自独立成篇。需说明的是，由于话题较为广泛，有的偏个人成长经历，有的偏业务探讨，难以统一体例，也并未强求各位作者统一；而是在每篇结尾处请作者写了简短的“合同洞见”呼应直播主题，并推荐一本自己喜欢的书。这样既保留了各位作者原汁原味的风格，也相对有了整体的统一感。

三、优秀的人，更大的世界

读者朋友不必把本书当作专业书来阅读，只希望其中有一两项对你的生活有所助益或启发。于郭襄来说，那场风陵夜话就是听闻优秀的人，遇见更大的世界；于这本书来说，即使对你不能马上起到作用，也期许能伴你度过一段闲暇时光。一些内容悄悄留在心里，对此后的生活有一点点改变。

于法天使－中国合同库而言，我们其实也有自己的创业故事。迄今为止，法天使－中国合同库提供数千类高品质的合同模板，有超过20多万的全国律师、法务用户，正在法天使（fatianshi.cn）官网、Word/Wps文档律师助手插件、法天使App和法天使合同库微信小程序，便捷地获取合同模板，更好地起草审查合同。法天使还协同各机构制定了业内首个也是唯一一个《合同起草审查指南》团体标准，配套出版了《合同起草审查指南》3卷本书籍，提供线上线下的合同起草审查课程，举办合同标准考试，目标是与法律人一起提高社会合同水平。通过合同相对论直播，也已经让更多朋友了解到了我们的故事。

本书命名时，在作者群征集副标题，各位作者纷纷"抛砖引玉"，Timini灵机一动说出"法律人的一千零一夜"。如你所知，《一千零一夜》是阿拉伯民间故事集，又名《天方夜谭》，与本书内容相映成趣，获得了大家一致赞同，本书遂名为《合同相对论：法律人的一千零一夜》。在我眼里，各位嘉宾就是神雕侠杨过和白衣飘飘的小龙女，他们讲的是律师、法务、科技创新中有关职业、专业和行业的精彩故事；而我就是风陵渡里火堆旁边的围观群众，流着口水听着故事，感到无比幸福。

额外福利

除阅读本书内容外，如果你想回看各期直播，扫描如下二维码回复**"合同相对论"**即可，还可获取一些动态更新的福利。[①]

法天使-中国合同库书籍、课程和工具简介

法天使-中国合同库（fatianshi.cn)是一家法律科技公司，由法律人和工程师于2015年创办，使命是建设中国合同标准，提高社会合同水平。

书籍。法天使-中国合同库出版了《合同起草审查指南：三观四步法》《合同起草审查指南：常用合同卷》《合同起草审查指南：公司卷》3卷本合同实务书籍，迄今为止，系列图书有超过10万读者，仍在各平台持续畅销。

---

① 稳妥起见，视频回放等资料只是本书附加资料，不构成本书的正式内容，如果未来因任何原因视频撤销或不再播放，不影响本书文字的完整，各方不承担相关责任。

课程。包括线上和线下课程，其中“21天线上合同实训营”一般每期21天，微信群陪跑，每期100—200人一起学习，已经举办数十期；线下“2天1夜合同实训营”，沉浸式学习，在各城市举办数十场。线上、线下合同实训营已经有超过1万名学员，仍在长期持续举办。

工具。中国合同库有超过20万注册用户，可在法天使（fatianshi.cn)网页、Word和Wps文档、法天使合同库微信小程序和法天使App等端口使用各项功能。用户可使用数千类标准合同模板、条款库、法律法规库、工商信息库及工具箱，快速高效地起草审查合同。其中，嵌入Word和Wps的律师助手、网页端的合同生成器特别受用户欢迎。

标准与考试。2021年，法天使－中国合同库牵头制定发布了《合同起草审查指南团体标准》，并发起了“合同标准考试”，每年在各城市举办，越来越多法律人正在报名参加考试。

更多具体信息，请到“法天使”公众号或登录法天使－中国合同库官方网站（www.fatianshi.cn）了解详情。

序二

共创的奇迹

王艳丽（Emi）[①]

封在家已经快两个月了，封控前的厨艺仅限于把生菜炒熟的我竟然可以让吃货儿子每天赞不绝口，这主要还是归功于“下厨房”App：每一道菜都有来自民间大厨不同的菜谱分享，包括食材调料的配比，烹饪步骤的详解，和各类独家温馨小贴士。即使是厨房小白，只要严格按照菜谱，也能做出色香味俱佳的菜肴来；不仅如此，小白们还可以通过测试不同的菜谱，不断地改良已有的菜品，上传属于自己标签的作品。有多少颗心在厨房里充满生命力地绽放，就有多少份色彩在“下厨房”里传扬和点亮他人。这份“共创”的力量在上海封控期间解决了我们全家的口腹之欲，也进一步引起了我对法律人通过“共创”凝结出集体智慧的思考。

于我而言，“合同相对论”直播对谈正是一次自然生发、水到渠成，在心无挂碍的轻松交流与畅谈中完成的法律人间的共创尝试。它发端于脑洞极大、心胸极宽广、思维极其活跃、同时在人际链接方面极有天分的两个年轻法律

---

① 米其林中国区总法律顾问，邮箱：emi_wangyanli@126.com。

人一打响指的“啊哈”时刻。在过去的大半年，两人像辛勤的小蜜蜂般，在各式美丽花园采集花蜜，用心酿造。可能一开始两人也不知道这个全新品种的蜂蜜会是什么口感、什么味道，然而酿着酿着，小蜜蜂发现蜂蜜的味道和功效不需要由小蜜蜂去预先定义，因为每一个细心品鉴的客人，都在蜜里咂摸出了不同的滋味：这是一份由小蜜蜂、花朵和品蜜人共同精酿出来的芬芳和甘甜。

法律人的共创对于法律共同体的建设和法律人影响力的提升究竟有怎样的好处？在思考这个问题时，我联想到了另一个问题：“智商爆表的章鱼，为何却没有先于人类统治世界？”其根本原因就是人类靠群居，将经验和知识提炼总结成智慧，一代代地传承下去，所以文明不断地站在前人智慧的基础上发展和更迭；而章鱼寿命很短，为了物种的繁衍，章鱼爸爸妈妈用牺牲自己的方式产下小章鱼，孩子们出生后就没见过自己的父母，只能靠自己去摸索大自然的生存法则，因此，整个章鱼世界的智慧也就只能囿于章鱼短暂的七年“鱼生”，没有传递，没有传承，更不可能有迭代。

因此，法律人影响力的提升无法单靠某一群体实现。面对我们共同面临的难题和法律人的明天，我们需要集体的智慧，而共创正是获得集体智慧的最佳方式：在共同兴趣爱好的吸引下，在共同梦想的牵引下，一群人在场内连接彼此的智慧，碰撞出火花，同时又传导到场外，发生新的化学反应，形成更有趣的场域，创新变革的可能性由此展开。法律人之间的交流也从过去的“小范围单点单项输出”转变为“去中心化无边界多向互动”。无意之间，让一个学习型组织在一群并不相识的人之间建立起来，让其中每一个个体学习的需求、成长的需求、解决问题的需求、被赋能的需求、自我实现的需求都逐一得到了满足。这是“合同相对论”创造的奇迹。

我想起十年前自己刚被晋升为中国区的法务负责人，战战兢兢、如履薄冰，四处寻找可以帮助我快速扮演好角色的经验和攻略。然而彼时，法律共同体仍在萌芽期，专注于律师和法务的法律平台还没有获得资本的青睐，“法律+科技”还是好几年后的事情，法律人也还是习惯于在相对封闭的自我空间里踽踽独行……这一现状在过去的七八年间发生了很大的变化。我受益于这种变化：从别的律师的分享里汲取着养分、同时也愿意把自己成长中的经验和教训通过“合同相对论”这样的好平台，给到那些和十年前的我一样在寻宝的年轻人。希望合同相对论所引发的共创引力波，能够顺着它巨大的惯性，一周一周持续滚动下去，创造更多的奇迹。

目录

职场篇

合同篇

业务篇

技能篇

职场篇

踢米尼（Timini），某德国集团公司亚太区法务负责人，曾先后就职于外资律师事务所、美资公司、中法合资公司、德资公司。担任公司法务负责人期间，同时负责公司合规业务，在公司内部反腐败、反舞弊调查方面经验丰富。

Timini还专注研究谈判、演讲、培训等表达问题，是《四步说服法：高效演讲、谈判、销售、沟通的秘诀》一书作者。

Timini也是5000人成员的苏沪法律人俱乐部的发起人，公众号“见我”的主笔，“合同相对论”的联合发起人，圈内人称“T总”。

微信：Timini1984；微信公众号：见我。

能言，更要善“战”

踢米尼（Timini）

提到法务部的权威，不同公司可谓千差万别。以我的观察，确实有少数“说一不二”的法务部，也有一些毫无存在感的“小透明”。但更多的法务部像一个过了40岁的中年人：想攻，依然有望开疆拓土；欲守，也可勉强颐养天年。对每个法务也是一样：安守本分，或许能做到及格，无功无过。而想要有影响力，则必须不怕冲突，能言善“战”。

一、法务部的权威从何而来？

从旁观者的角度看，有些公司的法务部地位天然比较高。法务求职时，当然愿意去这样的公司，明明是支持部门、成本中心，愣是活成了甲方的模样。然而新人很少仔细想过，这种地位从何而来。

第一，与公司性质有关。

我自己在美国公司、合资公司与欧洲公司都工作过。以我自己和对身边朋友的观察（这种观察可能是不准确的，更可能是一种刻板印象），总的来说，美国公司的法务部普遍具有天然的权威。这种天然可能是基因上的：

首先，美国属于强监管国家。无论是违反FCPA（美国反海外腐败法）、反垄断法律还是合同违约、侵权，都可能使得公司遭受高额损失甚至灭顶之灾。一个不慎，不仅公司受影响，个人的责任往往也很大。正是因为风险过高，所以越是高层决策者越是利益相关者，越有动力守法合规。

其次，美国律师“无所不能”的形象深入人心。看美剧的朋友一定没少看到美国律师如何在法庭上翻云覆雨，这里面虽然有夸张的成分，但也不得不承认，美国律师的整体专业程度、解决问题的能力是经过检验的。美国社会对律师的评价也随之递延到公司内部的律师、法务，因而公司内的其他员工也好，管理层也好，看待公司内部的律师、法务也会戴着同样的滤镜。总部有了这样的传统，开枝散叶到各地子公司、分公司，这种影响多多少少也会潜移默化地自我演进。

所以在美国公司，法务出具的意见，很少有被直接无视的。我在美国公司工作时，法务总监时不时跟总裁争得面红耳赤，而结果往往是总裁气呼呼地妥协——这在别的公司是难以想象的。可别认为这是因为法务总监级别够高，相对来说，这更是一种文化。我当时虽然是入职不久的年轻法务，但业务部门的同事甚至是总监，都极其谦逊客气地跑到我办公室里探讨合同条款。

相比之下，欧洲公司的法务部会相对“温厚”些。风险要管控，合规要做，底线要有，但业务也要做。这样的文化下，公司对法律意见的把握上就比较灵活，既不会像美国公司那么高度厌恶风险，也不会像一些国内企业一样激进冒险。但也正因如此，欧洲公司的决策往往会更缓慢，法务部如果有心推动变革也会更费力气。

再往另外一端滑过去，国内的很多企业，尤其是新兴的企业，相对来说会更偏业务。风险尤其是法律风险再高，都高不过眼前的生存风险。“宁可战死，不能饿死”可能是很多掌舵人的想法。在这样的公司，法务想要发挥风控的作用，不做“小透明”，当然没有天然的权威可以指望，只能充分发挥沟通、说服的力量，逐步建立信任与影响力。

第二，与公司成长经历有关。

每次说到法律人的声音不被听到，很多法律人都会私下“不怀好意”地说：你且让他犯个错。这话说起来似乎有点职业道德的顾虑，但确实反映了现实。为什么很多小、微型公司没有法务，也不用律师，什么合同都敢签，什么章都敢盖？那是因为它们没吃过亏。

我有一个做工厂的朋友，业务做得很好，前几年在上海郊区买了别墅，意气风发。我偶尔跟他聊天，觉得他的业务模式存在较大法律风险，建议他找个法务或律师把把关，但他一直不以为意：“这么多年我都过来了，不也挺好？”

直到有一天出事了。某个晚上，他太太辗转联系我，六神无主地请我推荐一位刑事律师。仔细一问，原来他以非常明显的方式侵犯了合作方的知识产权，被刑事立案且被羁押了。几位热心朋友来回奔走，费了很大工夫，也赔了不少钱，最后总算使他免了牢狱之灾。在那之后，他很老实乖巧地找了个年轻法务，事事听听法务的意见。偶尔对年轻法务出具的意见不放心，还会找我确认一下。

而我熟悉的另外一家大公司更是如此。这家公司进入中国市场好些年，一直顺风顺水，法务部也就两三人。后来在一个项目中，管理层不顾法务提示的重大风险签了一个合同，没多久被诉，赔了两三个亿。管理层被总部全部换掉不说，法务部在短短几年从两三人发展到了三四十人。听说他们招人都挑有经验的、贵的招，用外部律师也预算非常充足。当然更重要的是，法务部在公司地位非常高，对很多事项都具有一票否决权。

“不经打击老天真”，那些经历过创伤的公司，会更明白法务的重要性。

第三，与法务部领导风格有关。

为了方便，我将法务部的领导统称为“法总”吧。如果将法总风格粗暴地分类，分为两类是讲得通的：一类是进取型法总，一类是温和型法总。

进取型法总有很多特点，比如关注团队成长，关注自身影响力，关注法务部在公司的话语权，积极参加法律共同体的活动，愿意为团队和部门发展去争取预算、资源、机会。这样的法总带领的法务部，方方面面都容易出成绩。这些成绩公司内部能看到，同行也能看到。实际上，在公司内部，团队领导能力是否超群、是否有进取心，众人都看在眼里，也在无形中影响着这个部门的地位。

温和型法总可能比进取型法总比例更高一些。毕竟在很多人眼中，特别追求个人成就、有雄心壮志的法律人很多选择了做律师（这当然也是刻板印象）。选择做法务的人，有一部分选择的是相对安逸、可预期的工作方式。在此我没有批评温和型法总的意思，因为在不同类型的公司、公司不同的发展阶段，对法务部的需求和期待也不同。打比方说，某些百年大公司的法务团队人员众多、分工明确，这样法务部的法总完全有理由采取保守的策略，维持不出错就是职业的成功。

与进取型法总相比，温和型法总带领的法务部影响力会相对平稳或弱一些。有家公司原本有一位特别敬业优秀的法总，法务部在公司也很受尊敬。后来这位法总离开，又来了一位临近退休的法总，原本要做的几个变革项目随之搁置，法务对业务的主动关心也减少了，没多久法务部就逐渐退隐到一个“半透明”的位置，完全失去了鼎盛时期的话语权。

二、法务个人怎样建立自己的权威？

一名法总可以有不同风格，一名普通法务当然也可以有不同风格：温雅敦厚，没问题；能言善辩，也没问题。关注专业能力，很好；关注人际关系，也没错。

但在我看来，无论是哪种风格的法务，一定不能害怕冲突，有时候还要主动选择冲突（confrontation）[①]。因为无论在哪种类型的公司做法务，冲突都是免不了的，这是法务这份工作的天然属性。下面重点说说法务与业务的冲突。

我自己将法务与业务的冲突分为三种：

1. 管与不管的冲突

说起来有意思，有些事法务想过问，业务大门一关：“这事不需要法务插手，我们自己能搞定。”比如，有些业务为了追求快速成交，希望合同不经过法务，闭眼直接签署对方提供的版本。

又有些事，法务不想过问，业务硬塞过来：“不行不行，你帮我把把关我才放心。”比如一些低风险的合同，比如某些需要甩锅的时候。

对于第一种情况，只要天不塌，我一般不拿热脸贴冷屁股。重要的是提醒业务：“如果你需要我们，随时联系。如果你觉得业务部门自行决策合适，务必确保遵守公司的所有流程。”——这是非常必要的documentation[②]的过程，不能省。当然，如果真的事关重大，那不用害怕得罪人，该插手的就插手，对方硬捂着就找更高层级的管理者提示风险。当然，这个更要记得留下书面证据。

第二种情况，如果我判断出不了乱子，要么推回去，要么花费少量时间处理一下。推回去的时候有很多理由：根据政策规定，小额合同无须法务处理；法务

---

① 以不躲闪的方式直接应对质疑、挑衅或冲突。

② 某种“黑话”，以留下档案的方式保存证据。

部人手不足，我们不提供翻译服务；目前手头排了几个重要的合同，你这个合同能等多久？如果你察觉到对方完全是拖法务下水的意图，那么用下面这一招。

2. 裁与不裁的冲突

虽然业务部门有时对法务唯恐避之不及，但在多数人眼中，法务还是比较权威、中立的岗位。所以，当两个部门对某事产生争执，尤其是发生利益冲突的时候，法务经常莫名其妙地被拉去做裁判。记得有一次，我被一名采购同事拉到一个漫长的会上，原本以为是谈供应商质量问题，听了两三个小时才明白，原来是采购部门和使用部门在“争地盘”。采购部门认为自己有权决定使用哪家供应商，使用部门认为自己了解每家供应商的具体表现，所以应该自己来决定。等我弄明白这是一摊浑水的时候，我非常清楚地表明了三层意思：

第一，这事没有法律问题，法务部不负责裁断；

第二，非问我意见，我建议各位按照公司现有的采购流程来做；

第三，如果采购流程解决不了问题，或者各位认为流程本身有问题，可以请两个部门的共同主管来裁决。

对，就是正确的废话。

总之，对于这种试图将法务作为武器四处扫射的，或者拉法务背锅的，先擦亮眼睛弄明白对方的真实意图，然后亮明态度：你俩爱打打，别拉我下水。如果真的涉及法律评判，也尽量不要给出一边倒的意见，而是各打五十大板，指出各自的问题：“你们谁也别在这扮好人。”不要害怕得罪人，此时讨人嫌是为了之后不被继续拉来垫背。

3. 要不要“打”

我一直提醒自己和团队伙伴，法务不要轻易说“不”，因为经验证明，多数问题都是有解决方案的，而且很多时候不止一个解决方案。

然而在有些大是大非上，法务必须坚定，该投否决票的时候就投否决票。不要害怕得罪人，不要害怕承担丢订单的指控，甚至也不要害怕丢工作。还记得前面说过那家赔了两三个亿的公司吗，法务明明给了强烈的反对意见，业务还是坚持要冒着极大的风险继续，最后损失惨重。如果在这个过程中，法务没有坚持自己的原则，那就不仅是丢工作的事，更是长久的职业耻辱。

以上说的几种冲突情形，我们都是被逼无奈。但有时候，主动“开打”也是一种选择。

有一次我刚就一个案件发表了自己的看法，一位业务同事立刻回邮件，指责我的法律意见站不住脚。这位同事自己平时自学法律，所以总要寻找练手的机会。我理解他邮件里说的点，也知道他在哪个环节搞混了，于是客气地给他回邮件解释。没想到他主动升级争端，再次给我写了一封言辞激烈的邮件，还抄送了好些人，包括他的老板。我一看，这有点太欺负人了吧？于是我认认真真跟他掰扯了一下，指出他理解上的错误，顺便指出，这已经不是他第一次无视法务的意见了。要记得，在公司，只有法务部才有立场（in the position）来发表法律意见。能对我们的法律意见发表评论的，只有专业人员。他不是爱抄送吗，我于是将我老板也抄送了。

我的回邮相当于将局部战争上升到了全面战争。我老板看到邮件之后，当然支持我的做法，还主动问我是否需要找他的老板谈谈。我谢绝了老板的好意：这是一场我主动参与、升级的战争，我必须自己结束它。

偶尔“开火”或扩大“战火”，不是为了赢，而是为了生存。只有通过“打”，才可能确立基本边界，才可能对外释放信号：我们不是软面团，想捏就捏。没错，我们支持我们的业务部门，但我们不宠坏他们。我们不仅有专业知识，更有态度、有尊严、有骄傲。

三、四处开火，你怎么敢？

有人可能会问，法务在公司又不是利润中心，谁给你的勇气那么“刚”？

第一，有个强大的老板。

从前面也看出来了，我有老板“撑腰”。我一直比较幸运，当然也可能是择业时的偏好：我的历任老板都非常powerful（有力量的强势），还非常“护短”。

印象很深的是，数年前我们新招了一位法务同事，业务啥的都还可以，就是沟通技能比较弱，说话横冲直撞。为此很多内部客户抱怨较多，我也没少跟着收拾烂摊子。后来不知道这位同事怎么得罪了一位高管，这位高管可能知道找我没用，直接一状告到我老板那儿去了。这位高管的大意是：你们法务部新招的这位能力不行，我建议不要让他通过试用期了。这位高管级别很高，按理说我老板有理由对他客客气气的。但我老板直接怼回去了：我不会对你的下属指手画脚，请你也别对我的人说三道四。请记住，唯一有资格评价法务部任何一个人表现的只有我！

现在讲起这段，我依然很“上头”。有这样的老板，你自然有底气去坚持原则，自然不怕冲突。我记得没多久，有一位业务同事给法务部发邮件要求我们翻译一份合同。我电话里跟他解释了，翻译不是我们的工作，这事完全可以交给外部机构去做。这同事不声不响，直接写邮件一状告到我老板那儿去了。当然，告状者往往偷偷摸摸，这封邮件没有抄送给我。我知道这件事是因为我老板回邮件了，并且抄送了我。他的回复跟我电话里说的一样：“翻译不是法务部的工作，你们自己找翻译机构翻去。”

碰到这样的老板，即使常年不加工资，你也觉得工作安心对不对？我自己是受益者，深知老板的态度会在多大程度上影响团队的信心。所以，我也一直努力将这传统延续下去，做团队的坚强后盾。

有一次，一位业务同事请我审核一份合同。我一看就起了疑问：这合同标的并不太大，平时都是我同事看的，今天怎么来找我了？再一翻，这合同明显有法务看过的痕迹。于是我问这位同事：“这份合同我同事是不是看过？”他有点不好意思地承认了，但也话语一转：“我觉得他对合同第八条的看法可能有点不到位，所以找您再确认一下。”别的我不知道，这把戏我可太熟悉了：一处闯关过不去，就换一处，幻想着哪边网孔大就漏过去了。我看了一眼条款，我同事给的意见是站得住脚的，于是我跟他说：“我想起来了，这份合同我同事跟我讨论过，他给的意见就是我当初的意见。”

用这样的方式，不仅减少、避免了重复工作，更是用行动向外界证明：整个法务部是一股绳，不要试图寻找我们的弱点反复冲击。这也是对团队成员的一种承诺：你放心大胆去做，我给你兜着。

第二，取得本地管理层的信任。

有部门老板的支持，这是树立了经线，还不能成网。只有本地管理层也坚定

“挺”你，才算纬线也到位了，你才有了一个真正的防护网。但不是每个法务都有机会与本地管理层亲密相处的，怎么才能取得他们的信任呢？我的心得是，抓住“关键时刻”。

回想起我与多位CEO的相处，每次都是因为一些“关键时刻”而很快建立了宝贵的信任。

第一位CEO非常强势，爱憎分明。如果你是他喜欢的人，他会对你各种支持；如果你是他不喜欢的人，你在公司寸步难行。据说有一次他带几位总监参加谈判，有一位穿着牛仔裤到了现场，直接被他当场赶走了。

那会儿我刚到公司，听说了他的雷霆作风，但还没机会领教。突然有一天，我被一个电话叫到一个会议室。他正在和多位高管开一个会议，其中有一个法律问题需要我的意见。说实话，我真的很讨厌这种“埋伏战”，但这几乎也是法务工作的常态。我的基本方法就是给个方向性意见，但具体细节等我回头写下来给你。这次也不例外，我三言两语说了自己的看法，然后补充说：“具体的赔偿金额，我需要回去做一些调研，看看类似案例以往是怎么判的。”

回到办公室，我连夜做了调查，并且将研究结果做成了一个清晰的表格，说明在不同场景下可能出现的法律后果。

第二天，一群人再次与这位CEO开会。当我投影出自己的表格时，我能清楚地看到他脸上罕见的笑意。他接着问了几个问题，也都是我提前准备过的，看得出他对我的回答很满意。

经过这一件小事，我非常荣幸地进了他的“白名单”。我时不时被拉过去开一些不明所以的会议，会议上各种争论，但只要我给了法律意见基本上就是“end of discussion”①，因为他都会毫不犹豫地“采信”。后来他离开公司，我还时不时地接到他私人的法律问题咨询。

第二位CEO温文尔雅，待人客气，与第一位风格迥异。但这样的风格往往是慢热型的，需要更长的时间去彼此了解，信任的建立也更需要时间。

因为一个项目，我们一起出差了大半个月。在这期间我们天天一起吃饭，聊

---

① 讨论到此为止，有种一锤定音的意思。

了很多话题，算是了解了对方的习性。然而真正的关键时刻却是在谈判桌上：商务部分一一敲定，轮到法律条款谈判了。因为我全程观摩，提前做了功课，又不知不觉和对方法务建立了良好的关系，原以为最艰难的法律条款谈判竟然进行得非常顺利，用了原定时间的三分之一就敲定了合同。之后我和这位CEO再次吃饭的时候，他毫不掩饰对项目进度和我的表现的满意。也正是这次项目之后，他会主动要求业务的同事在各种场景下让法务提前参与。

所以说，与本地管理层建立良好的关系，建立强韧的信任，靠的不是漂亮话或刷脸，而是要知道哪些是关键时刻，在关键时刻怎样“强准备”，打好一场场硬仗。

总而言之，法务部的权威与影响力，虽然有基因因素、历史因素，更与每个法总、法务自身的性格、工作方式相关。想要不断增强法务部的影响力，一定不能害怕冲突，甚至有时候要主动选择“开战”。而不怕冲突的底气，一部分来自法总的强力支持，还有一部分则是通过关键时刻赢得本地管理层的深度信任。

合同洞见

我认为法务朋友也许花了太多时间在合同文本上。 之前我简单调研过，很多法务超过60%的时间花在合同处理上。把这么多的时间花在合同上面到底有没有价值？有没有比合同更重要的事？花在合同上的时间有多少是花在了“重新发明车轮”上？合同做到完美，真的就能避免合同纠纷了吗？

图书推荐

《被讨厌的勇气》，岸见一郎、古贺史健著。

校稿人：段超男

余朋铭（大鱼），法律人社区平台“新则”的创始人。任全国60余家律所/团队战略顾问，协助团队梳理战略，设计内部管理及外部运营方案，辅导律所/团队完成业务转型升级。

微信：yupengming。

律师如何考虑自己的发展？

余朋铭

各位好，我是“新则大鱼”余朋铭。

新则是一个致力于为创新法律人提供服务的法律人社区平台，通过内容运营、社群活动、战略咨询三大板块，服务于律师团队，帮助它们完成能力提升、业务转型和品牌升级。

在2016年的时候，我曾经写过一篇文章叫《律师，你仔细思考过自己的商业模式么？》，围绕律师团队的经营发展，从商业的角度提供了一套分析的逻辑和框架。也是从那时起，我开始关注律师、律所的业务增长和规模发展，并试图建立一套全新的属于法律行业的增长模型，找到驱动行业创新发展的底层逻辑。

我们不仅思考，还亲自上手实践。在过去的三年时间里，通过自己的辅导与陪伴，帮助超过60个团队实现了跨越发展。也在这个过程中，更加明确了很多团队发展的共通问题和解决办法。

在接下来的文章中，我想借用当年的文章结构，更新一下我们的分析框架和方法，希望给你带来不一样的启发。

我会从四个模块展开，分别是战略聚焦、战略拆解、品牌运营、组织建设，这四个模块环环相扣，彼此联系，共同决定了一个律师团队的发展。

模块一：战略聚焦

很多律师和我聊到发展的时候，都觉得小团队不需要战略，只要埋头干活就行了。因为在他们看来，战略是个看起来很虚、做起来不踏实的东西——事实上，他们过去几年的经历也验证了这个想法——即使没有什么战略，自己似乎也发展得很好。

是“战略”本身有问题吗？不是的。之所以会有这样的情况发生，是因为法律行业整体仍然处于高速增长的红利期。所以你可以理解成在红利期间，无论做什么都是对的。就像你买股票，只要大盘在涨，那你买的股票大概率会增长。

但是这样的状态很难持续，外部环境、信息技术、政策变化，都在逐步增大对法律服务行业的压力，间接推动行业的调整和转型。所以，过去让你成功的，不必然能推动你继续成功。

事实上，过去一段时间我在和一些团队负责人沟通的时候，最常被问到的问题是——大鱼，我现在手上在跑的案子、项目，风险收费合起来能管上至少两年，所以短期内我们团队其实没什么问题。但其实我有点担心未来，我担心自己没有持续的竞争力，所以下一步应该怎么做呢？我是应该提升专业、强化资源、进入圈层、打造品牌、学习管理、调整分配，还是别的呢？

在团队发展这件事上，大部分团队面临的实际问题不是“要不要做某事”，而是“如果要做，先做哪个”。

就像一个想要减肥的胖子，他知道自己面临的问题，明白自己所处的境况，也清楚造成这件事的原因，更知道解决问题的做法——他面临的问题在于“选择”——如何在资源有限的大前提下，尽可能作出最优的选择。是该放弃应酬，还是先缓缓？

所以，以我自己的理解，未来律师、律所、团队一定会面临的问题，不是要不要规划发展，而是选择以何种方式发展。而作出选择，就是战略的核心。

战略这个词，教科书上有很多定义，比如哈佛的管理大师迈克尔·波特教授就认为，战略是形成一套独具的经营活动，去创造一个价值独特的定位。如果只有一个理想定位，那么企业也就无须战略了：企业的当务之急，就是发现并抢占这个定位，以此赢得比赛。

战略定位的实质就是选择与竞争对手不同的运营活动。如果同一套运营活动能够生产出所有品类的产品、满足所有的需求、接触到所有的客户，那么各家企业很容易在它们之间进行切换，此时运营效益将决定企业的绩效。

听起来很绕对不对？但其实对于律师团队来说，我们讨论战略，说到底就是为了想清楚接下来应该怎么发展。所以战略就是选择“接下来应该怎么发展”的做法——对局势进行判断，作出合理选择，并为了实现目标采取一系列相关的行动。

放在小团队里，战略就是聚焦在自己下一步到底把重点放在哪里——是对外的发展，还是对内的协调。说得再简单一点，就是接下来要把精力放在赚什么钱上？无论选择是什么，只要这个选择能帮你更快、更好地达成目的，它就是一个好的战略。

在我们看来，战略聚焦的第一件事，就是确定增长方向，明确自己的成长业务是什么。所以我们和团队辅导、沟通时，第一件事就是放出这张图。

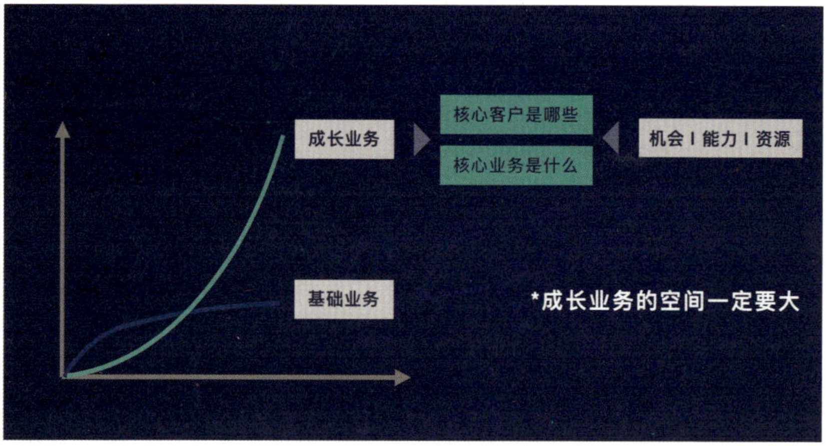

在实际和团队共创的过程中，我们往往会把团队的业务进行分层，更有针对性地制订增长策略。我们通常会把业务分成以下两类：

1. 基础业务：基本盘业务，通常是稳定的，要保持和维持的。

2. 成长业务：快速增长的业务，要通过投入资源放大的。

真正决定增长的，往往是成长业务。只有明确了自己成长业务的类型或模式，后续的规划才有意义。

我自己总结，法律行业的增长方向选择，核心无非三种：

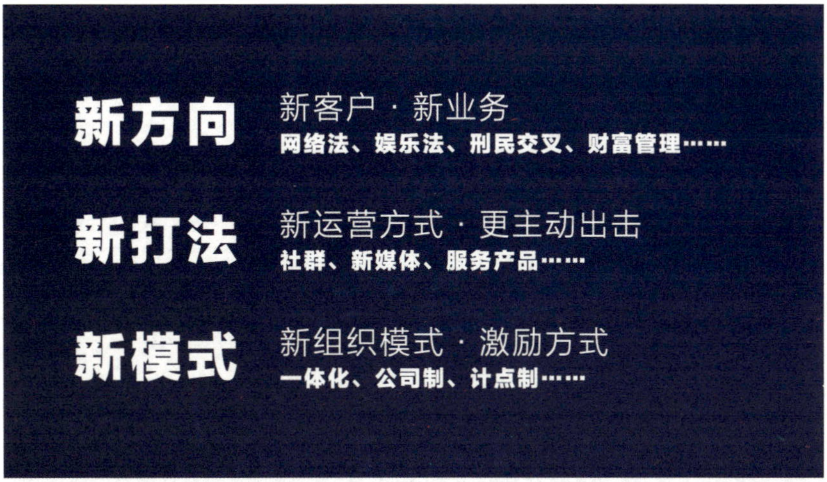

其中，“新模式”主要面向的是律所，“新方向”和“新打法”更适合律师团队。

所谓新方向，指的就是经济发展，新市场带来新客户；行业变化，老客户衍生出新业务。

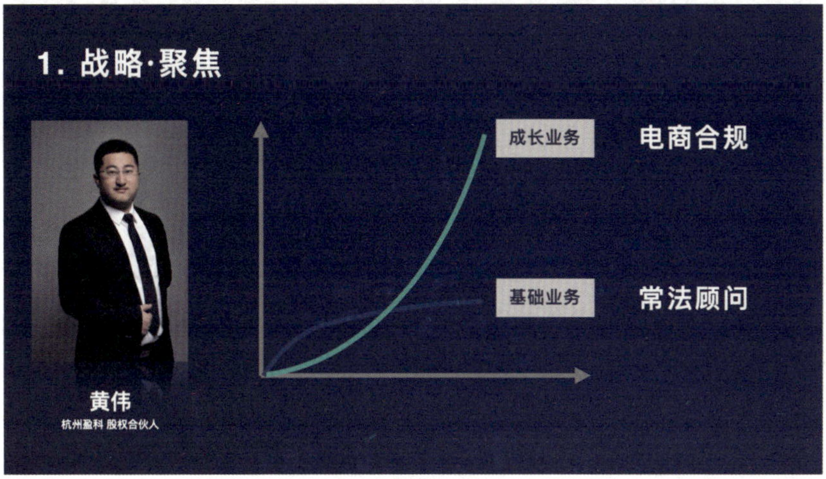

我们最早的合作伙伴——来自杭州盈科的黄伟律师，就是一个很典型的“通过切入新方向，获得快速发展”的例子。

他们早期的业务形态是多元和综合的。2018年起，他们开始切入“大电商”这个赛道，从服务社交电商客户，陆续切入红人电商，现在已经服务于多个头部MCN客户，从一个传统民商事律师顺利转型行业律师。

这就是“经济发展，新市场带来新客户”的典型例子——事实上，过去几年里，法律行业每年涌现的大量风口业务，都与这类方向有关。我们合作的以王军律师为代表的北京韬安律师事务所，就是随着娱乐法的大趋势迅速发展起来的。

同样，行业变化，老客户也会衍生出新业务。

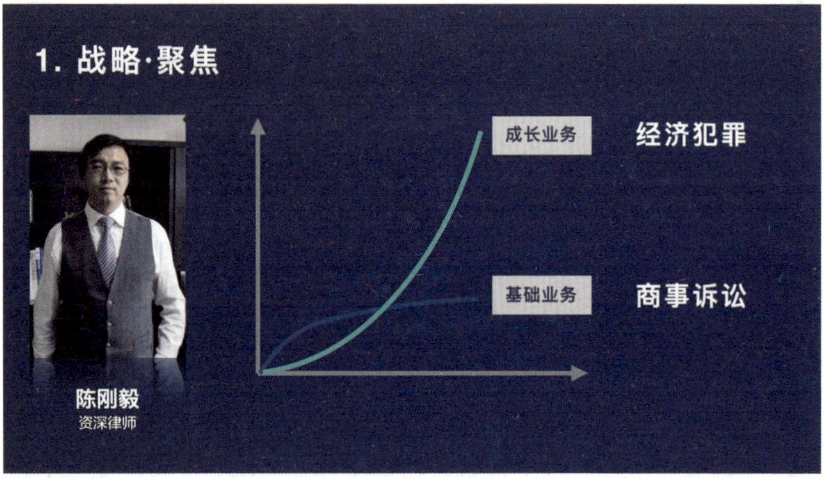

我们的合作伙伴陈刚毅律师，前15年的执业生涯里做的全是民商事业务，从2018年开始转型刑事方向，业务也开始爆发式增长。

之所以切入经济类犯罪领域，就是因为随着大环境发生变化，他过往服务的很多民营企业客户，开始逐渐面临经济类犯罪的风险，因此衍生出了这类新业务需求。

事实上，现在火热的“刑事合规”业务，就是一个典型的“因为行业变化，老客户衍生出新业务”的例子。如果你观察很多规模大所，他们在过去一年里纷纷开始投入精力建设自己的刑事专业部门，都是因为类似的原因。

新方向之外，还有新打法。所谓新打法，就是传统业务，流程再造，也会产生对应的红利。

对很多律师来说，不论是因为地域原因，还是因为资源原因，可能不一定能抓住“新方向”的机会。而事实上，业务增长也可以不来自新业务的拓展，而是来自老业务的升级——这就是新打法的意思。

举个例子，来自湖南的旷真，就是新打法的典型。他们的业务本身并不复杂——钢贸、建材、混凝土客户的欠款业务，他们的厉害之处在于模式。如下图所示：

旷真服务模式

1. 企业回款前，**不需要**向旷真支付**任何费用**。
2. 法院诉讼费，由旷真代为企业**垫付**。
3. 贷款回款后，贷款**本金** 100% 归企业所有。
4. 代理费支付，旷真收取欠款单位支付款项**逾期所产生的违约金、利息**等作为催收服务**代理费**。
5. **免费法律顾问服务**，旷真向企业免费提供日常法律服务，大数据支撑企业从“事前、事中”进行风险管控。

我们的合作伙伴，江苏泽执律师事务所，也是类似的逻辑。他们从无锡起家，做全国的执行业务。执行业务很多律师都在做，业务本身有专业性，但泽执飞速发展的关键并不在业务本身，而在其打法。

在之前的开言大会上，泽执的曾主任就曾经用这张图，说明白了泽执的打法：

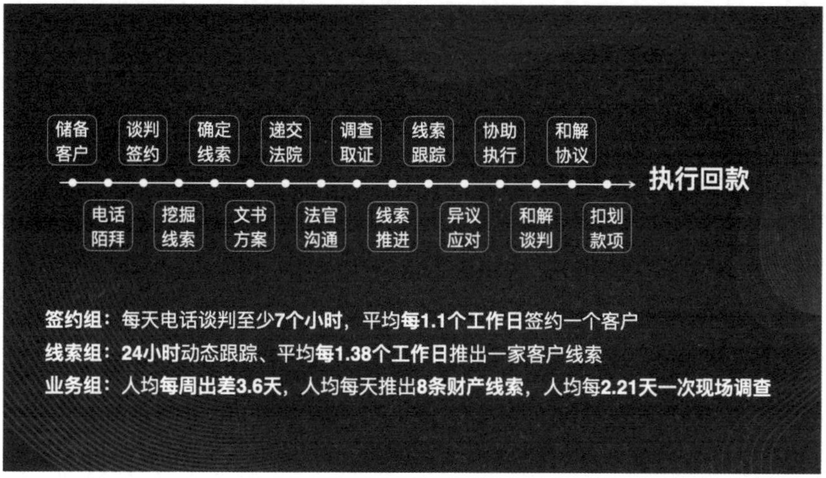

把执行业务的流程进行重新改造，并通过内部的分工协同，不同的成员负责不同的模块，从而极大地提高获取客户、办理案件的效率，最终形成公司化的经营模式。

这就是“新打法”的意思——把传统业务进行流程再造，通过提高整体的服务效率，获得快速增长。北京家理律师事务所的离婚业务做到一年近亿元创收，也是因为在打法上作出了突破。

所以一个团队的成长方向，可以来自新的客户群体以及对应业务；老客户的新业务机会；老客户老业务的新做法。

但方向的选择，并不是通过拍脑袋决定的。事实上，我在最开始的那张图上，就强调“成长业务一定比基础业务的空间要大”。

我们的建议，就是成长业务的预期收入空间，至少要是基础业务的2倍。而这就不只需要主观的判断，更需要客观的评估和分析了。从操作上说，我们会让团队做一定的资源盘点和梳理，根据客观的渠道、已有客户的挖掘和分析，来确认成长业务是否有足够的空间。

	A	B	C	D	E	F	G	H	I
1	客户名称	客户类型		所属行业	所属地区	合作状态	跟进优先级	关键决策人意愿评估	备注
2		渠道资源/律师合作	渠道类型						
3	新则	渠道资源	影响力层	法律	北京	未接触，拟新增	紧急		
4	XXX	渠道资源	客户转化层			正在接洽			
5	XXX	律师合作	律师同行业务合作			正在合作	一般		
6	XXX	XXX	XXX	XXX	XXX	放弃合作			
7									
8									
9									
10									
11									

但战略聚焦只是确认大方向，所有的大方向都需要进一步拆解，才可以落地。很多时候，许多团队之所以觉得战略虚，是因为他们只是讨论到大方向就结束了，而没有拆解成具体的步骤。

我也比较能理解他们的心态——因为大方向的部分相对比较好谈论，只要“想”就行了；但是具体的增长是需要很细致地落实的。如果说讨论大方向是定性，那讨论增长路径就是定量。二者缺一不可。但同时，增长的话题又比较复杂，事无巨细，所以大家不爱谈。也没有统一的路径和维度。在这件事上，我们有一套自己总结提炼的分析框架。

模块二：战略拆解

战略代表着组织接下来要聚焦的方向，说明的是“当前阶段需要重点做什么事情”。既然是大方向，更多的是结果性的描述，而结果的实现是需要通过规划一步步来完成的。

从我们服务团队的经验来看，大部分团队战略的大方向其实比较好确定，费脑筋的往往是类似线上运营做不做，线下沙龙做不做；产品该怎么做，做哪个；薪酬要不要调整……事实上，很多时候团队的问题，不是不知道如何做某件事，而是不知道要不要做，或者如果要做先做哪个的问题。麻烦的不在选项，而在选择——如何在资源有限的大前提下，作出尽可能最优的选择。

只有把聚焦的战略方向拆解成增长的规划，说清楚自己的重点工作，才能够解决团队的发展问题。

我在讲课的时候，老用到这张图：

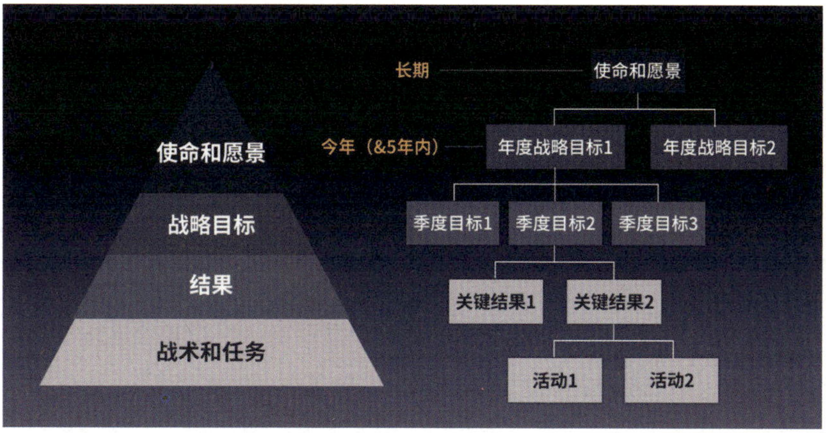

中国大部分律师团队的规模都在10人左右，对于这样的小团队来说，往往把短期的规划做好，就足以产生明显的变化。

在这些事情上，其实有一些现成的方法。最常用到的工具就是平衡计分卡创始人、美国平衡计分卡协会主席卡普兰教授的平衡计分卡。

这个工具的大逻辑是：信息社会里，传统的业绩管理方法并不全面。组织必须通过在客户、供应商、员工、组织流程、技术和革新等方面的投资，获得持续发展的动力。基于这样的认识，组织应从四个方面审视自身业绩：客户方面、内部流程方面、学习与成长方面、财务方面。

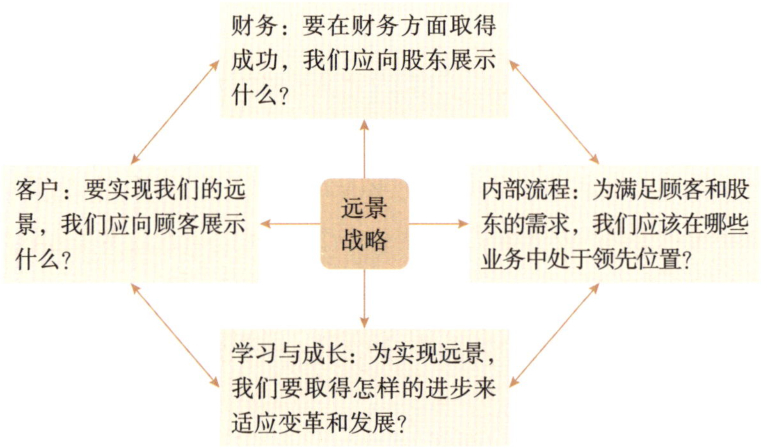

客户方面，管理者们确认了组织将要参与竞争的市场和目标客户，并将目标转换成一组指标，比如市场份额、客户留住率、客户获得率、顾客满意度、顾客获利水平等。

内部流程方面，为吸引和留住目标市场上的客户，满足股东对财务回报的要求，管理者需要关注对客户满意度和实现组织财务目标影响最大的内部流程，并为此设立衡量指标。

学习与成长方面，为了实现长期的业绩，需要确认组织必须进行的对未来的投资，其中就包括雇员的能力、组织的信息系统等方面的衡量。

组织在上述各方面的成果必须转化为财务上的最终成功。因此财务方面，列出了组织的财务目标，并且需要衡量战略的实施和执行，是否改善了最终的经营成果。

简单来说，你可以把“平衡计分卡”理解成帮团队梳理战略目标，并转化成各种具体且相互平衡的绩效考核指标体系的框架。

但它的问题也很明显，因为这是个咨询工具，所以涉及的要素太抽象、太复杂了。因此天然地，这种模型更适合大团队、大公司做战略拆解，对于大部分规模在10人左右的律师团队来说，有点大材小用。

但它的思路是没问题的，所以我自己结合服务团队的经验，总结了一个专门面向律师的增长模型。实践证明，这个增长模型可以覆盖大部分律师团队的战略拆解场景，同时要素相对比较简单，可以帮助你更快地明确自己接下来应该聚焦的工作重点。

需要提前说明的是——模型的价值，不是给你一个标准的答案或者做法，而是通过帮助你系统、完整地思考，得出一个更加清晰可控的答案。

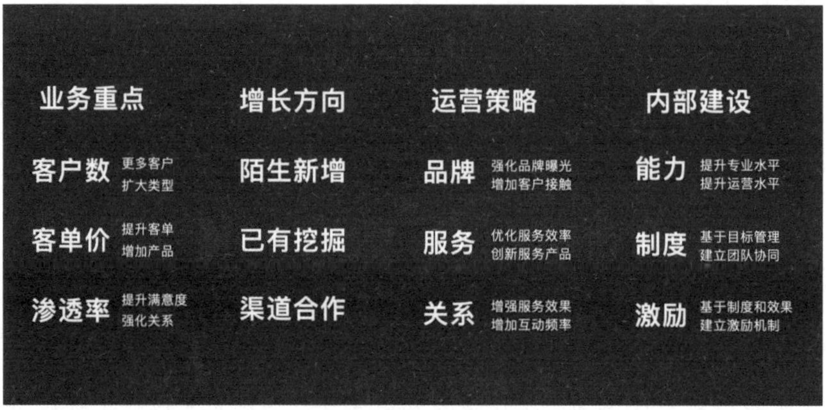

如图所示，我们把一个团队的增长拆分成了四个重点模块——“业务重点”“增长方向”“运营策略”“内部建设”。同时，每个模块下也有三个对应的重点选择。它们的内在逻辑是不同的业务重点，决定不同的增长方向；相应地，决定了你需要进行的运营策略到底应该是什么，以及配套的内部建设重点在哪里。

第一，业务重点。

所谓业务重点，指的是当你定下一个成长业务方向（比如你选择了娱乐法作为自己的成长业务）后，你需要首先明确自己在这个方向上对应的策略是什么。它有3种选择：

· 增加客户数：增加同类客户，或者扩大自己的客户类型（通常沿着行业上下游挖掘）；

· 提高客单价：通过做大品牌来提升服务溢价；或者通过提供更多的服务选择，增加客单价；

· 增加渗透率：通过提升满意度，或者强化关系，增加客户在业务上的渗透率。

这三个选择并不是互斥的，但在做规划时，需要明确对应的优先级。并且，这个选择会影响下一步的增长方向。

第二，增长方向。

业务重点决定你下一步的增长方向。它也分为3种选择：

· 陌生新增：面向不特定的陌生客户做业务新增，通常我们所说的市场活动都是这个方向；

· 已有挖掘：面向已有客户，挖掘同类客户的增量业务；

· 渠道合作：面向有大量客户的渠道，通过和渠道建立信任，带来客户和业务的增量。

增长方向需要和业务重点结合。比如，你原来的核心业务是建工诉讼，已经有了很多诉讼客户基础，现在新的成长业务方向是希望做建工客户从前到后的全流程服务，那么你的核心重点就是围绕已有客户提高客单价，所以你的增长方向应该放在已有客户挖掘上。

第三，运营策略。

增长方向确定后，就要对应不同的运营策略，基本上就是下面3种选择，和陌生新增、已有挖掘、渠道合作一一对应。

· 品牌影响力：强化自身的曝光度，增加更多的陌生客户接触和品牌知名度；

· 服务优化：提升自身的服务能力，优化服务效率，或者制作服务产品；

· 关系强化：面向渠道，通过差异化包装增加自己的服务效果和互动频率。

品牌影响力通常是指面向不特定人群做的运营活动，也就是我们通常意义上所理解的运营活动。但正如上文所说，之所以做某些事，一定不是因为你“想”做，而是因为你的业务重点“需要”你这么做。

我们现在在全国各地有40多个合作团队，但并不是每个团队都在做品牌影响力——有的团队的业务增长方向更适合面向渠道和已有客户，所以相应地，它的运营策略的重点，会放在服务优化和关系强化上。

第四，内部建设。

前面三项都梳理完成之后，往往就会涉及团队的内部问题。我把它也分为3种选择：

· 能力培养：根据需求，提升专业能力或者运营能力，匹配对应的人选；

· 制度建设：根据需求，建立对应的管理制度和工作方法；

· 分配调整：根据需求，调整自己的薪酬和分配。

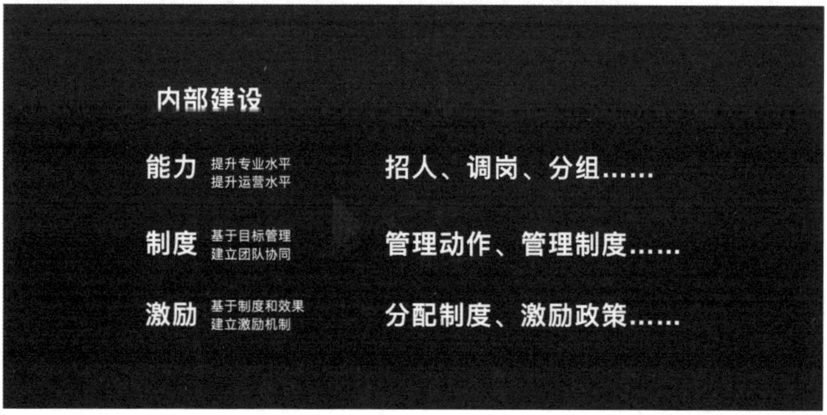

如果你的运营策略是面向陌生客户做品牌上的曝光，那你的重点自然要放在运营能力的提升上；但如果你的策略是面向已有客户做业务挖掘，那你的重点就会放在服务能力的提升上，自然需要建立更强的内部培训机制，或者招募更强的人选。总结起来：不同的业务重点，决定了不同的增长方向；相对应地，决定了

你的运营策略，以及配套的内部建设重点。

基于上述模型，你就可以梳理出自己核心的增长规划，也可以同时验证自己的模式是否能走通，比如发现自己在资源上无法支持已有客户挖掘，那么很可能你的整个战略规划，就需要推倒重来。

举个例子：我们有个合作的团队，过去10多年的核心业务都是以商事诉讼为主，去年团队开始扩张，经过分析、梳理，确定了自己的成长业务为刑事业务——面向民营企业客户，提供刑事全流程的服务解决方案。而在增长方案上，他们的整体思路如下图（橙色优先级更高）。

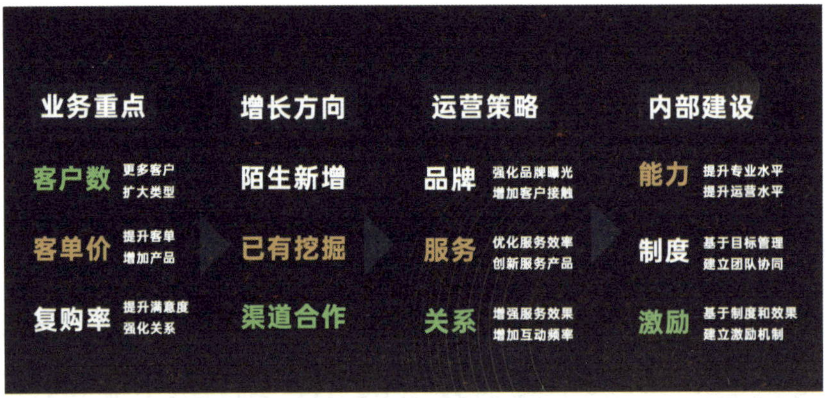

这和他们的原有业务有关——这个团队原来就是做商事诉讼，有很多客户基础。所以相应地，重点就会放在**已有客户的挖掘**上，最终优先重点是放在**提高客单价**上——通过给现有客户提供刑事全流程服务，挖掘提升客单价的空间。基本策略定完，就意味着他们的重点工作不太会放在陌生新增，对应的核心运营动作也不会放在品牌宣传这种一对多的工作上，而是会**重点放在一对一的客户沟通上，以及对应的渠道合作沟通**上。

其实我们也有一些合作团队，表面上还是在做品牌推广的，但背后的原因和很多人想的也不一样，比如来自深圳天册的金鹰诉讼团队。我们会支持曾律师团队制作干货文章、产品手册、各类宣传材料，但做这些的核心目的不是“吸引更多客户”，而是“影响已有的渠道和客户”。因为对于金鹰来说，定位高端商事诉讼，业务合作的空间一定大于陌生新增，所以他们的重点是影响已有客户和渠道伙伴，只是具体的形式是上面提到的运营动作而已。

有时候行为虽然看起来一样，但背后的逻辑和出发点不同，预期和效果也会完全不一样。实践中，我们使用这个增长模型来分析问题会更加复杂，需要配合很多针对团队的定性、定量分析，以及结合实际的案例来辅助完成。

但就像最开始说的，**模型的价值不是让你得出一个标准化的方案，而是通过提供一个规范的框架，帮助你从整体上找到拆解战略的思路，并对应相应的重点工作。**

我们现在合作的团队，在战略、业务方向上各不相同，对应的各自的重点工作也不一样，分配也因团队自身的实际情况而异，但基本都可以通过这套框架明确各自的重点。

当战略拆解完毕之后，理论上你已经知道了自己重点要做什么，以及做哪些事情，其中很重要的就是品牌包装。

当律师团队定义清楚了自己要聚焦的成长业务，明确了自己要影响的客户群体（以及渠道），也拆解出了自己的增长路径之后，下一步要做的，就是想办法通过各种活动，接触到自己的目标人群，并最终给他们带来影响。

上面这些动作，其实就是所谓的“运营”，运营做得好，律师团队就能够慢慢地塑造起自己的品牌。于是这涉及第三个话题。

模块三：品牌运营

如果用最朴实的话来描述“品牌是什么”，那就是“别人脑中对你的印象”。我们常会有这么一个说法：品牌不是你觉得自己是什么，而是别人觉得你是什么。比如，一名律师执业10多年一直从事劳动法领域，身上打上了牢牢的“劳动法”标签。以至于他现在虽然已经好几年不做劳动法了，但客户、同行依然对他有类似的印象。其中有利有弊。“利”在于形成了品牌资产，“弊”则在于给人留下了刻板印象。不过这也侧面说明了“品牌”的价值——当你在别人脑中建立了一定印象之后，它就会持续累积。

所以，如果你想要给别人建立印象，你的关键动作不是创新或者变化，而是保持。

我最开始给律师讲课就是讲律师品牌打造，因为我发现，律师很少关注品牌这件事。这也使得从操作上来说，律师或者律所想要打造出一个品牌，其实相对比较容易——因为竞争真的比较少。

而律师之所以很少关注品牌，其实是源于对品牌的误解——律师总是把品牌运营理解成获客，但其实品牌的价值从不在于获取客户，而在于教育客户——获客是靠传播和市场活动来完成的。

就像前段时间蜜雪冰城很火，你因为被他们的魔性主题曲洗脑而对这个品牌产生兴趣，进而走到门店去消费。这个过程中，产生印象是靠品牌，获取人流量是门店该做的事情——如果门店不开在人流量高的地方，品牌做得再好也没用。

品牌解决印象问题，不解决获客问题。在这个过程中，就会涉及“定位”。我用一张图，概括战略、定位和品牌的关系。

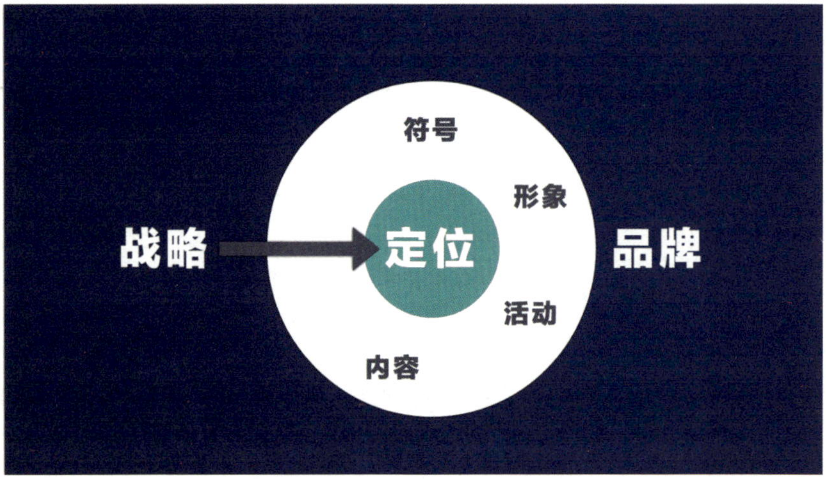

战略决定定位，定位影响市场活动，最终形成品牌。

只是大部分人对“定位”这件事有误解。比如，有的律师和我说，大鱼，我定位商事诉讼领域，是不是意味着我别的业务领域都不能做了？我问为什么，他说因为这不符合我的定位。这种思路是有问题的——选不选做某个业务领域和战略、增长规划有关系，和定位没关系。定位不是“给自己定一个位置”，然后让自己站定在那里一动不动。

我常常举一个例子，就是天同律师事务所。天同的定位一直在变化，从原来的高端商事诉讼，到后来的综合业务，一直在围绕业务和客户做延伸。

所以不要受概念所限，因为定位本身的任务，是为了“更好地打造品牌”。定位这个理论之所以会出现，就是因为面对激烈的竞争，当产品、服务本身已经无法体现出明显的差异性时，就需要从客户的心智层面做文章。所以定位定的是品牌位，它的核心目标，是找到一个对客户有意义的差异点。不论是理性的卖点，还是感性的差异点，本质上都是客户的选择点——不同的客户，面对不同的差异点，有不同的偏好，从而发挥出定位的作用。所以定位的目标是影响客户做选择，而不是影响自己做选择——你怎么选择和客户根本没有关系。

在《定位》这本书中，对于定位的关键概念其实已经讲得很清楚了，就是一个中心：以品牌打造为中心；两个基本点：客户导向、竞争导向。

以品牌打造为中心，其实就是明确了定位的核心任务——为品牌打造服务。所以相应地，你的业务本身是否需要调整，并不是定位讨论的问题。我们就认识虽然打着“家族财富”标签，但其实核心业务是民商事诉讼的律师。但这并不代表他们定位错了——事实上，反而因为这些标签，他们增长了不少业务。所以品牌是品牌，业务是业务。

而客户导向、竞争导向的意思是说，当我们提炼差异点的时候，需要从这两个角度展开。所谓客户导向，就是要找对客户有意义的点，而不是你觉得不同的点；所谓竞争导向，就是指这个点和别人相比，要有差异。所以在操作上，越是结果导向的、数字导向的差异点，就越容易形成独特定位。举个例子，**“15年经验”这样的描述，就比“多年经验”这样的描述更好**。同样的道理，强调自己是“一体化经营”这个概念，对客户没有意义，所以强调这个点的效果就不好。必须从“客户怎么看”和“和同行怎么比”这两个维度展开。

定位的目标既然是定差异，那么每个人的差异点就不能太多。因为如果差异点太多，传播效率就不高，效果也就不好。那具体怎么做呢？

最简单的——你想象一下如果自己在3年后被记者采访，你希望记者采访后用什么话来描述你。既然品牌就是别人口中你的样子，那么你就需要先构想这个样子，然后提前告诉他。

我在线下讲课的时候，围绕品牌定位这件事，提炼了一套自己的做法。对于一个律师团队来说，你的定位必须要简写成“1+3”句话。我把它叫作“一个核心句，三个辅助句”。说得再简单一点，就是用一句话说明白你是做什么的，再补充三个差异点。

“一句话说明白”，在战略确定的情况下其实很容易，在“差异点”这件事上，则需要花一点心思。我提炼了一个表格，可以帮助你更好地定位自己的差异点。

	地域	行业	业务	过程	结果
优势					
专家					
方法					
青睐					

根据我的观察和总结，绝大多数律师的差异点，无非来自这么几个层面：

· 客观层面——地域、行业、业务、行为、结果

你在某个地方很厉害，某个行业很厉害，做某个业务很厉害，某个服务过程很厉害，结果很厉害。这部分都是客观层面的信息。主观层面的厉害，也有四种。

· 主观层面——优势、专家、方法、青睐

优势往往指的是时间、数量优势；专家指的是身份；方法指的是独特方法；青睐指的是特定客户的青睐（比如你的团队虽然成立时间很短，但拥有阿里巴巴等头部企业客户）。基于这个框架，理论上每个团队都能找到自己的差异点。

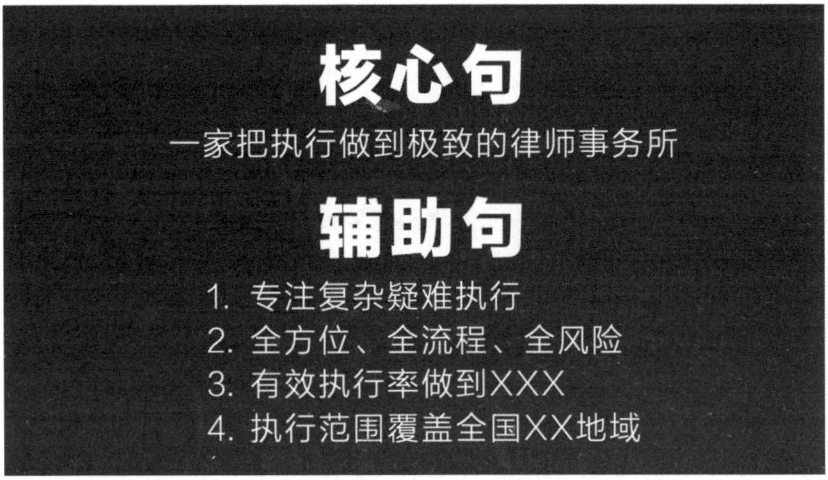

事实上，这些我们耳熟能详的律师事务所，你之所以会对他们有“差异化”的印象，是因为你记住了这些要点。但同时也要注意，这些要点不是你自己总结、提炼的，而是别人总结、提炼后，一次次反复告诉你的。

其实品牌也好，营销也好，它们之所以发挥作用，是因为它们的底层原理都是一样的，就是从众。普通人做的大部分选择，本质上都是因为别人也这么做。所以不论你提炼的点是什么，只要能给人形成从众的感觉，它就是有意义的差异点。

差异化是一方面，如果想真的做有价值的品牌，关键在于持续。持续向目标人群发送差异化的信号，时间积累久了，你的品牌也就形成了。

我常常会把品牌的建立类比成信号塔——你对不特定的多数人发信号，关键不在于你发信号的频率，而在于信号的持续时间。你持续的时间越久，效果就越好。就像存钱罐，你所有的品牌活动、动作，本质上都是在自己的品牌容器里存钱。你持续的时间越长，攒的钱就越多。但是如果你时不时就调整定位，重新来过，那么就相当于你又重新弄了个存钱罐，那之前的积累就白费了。

持续曝光+差异化，是打造品牌的关键。但不论是战略还是品牌，最终都需要组织层面的支持，这也是我们最后一部分会讨论的内容。

模块四：组织建设

每当我和律师团队聊起内部管理的话题时，大家大多时候的第一反应就是**分配**。但无论是在一对一的咨询还是在线下交流中，分配一直都是我不怎么会聊的问题。**原因很简单——因为它虽然看起来重要，但其实没那么重要。**事实上，我们自己合作了这么多团队，没有一个分配方案是相同的。更有意思的是，正好我们有两个团队，做着几乎同样的业务，而且发展得都很好，但分配方式却完全不同。

在我们的增长模型里，组织建设是做完战略规划之后要做的事，而不是反过来。正确的逻辑应该是你的增长模式决定分配方式，先想好怎么发展，再看什么人合适，最后根据情况匹配对应的分配规则。也就是说，分配是战略规划的结果。内部管理也不只是分配这么简单，它还包括人员和制度这两个要素。每次讲课，我都会放这么一张图：

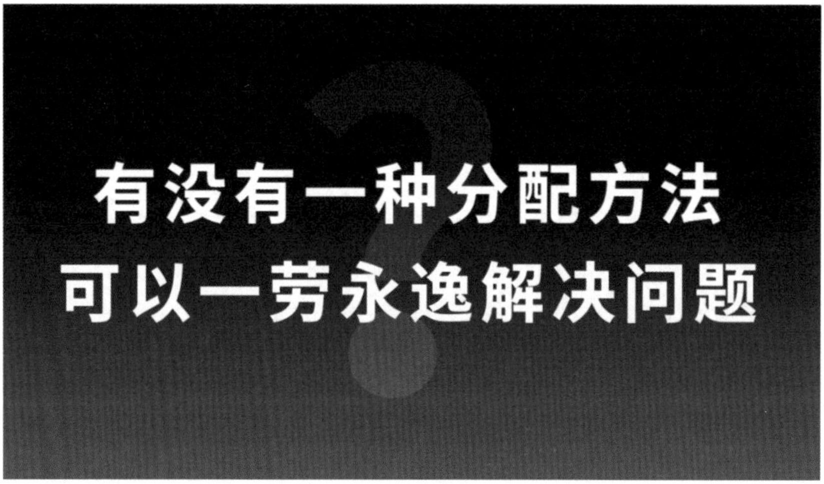

当然没有。事实上，**团队的发展，一定是由一系列要素组合而成的结果，很少是靠简单的分配激励推动的。**甚至我看到有些团队，合伙人之间的分配完全可以用“不合理”来形容——但依然没有妨碍他们快速增长。

比如北京家理律师事务所，四个合伙人分别负责“谈案、办案、技术、市场”

四个模块，每年可分配利润达数千万元，请问，他们应该怎么分配才合理？答案其实很简单——**均分**。

类似的例子太多了：有的团队，负责人案源比例将近50%，但所有人的收入都能实现翻番；有的团队，采用纯公司制管理，就是发工资和奖金，也没影响团队规模快速扩张；有的团队，大家的分配比例就是拍脑袋定的，也配合得很好……

所以有时候律师团队和我聊分配的话题，问得特别细的时候——到底收不收案源费好呢，收20%、30%还是50%好呢？办案给多少好呢？……我都会有点郁闷——因为没有正确答案，因为每一种都能做成，因为做成的关键不在这里。

很简单的道理，你想拍一部电影，找来流量小生和当红演员，和他们商量好电影拍完之后的各种分配方式，然后电影就能拍好了吗？当然不会。这片子能不能拍好，不光看演员，更看导演、编剧和制片的能力。到底拍什么，怎么拍，拍完了之后怎么推，才是更重要的事情。

类比到团队的发展，道理也是一样——**我们这个团队到底有谁、做什么、怎么做、为什么有机会，是这些战略层面的事情决定了团队的发展，而不是“我们到底怎么分钱”**。

那如果分配不重要，对于组织管理来说，什么才是关键呢？为什么有的时候分配又好像会发挥作用呢？在这个问题上，我自己有一个分析模型。这个模型很简单，你可以用这个模型来分析自己当前团队的问题，也可以用来指导自己的调整方向。**它包含四个关键要素：**

· 战略——整体业务构成

· 人员——人员配置

· 制度——管理制度、文化氛围

· 分配——分配政策、激励制度

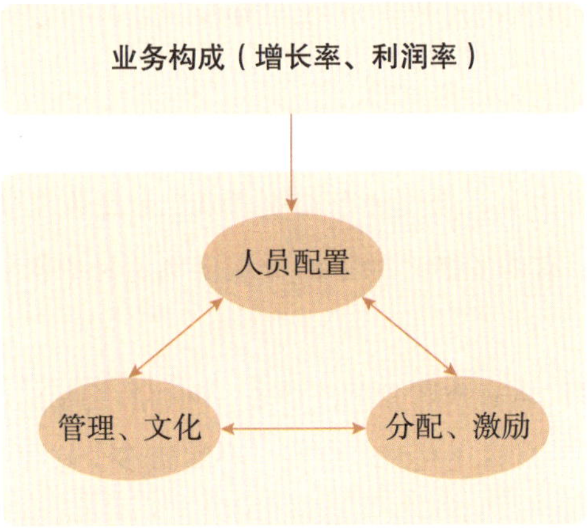

这四个要素，彼此独立但又互相影响。有的影响是单向的，有的影响是双向的。简单来说，它们的关系就是：**人员配置决定管理、文化制度，以及分配、激励制度。**

我举个例子，有团队负责人和我抱怨，**为什么自己明明给律师增加了工资，但是觉得大家的积极性没有变化。**是给的钱不够多吗？很可能不是，因为明明在别的有类似收入的团队，积极性就很高。

这个时候，我通常会看这个团队的业务构成——不是因为制度本身有问题，很可能是你的业务构成无法真正吸引有积极性的人。团队成员并不仅仅是通过钱来激励的，所以简单地调整分配，无法解决积极性的问题。

我们需要面对一个现实，激励能够发挥作用的前提，就是“这个人能够被激励”。同样的事情不同的人来做，就是会有不同的效果；同样的制度放到不同的人身上，起的反应也是不同的。

我曾经听一位律师讲过一个很朴实的段子，**对一个团队来说，招到合适的人是最关键的，你与其花时间训练一只鸡上树，为什么不花同样的时间找一只猴呢？**

道理大家都懂，但招人也不是想招就能招的。对于一个律师团队来说，吸引这样的人加入是有前提的，就是业务构成得好。要么这个团队，各项业务增速很快；要么这个团队，业务利润率很高。有这个前提，结合合适的薪资和适当的故事，才相对更容易吸引优秀的人加入。

这个道理，其实在很多行业里都通用。很多业内领先的公司，在对外强调自身特点时，往往都会提到“扁平化”的结构，“自组织”的能力以及“无须管理”的特性。最典型的就是奈飞公司，它们甚至出了一本书来宣传自己的这个文化。但如果你细心观察，会发现这类公司都有一个很重要的特点，**就是它们本身所做的事情，天然地更容易吸引优秀的人才。**这个才是关键，才是大部分团队要优先解决的问题。奈飞在自己的《奈飞文化手册》中持续强调**“只招成年人”**，是因为不论是奈飞自身发展的速度，还是利润率，都很容易吸引到优秀的人才。而优秀的人才本身的自驱力、目标感就很高，相应地，组织在管理和激励层面的压力就会小很多。

回到律师行业，同样的特征在很多团队身上也常常看到。有时候我们帮合作团队做薪酬方案，发现其实他们律师的收入并没有很高，但是整个团队状态却很好。**就是因为他们**要么是在做高利润的业务，要么处在高速发展过程中。所以这类团队负责人就会感觉团队成员很好激励，大家都在主动干活，因为他们的业务构成，吸引了这类人才，从而降低了负责人在管理和分配上的压力。

所以这个模型的逻辑是：当你的业务构成利润率较高或者增速较快时，你更容易吸引到优秀的人才，而这会降低你的管理和激励难度。反之，如果你的业务构成利润率较低或者增速较慢时，相对来说就很难吸引到优秀的人才，这样你就应该至少在管理上投入更多的时间，或者想办法调整自己的业务构成。

所以一定要明白这么一件事：**战略规划决定业务构成，业务利润率、增速不同，使得人员配置不同，从而管理或者分配上的重点也不同。**

如果你吸引到的人员不合适，那就不要盲目扩大在人员上的投入，先看自身的业务结构，是否具备吸引人才的特点；如果你的业务构成难以调整，那就不要指望通过人的自驱力来解决问题，而是要把资源投入在管理上。

之所以我们会看到，法律行业一些做基础业务的公司制律所，它们会投入非常多的精力和资源在管理上，是因为从增长产出的角度来说，管理的价值更大。如果你去观察这类律师事务所，会发现它们往往都有一个管理能力很强的管理者——这类人通常非常外向、雷厉风行、事无巨细——因为只有这类型的人，才有机会真的落地各种管理动作。从实际结果来看，这类律所往往也很难出所谓的“大律师”，它们的业务构成很难吸引这类律师，所以只能在其他核心要素上做资源投入或者能力提升。

管理这件事没有对错，不论是什么业务构成，我们都可以看到非常优秀的团队涌现出来。但看过那么多团队，也确实发现了某种普遍的规律：好的业务构成，更容易吸引到优秀人才；有了优秀人才更容易产生自驱力，降低管理和分配的难度；否则，就不要指望人才自动驱动，而是要想办法投入精力在管理上。所以律师团队负责人在考虑内部管理问题时，要先问自己：业务构成有没有问题；人员配置有没有问题；管理制度是不是和人员匹配；分配制度是不是和人员匹配。用这样的思路，我想你也会更容易找到自己的问题关键点。

总结

感谢你读到了这里。因为篇幅原因，很多内容我无法展开，只能尽可能地把我们对于律师发展的核心逻辑讲清楚，希望帮助你建立一个全局的理解。

所有商业行为的成败，并不取决于片面的一两个要素，而是由一系列相互作用所决定的，一个律师团队能否持续高速发展，也不一定是因为某个单一要素，往往是多种要素共同组合的结果。

最关键的就是战略聚焦、战略拆解、品牌运营、组织建设，这四个模块环环相扣，彼此联系，共同决定了一个律师团队的发展。

希望可以给你带来启发。

合同洞见

像合同起草、审查这样的专业服务，是可以分为程序型、经验型和专家型三类的。从总量上来说，程序型的最多，经验型的其次，专家型的最少。但是整个法律服务行业，绝大多数的合同相关服务都是在以专家的方式、身份来提供经验和程序服务。如果有办法把程序型、经验型的内容做得标准化，就会极大地提升合同起草、审查的效率。

图书推荐

兰小欢的《置身事内：中国政府与经济发展》。这本书用非常通俗的方式，介绍了中国经济运行的内在逻辑，详述了政府如何在中国经济发展过程中发挥积极作用，并推动中国经济高速发展。读完这本书，可以使你从整体上更全面地理解中国经济发展的底层规律。

校稿人：徐睿明

吴斐，毕业于武汉大学和华东政法大学。现任南钢股份总裁助理兼法务总经理及复星集团法务条线合伙人，南钢集团公司律师事务部主任，全面负责南钢股份法务和合规管理工作。同时作为公司律师代表，担任江苏省律协理事兼公司律师委员会主任，南京仲裁委仲裁员。在公司治理、争议解决等法务实践和团队管理领域有着超过16年的丰富经验，尤其在法律科技领域创新发明，带领南钢法务团队自研出合同管理系统和争议管理系统，并在行业内推广。

微信：faya2010。

如何从新人带出“出圈”的法务部?

吴 斐

现代企业中，法务部门充当着形形色色的角色，不仅仅是法务专家，法务的重要性和地位正在慢慢提升。但是，诸如“法务专业性不及律师”“法务在企业没有存在感”“法务待遇太低”“法务职场天花板受限”等偏见依然萦绕在许多人的脑海，甚至也包括许多法律职业人。法务人才的流失、法务团队的频繁更迭，是许多企业正在面临的现实问题。作为南钢集团的法务部负责人，这些年在法务团队建设方面投入了不少精力，取得了不错的效果，也由衷感到管好一个法务部并不比管好一个律所更容易。接下来，我将从发现人才、留住人才、激励人才等方面谈一谈如何打造一支优秀的法务团队。

一、发现灯塔型人才的种子

招贤纳士，校招为主。在团队建立初期，南钢法务部偏向于招聘已有多年法律工作经验的人才，希望招来即用、能快速适应工作岗位；在团队稳定后，更倾向于通过校招的方式吸收优秀的应届毕业生，“一张白纸”有时更容易培养，同时也让培养者有一种成就他人的幸福感。无论是法务部，还是其他部门，南钢更倾向于招聘应届生，每年招聘应届生数量多达几百人，这和南钢强调企业文化有着密切关系。在南钢，应届生入职前会先进行军训和企业文化培训，这样能让应届生深入了解南钢企业价值观，更快地认同南钢企业文化，更好地融入南钢这一大家庭，有利于增加团队的战斗力。

精挑细选，严格把关。近年来，南钢发展势头强劲，法务岗位投简历的人很多。越在这种情况下，越是需要独具慧眼，识人助人。相较于业务团队，通常企业法务部的人数不多，法务部成员之间的关系直接影响着整个团队效能的发挥，故一定要选择最契合团队的人才。作为法务负责人需要独具慧眼，有筛选判断人才的能力。我个人尤其重视从好苗子中发现一些悟性更好的、达到灯塔型人才标准的“种子”，培养“种子”的土壤（平台）的确很重要，不过最终决定高度的还是“种子”自身的力量。

合理分工、全面成长。无论是社会、企业、部门还是团队，都会涉及分工的问题。在南钢，根据公司部门、业务模块、专业能力等维度，法务分工呈现出复合化、网状化特点。每一个法务要负责与特定公司部门对接、管理具体业务模块、提供特定专业领域法律服务这三个层次的工作；同时设置团队成员定期内部轮岗机制，以实现成员间知识经验共享、保障成员的全面成长和法务部整体工作能力的增强。要而论之，其一，让擅长的人做擅长的事，发掘长板而顺势培养；其二，让不擅长的人做不擅长的事，发现短板而努力补足。从而促使团队共同成长，提升整体战斗力。

因材施教、助力新人。关于新人的培养，在南钢，采用“练、轮、提、培、带”的模式。练，即广泛接触各种各样的项目，在实务中锻炼成长；轮，即常态化内部轮岗，项目设A、B角，新人从B角做起；提，即主动给新人提供更多待遇和职级上的提拔机会；培，即内部知识共享，提供专业外培机会；带，即每月由法务部负责人帮助团队每一位成员做一对一复盘，有悟性的新人进步神速。

总之，优秀法务团队的建设前提是要发现灯塔型人才的“种子”。不同层级的人，其对应的素质模型要求不应是完全相同的。比如，法务“团队掌门人”这个层级必须有大局观和决断力，但对于法务“萌新”，大局观和决断力就不是当前必须具备的能力。一个值得培养的法务新人，一般需具备以下能力：其一，要有足够的悟性，不犯同样的错误；其二，要为人正直，团队共事尤其需要营造信任的氛围；其三，要有足够的情商，遇到挫折能够迎难而上的逆商更为宝贵。

二、凭运气赚来的钱，会凭实力亏掉

以往鉴来，事业留人。Facebook（脸书）创始人扎克伯格曾说，“任何事业的成功都不是灵感和智慧的瞬间闪现，而需要经年累月的实践和努力”，对此我深以为然。回顾我个人的职业生涯，私以为每一个成功，都有一个厚积薄发的过程。我一共服务过三家公司，分别是外企、央企、混合所有制上市公司。以第一份工作为例，当时，与我同期进公司的有120多个应届生，一年过后就有80余人离职，而绝大多数离职的人并非找到了更好的平台，而是在工作压力面前选择了满怀抱怨地逃避。而我当年选择了直面挑战，一待就是五年，最终积累到足够丰富的经验。

年轻人需要明白，“凭运气赚来的钱，最终还是会凭实力亏掉”。在积累到足够经验之前，如果直接给你一份很高薪、轻松、老板没有任何苛责的工作，这对年轻人的未来发展来说是一剂“毒药”。南钢作为锻炼的平台，足以给新人提供充分的历练和积累能力的机会，所以，对每一个招进来的法务新人，我都不吝分享自己的人生经验，由衷希望他/她能够在南钢尽量多历练、多积累。尤其看重年轻人的“逆商”，顺境之中取得的成绩当然值得鼓励，但是这里面有很多外在的积极因素共同促成，逆境中取得的失败教训同样值得鼓励，因为里面蕴藏着每个人的成长的基因解码，不复盘无成长，如果逆境中还能取得成功，那么恭喜你，高阶技能GET（获得）！回头看我之前处理的很多项目，如果再做一次，可能思路、架构等都不一样了，因为外在因素绝不可能给你两次一模一样的机会，但结果我相信还是一样的。人的主观能动性非常强大，一时的逆境，更能够提高我们资源整合来解决问题的能力。

互相成就，文化留人。文化、氛围、价值观对一个团队的稳定性起着重要的作用。无论是法务团队内部，还是法务与业务之间，都应强调互相赋能、互相成就。在法务团队内部，成员之间应当相互信任，前辈对新人倾囊相授、双方共同进步；领导对下属暖心关怀，甚至打成一片；整个团队以同一个价值观去引领，形成彼此信任的和谐氛围。另外，企业法务部不是孤立的存在，其定位应当是要成为业务和决策者十分信任的战略合作伙伴，法务员工每天接触最多的其实是业务，因此法务和业务之间的交流氛围也会影响到法务团队本身的稳定性。

年轻人对未来的事业发展总有一个期待，也有的新人注重未来发展尤甚于短期薪酬待遇。在企业内部而言，法务最好的前景似乎就是走上法务总监、总法律顾问这样的领导岗位，但每个企业法总只有一个，这是每个法务人事业发展道路上不可逾越的问题。然而，正如前面所说，年轻人在事业的初期，充满挑战的历练、工作经验持续有效的积累才是至关重要的。在职业素养、职场能力得到全方位的历练之后，高薪而轻松的工作是水到渠成的事情。

三、谈理想之前，要先谈钱

留住人才需满足期望，而激励人才则需超越预期。无论是留住人才，还是激励人才，在跟团队成员谈理想、谈事业、谈氛围之前，还是要先谈谈待遇问题。虽然比较世俗，但不可否认绝大多数情况下提高待遇是最行之有效的方法。

每一个企业都有分配机制，关键在于如何运用分配工具。业务是企业的中心，业务的创效通常以企业利润的形式展现，较为明确。企业对业务的激励往往以内部成文制度来规范，故业务的分配工具运用起来有章可循，无太大争议。相较而言，法务部的分配机制和工具可能就不那么清晰了。以南钢法务部来说，企业层面对法务的激励政策仅有原则性的表述，比如创新创效时应当奖励，并没有具体的成文奖惩制度。

在这种情况下，对法务员工奖惩或激励的权限很大程度上依赖法务部负责人及其他公司领导的裁量。诉讼案件帮企业挽损后是否要给予法务一定比例的奖励？如果要给予奖励，不同难度的案子奖金比例如何划定？案件中每个人的贡献程度如何衡量？合同法律审核（后简称法审）、履约异常处理等日常法务工作如何进行绩效考核？如何在团队内部分配评优或晋升的机会？……这一系列问题都需要法务部负责人统筹考量。一旦分配有失公允，让员工无法感受到付出与回报成正比，那么势必打击员工的工作积极性。

在如何公允分配这一问题上，南钢法务部当前借鉴了英美判例法的方式来处理。首先找到企业内部有关激励的较为宏观的原则性规定；其次将员工的具体努力尽量以数据的形式展现，并列明工作的难点、亮点和爆点，从而向公司领导请示相应的奖励，该激励通常以单项奖的形式呈现；最后经公司领导批准后，从“判例”逐渐到形成惯例，从而在今后相似的情况下，便可参照之前的比例进行激励。

对于新人法务而言，无须太关注公司激励政策。在如此扁平的法务团队中，新人法务的工作状况通常都是被法总尽收眼底的。与其终日患得患失、抱怨公司不够重视，不如始终以高标准要求自己，当你完成的工作超出领导期望值时，才可能赢得领导的信任，获得相应的待遇。

对于法总而言，要提升自我修养，这里的自我修养是善于发现团队价值贡献并即时激励的自我修养，强调“即时”非“及时”这种理念上的差异。用激励的形式，展现法总和团队胸怀格局的不凡，同时做好向上和向下的期望管理，管理的目的是超越期望值，然后利用溢出效应，把每一次激励的效果都做到最大化，这是留人的不二方法。最后，法务也要善于带领团队，抓住每次“闪闪发光”的时刻，内部建立信任和威信。

四、主动职责VS被动职责

商业世界瞬息万变，法务要有猎犬般的嗅觉和体力，主动在业务的前面未雨绸缪，提前探路排雷；有时业务发展太快，业务在前方攻城略地时，法务也应在后方夯实埋上业务跨过的坑。

职责进化这件事，有个显而易见的标准就是看主动型职责有多少，柔性化的指标有多少。优秀的法务团队，不要拘泥于专业上的高低深浅，而要起于法务、落于管理。管理让法务的价值在企业中开花结果。随着组织能级不断提升，南钢法务主动型工作比例显著增加、精力资源投放更加精准。

比如，合同审核在传统意义上看是被动工作，但其实可以将合同审查置于合同全生命周期中，利用信息化系统建立生态来进行管理。在市面上没有满足需要的系统的情况下，南钢法务主动打造自己的合同管理系统，从2016年至2017年建成合同管理系统V1.0，从2018年至2020年建成V2.0，其中V2.0获得发明专利授权。当前南钢合同管理系统已经实现了授权、范本、法审、用印、文本线上化、资信筛查全周期管控、电子合同与签章、履约管控与预警等功能，做到了合同全生命周期管理。近年来，很多企业来南钢学习合同信息化管理的经验，甚至希望采购南钢的系统。系统可以复制，但是这些经验已经牢牢刻在每个南钢法务人的脑海里了，让我印象最深的是开发系统过程中留存下来的854份工作底稿，包括调研报告、会议纪要、开发命令、技术规格书、风控模型等，这些无一不体现着法务团队主动赋能的匠心精神。

又如，南钢法务大部分案件都是自办的，经年累月下来，积累了大量卷宗和办案经验。出于信息化管理的需要，自2021年以来，南钢法务主动开发诉讼管理系统，当前已经实现办案过程和底稿可回溯、围绕争议焦点证据图谱重构、集团诉讼管控、诉前争议管控等核心功能，并具备成熟产品化能力。南钢法务主动开展诉讼系统产品化工作，这不仅将产生直接经济效益，也是南钢法务管理、品牌、团队向外输出的重要一步。

随着法务主动职责的不断丰富和经验的向外输出，南钢法务在管理上逐渐形成一套具有南钢特色的管理体系，在学习美国丹纳赫的管理赋能体系DBS时，潜移默化地将这些法务经验和体系都做成自己的知识管理成果：大到诉讼模块的南钢诉讼42步法，小至法务读书会指南，广至出口管制指引，细至企业年报申报指南，南钢法务不断地体系化和输出知识成果。谈到这么多法务信息化，并不是说主动型职责就是信息化，而是主动职责更多的是带着查找问题解决问题的工程思维，去系统化地解决法务专业和管理上的问题，系统化比信息化更高维度，好的系统化的流程通常都是有界面有软件的。所以，一个有“自驱力”的法务团队才能获得业务的尊重，才能真正成为公司核心价值的贡献者。

五、给老板提供核心价值

斯坦尼斯拉夫斯基的《演员的自我修养》一书中，作者提出，艺术是生活的真实的反映，表演是一种按照人的天性本身的规律来进行的有机的过程，因此演员最重要的是体验角色的情感感受，寻找自己的“舞台自我感觉”，他强调将人的天然的情感和由此激发的外部动作自然地结合起来。那么法务人如何提升自我修养，如何成为真正的公司核心价值贡献者？

自我修养首先要从自我定位开始，法务人的定位应当是成为有法律背景的商业人，而非商业活动中的配角，这一点非常重要，即便在具体项目和工作中，我们仍要将法律专业和逻辑摆在第一位，但同时要时刻提醒自己是个商业人，时刻有代入感地体验商业人的角色。

试举一例，曾经有个经销商客户想和我们成立合资销售子公司，共同开发客户，通过合资公司，在上游得到钢厂的资源保证和信用背书，在下游可以更好、更多地开发大客户。传统定位的法务，一定是在等销售业务团队将请示报告批准后，按照公司设立的程序，起草好合资协议，办理工商程序。但是南钢法务却利用这样一个客户需求，将我们下属的一个红灯闲置资产的公司股权转让给这个经销商，这样一来既实现了设立合资销售公司的目的，又实现了红灯项目处置，而成立合资公司和处置红灯项目资产这两件事本来分属于两个毫无业务交集的部门。法务成功塑造了这一经典商业案例，同时正是因为经销商的需求，让南钢在议价环节拿到了更多的筹码，促成这家合资公司未来除了在销售端开发新客户之外，还在采购端增加了保供，可谓法务这个“商业人”做得十分完美了。当然这个案例里其实还有税务筹划变现、司法债权剥离等一系列操作，都是外部律师难以利用的信息资源和架构设计。

预见性是法务的高阶技能，应变性是法务的制胜法宝。很多时候，法务需要时刻保持两套操作系统来处理问题，谈到法律问题时，切换成法务系统，以律师思维思考，查判例，通过判例量化风险，再组织条款；谈到商务问题时，切换回商务系统，以CEO的决策视角去分析问题，将风险定价。能够良好兼容运行这两套思维系统的法务，才能称得上是优秀的法务人。所以，优秀的法务团队，不仅是法务专家，更是创意大师、管理大师和商业达人。

合同洞见

其一，“合同就是用来撕毁的”。一方面，法务人应当带着逆向思维来审视合同，就是要关注在当事人不履行合同的时候，现有合同条款是否有相应的约定；

另一方面，法务人应当带着极限思维来审视合同，充分发挥想象力，推演极端情形下可能发生的争议情形。

其二，“合同的数据价值是无限的”。通过系统形成电子合同“数据湖”，整合底层合同数据，挖掘数据的商业价值，为业务部门的智慧决策提供坚实基础。有了海量的合同数据，加上合同要素的区块链，就是未来“法务元宇宙”的关键基础设施，大量管理价值的实现都是在这个基础上完成的。

校稿人：李红丽

胡佳彦（Jolie），国内知名法律猎头公司罗英人才（LawInn）总经理，律职创始人，WeLegal法盟联合创始人。10余年法律人才职业咨询专家，国际职业认证培训师，国际教练联合会认证教练，持有中国律师执照（非职业状态）。面试数千位法律合规人才，人才遍及亚太、欧洲、美洲区域。深度链接法律人才圈资源，洞察法律合规行业发展动态，透析人才职业发展跃迁路径和方法。为客户提供人才招聘和发展、雇主品牌、灵活外包服务，为人才提供职业发展教练、求职辅导及职业培训服务。

梦想为实现“真”“善”“美”的人生。

微信：hujiayan1602；邮箱：jolie.hu@lawinn.net。

法律人职业发展的那些事

胡佳彦

我是胡佳彦（Jolie），学了7年法律，在罗英人才（LawInn）做了14年法律人力资源工作，来《合同相对论》跟大家聊一聊有关法律人的职业发展，人生之路，还有身价几何那些事。常律师说合同相对论的风格里多些故事，少些说教。我心想，那太好了，我这儿的都是故事，就跟大家讲讲法律人职业发展的那些故事吧。

一、职业初心之有得选和没得选

在与每一位人才面试时，我总会问一个问题：当初，你为何选择学法律，从事法律这个职业？答案有很多，最多的无外乎有得选和没得选两种。有得选的在于：追求公平正义，由于年少时律政剧里律师飒爽英姿的吸引，家人、亲戚或朋友的建议，等等。没得选在于：数学不好，学的文科，被调剂，半路出家换专业觉得没其他更好的选择，等等。从此，有得选和没得选的主题总会贯穿于职业发展的全过程。

10多年前，一个刚从海外留学回来的法学生问我有关职业初期路径选择的问题：我留学时对环境法方面特别感兴趣，然而我自己的资源领域又在劳动法方面，那么接下来的专业方向我该怎么选？我还记得那时我的提问："对于有得选的选项，你特别排斥某一选择吗？你对于另一选择有极特别偏好吗？如果没有的话，能否先尝试起来，在有得选的条件下，哪条路更容易上手，更能积累经验值就先走起来。"这些年过去了，这位律师朋友已经是劳动法行业的资深合伙人之一，不仅管理着专业劳动法律所，也在积极拓展与人事劳动法相关的商业方面的机遇。

对于职场新人，最常听到的是自己想选的职业方向不知道对不对，又或者因为市场不好，总觉得机会很难能轮到，又或者总觉得自己够得到的机会不是自己想要的，想要的机会又总差那么一口气。检验真理的唯一标准就是实践，与其一直在求而不可得的纠结中思来想去，倒不如先做起来，思考自己与想求的目标还差多远，尽量补上知识点、技能点，刷经验，找资源来补齐，当机遇一来之时便能一把抓住。

而如果自己总觉得没得选，是被选择的那一方时，又或者自己在职业初期完全没有什么想法，一不知道自己喜不喜欢，二不了解自己适不适合，三不清楚自己能不能行，那我就会建议有这样困惑的朋友找一位职业发展顾问做一些性格测验以及职业倾向型评测，通过教练的形式找找自己喜欢、适合又能做好的交集点。

职业之路，欲速则不达。不管多差的基础和多难的情况，选什么路我都看到过成功的案例。而这条路能走得笃定顺利的前提就在于需要对自己做深度的了解，解析和发现自己适合的方向。那么，对于职场新人来说，职业之路要不要规划，能不能规划？我能分享的是对自己内在和潜能的发掘一定要尽早尽深地做探索。而对于某个具体的机会或者路径，随着时代的发展和成熟度、准备度的不同，会有不同的选择，但只要初心想明白了，基础打得扎实，走哪条路都会到达职业巅峰。

所有的职业规划的第一步都是回归内里，你要去找你自己是谁。当你找到了你自己是谁，你擅长什么，你喜欢什么以及这个市场需要什么之后，你可以确定规划。至于规划，我们说了，它只能指引你大方向，在过程当中一定还是哪个机会先来了，你可能就走上了哪条路的一个过程，所以可能就是机遇和准备是并存的。机会来了，如果你准备好了，你能抓得住它，你能识别它是个机会；如果你什么准备都没有，有可能这个机会来了，你都不觉得是一个机会。首先还是得要知道自己是谁，然后在这个过程当中不断地规划机遇，抓住机遇。人生重要的选择没有太多，有可能两三个决定就决定了你这一辈子的高度、广度和深度。我们只需要在两三个关键节点时刻做一个正确的决定就好。

二、职业低谷期的蛰伏和蓄势

七年蛰伏，七日光。金蝉它从来没有放弃。竹子用4年的时间，从外形看仅仅长了3厘米，从第5年开始，以每天30厘米的速度疯狂生长，仅仅用了6周的时间就长到了15米。其实，在前面的4年，竹子将根在土壤里延伸了数百平方米。法律人的职业发展也同样如此，会有很长一段时间的蛰伏，从学习和经验积累中汲取养分。同样，职场之路也常会遇到低谷期和各种挑战。

我记忆最深刻的是2008年毕业的那批法学生，刚拿到外资所的金字offer（录用通知），一个实习生都有可能月薪过万，那时候内环好小区的房价也才4万/平方米。如果是年初刚从美国留学回来，通过了纽约州律师资格的考试，甚至能拿到16万美元的“Associate Offer”（一年级律师薪资）。可就在短短半年内，从在高档写字楼待到凌晨3—4点，看不见太阳，又或者一个月出差25天的金领；到被裁员，被推迟入职，被强制休假，无活可干待业在家的混子。那种从山顶跌落谷底的落差感极其挑战人心。当时一个非常优秀的师妹刚拿到某家顶级外资所的offer两个月，就被当时招她进去的合伙人裁掉了。她反复问：“我从来都那么努力，一直很优秀，为什么会裁掉我？我是不是再不会有好的职业发展了？”蛰伏了2—3个月，师妹找了一家不大的精品中资所，跟着一位不错的老板扎扎实实做业务7年。结婚，生娃，出国留学，回来后成为律所的合伙人，现在在某家红圈所做合伙人，工作成果和家庭平衡也能有所把握。

过去20年中，经历了2001年的互联网泡沫，2003年的“非典”疫情，2008年的金融危机，2020年的新冠肺炎疫情，甚至近一段时间俄乌战争爆发，中概股被绞杀，国内金融市场惨淡。如果某个阶段没经历过裁员或者职场低谷的话，法律职业的这条路可能过于坦荡顺利了。有的年轻朋友在考大学、考研究生时就遇到了挫折，像今年就有分数390的考研同学也上不了华东政法大学。也有的朋友在职业发展的初期有可能遇到了困难，找不到自己理想的工作，又或者去了所谓好工作、好平台，又发现自己身体跟不上，或者只是一颗螺丝钉，拼命加班也没学到特别多的东西。也有朋友在职业发展中期尤其是跳槽转型中遇到公司收缩业务退出中国市场，律所被强制解散注销，又或者遇到不对脾性的老板，不合文化的公司或团队。资深律师要升合伙人，遇到“所内政治”，投票被驳回，客户被撬走等挫折。也有资深的朋友曾经拿着百万元甚至几百万元的薪资，仍面临着公司被收购、并购，岗位不再保留时的何去何从。更有朋友在巅峰时刻风风火火投身法律科技创业，最终无奈只能接纳失败的结果。这所有的一切都有可能会发生，总会有那么一段至暗时刻，会怀疑自己，深陷焦虑痛苦之中，会觉得卑微，没有可以选择的好牌。但我想说，作为法律人，有学习的能力和意愿，有服务的意识和态度，有坚定的信念和信心，这些挫折只会让我们越挫越勇，越战越勇。一切都值得，一切都来得及，大不了从头再来。

学法律有个好处，做独立执业的律师总会是我们法律人职业路上的一个安全气囊，总有一门手艺能让自己养家糊口。在谷底也不用怕，总能慢慢爬上去。

三、职业经历上的两个bug

职业低谷期难免，但我们还是要小心简历上的两个bug（缺陷），一个是jumpy（频繁跳动），另一个是长时间的空白期。

jumpy就在于你的跳槽频次太高。当然现在“95后”，一年一跳已经算是稳定的状态了。“00后”很快也要开始工作了，可能会更频繁地换工作。但做法律人的工作，如果职业没有一个延续性，很难积累下来经验和资历。下一个雇主考虑的第一点是：你是否成熟地对待你的每一个决定，是否经过深思熟虑后慎重决定。很希望人选能比较成熟地去担负起这份责任。新的平台、老板和机会，肯定会有些不稳定的因素，那就会考察你怎么去调适自己的状态。这就是第二点的考虑，考察这个人选的适应度是否有问题。如果你在这个适应过程中扛不下来，总埋怨是老板的问题，其他人的问题，外在环境的问题，我没有什么要改的，我就是这样了，那就不大合适。其实我们刚开始一份工作到上手，没有3—6个月，你根本不知道做什么，也不知道这家公司的文化和做事方式。入职刚3—6个月还只是浅层的一个适应，6个月以后你真正可以发挥一些作用，可以把你之前的经验和知识融合进来了。到1年左右，大家的信任度开始建立起来，你可以在这个岗位上面有建设性的投入。到两年左右，这个时候应该要有1—2个甚至更多漂亮的项目， 也就是自己的作品。到第三年的时候，如果说这家公司不管是薪资也好，还是它已经不能给予你更往前、上升的一个空间，甚至每天都在忍受着加班时长，老板的各种要求，甚至跟家人长期分居两地的一个状态，这份工作给你的收获和你要付出的东西已经大大不成正比的话，可以考虑再换一个平台或者机会了。有些朋友可能1年就要跳了，那往回追溯，如果你1年想跳的时候，是不是可能在3个月或者6个月的时候就动了这个心， 你动了心就开始跟外部联系起来，就开始关注JD（Job Description，岗位描述）或者心思不能很好地专注在工作上。这也是为什么如果一个人跳槽太过频繁，HR或者招人方会担忧他的成熟度和稳定性。

第二个bug就是简历中有一段或者多段较长的空白期。有的朋友会说这段时间由于家庭、身体等各种原因离开了职场一段时间，就把这段经历省略不写，这也是不合适的。如果确实有难处，如实在简历上带上一笔也是可以的。HR或者招人方担心简历上有空档的原因在于怕这段时间不在工作状态中，会变得懒散，需要更长的时间来调适新的工作状态。又或者对于前一段离职的原因有担忧，是否在工作中有沟通问题，职业道德风险问题，等等。但如果能把你在这段gap period（空档期）中做了哪些事情，自己的状态如何，为何你能很快地恢复，顺利进入下一段全职工作阐述清晰，有说服力，这也是能解释的，可以把这个坑填上。

四、法律人身价几何？

法律圈常有一个笑话："如果不是家里穷，谁来做律师啊？"说句实在话，做律师又或者在公司里做法务还真能赚到钱，虽然的确是辛苦钱。

一般在律所有几根线：营收10万生死线，30万起跑线，60万能在一般的律所申请初级合伙人线，100万独立线，300万大所合伙人的及格线，500万红圈所实质合伙人的门槛线，800万—1000万一线所权益合伙人的基准线。而从利润率来看，公司制的律所在20%—40%，而传统合伙制的律所在50%—60%。如果基础打得好，能力不差，情商在线，足够勤奋，那么一年完成自己的业绩目标，也还是过得自由又自在的。

在重视合规风控又或者强监管行业的公司来看，通常法务合规的薪资要比一般的后台支持部门的其他同事高一些。而且近年来由于国内外宏观政策以及市场经济的深入发展，监管机构工作越来越细，法务合规知产人才的岗位不断有细分和新开，因此在人才市场也很活跃，一般会有20%—30%的涨幅。有的特殊人才或岗位甚至会以50%以上的涨幅挖人。

外资公司的法总或者VP薪资在200万—600万元，税后差不多55%，也就是150万—300万元。而中资公司现金值往往在150万—200万元，其他会更多以股票的形式体现。

对于职场新人来说，毕业后进律所入门薪资3万元俱乐部，甚至偶尔的3.5万元。这样的信息对于雇主品牌价值是有所提升的。薪资的激励效应有限，如果高薪资与高强度的工作量，以及相对而言没有特别多法律专业性的成长的工作挂钩，那么对于“95后”“00后”的人才吸引力也是有限的。

在伴随法律人才市场发展10多年间，我能看到优秀法律人才潮从曾经的外资所涌向外资公司，从外资所回归中资所，加入中资公司，其背后都凸显时代变化及实力变迁的经济态势。市场那只看不见的手和调控那只看得见的手一并作用，影响着弄潮儿的“钱途”。

对于法律人身价几何，我们罗英人才每年都会做法律行业的薪资调研，会全面分析行业薪资走向和市场热门岗位和职位需求动向。有需要的伙伴可以关注公众号“律职”了解最新的市场信息。

五、巅峰后的第二条曲线

做法律的就只有律师、法务、法官/检察官这几条路吗？最终大家都要爬到合伙人或者法总的位置吗？我不这样觉得。于我而言，法律人的职业有无限可能，这也是我为什么在十年积淀之后开创新的品牌——律职：发现和陪伴每一个法律人的钻石人生，实现法律人职业的无限可能。

一个朋友在一家顶尖奢侈品牌做了将近10年的法总之后，决定去做一家小小的文化出版类公司。她联系绘本作者和画家，一本一本地出版暖心又颇有价值的绘本，能开拓孩子们的视野和智慧，能把优秀的绘本和作家们带到我们眼前，虽然错过了一些赚钱的时间，但价值卓然。

另一个朋友喜欢商业，向往自由，过一段时间就想着“世界那么大，我想去看看”，选择了一种灵活外包的工作方式。在客户公司忙时多做一段时间，在闲时能背上背包，在祖国大好河山之间走走看看。时不时又能组织MBA校友会搞搞分享活动，为创业的校友们搭桥解惑。

还有一个朋友因为一次偶然的机会上台讲了一场脱口秀，之后一发不可收拾，每周都会找开放麦上台去讲讲最近的段子，甚至下班后奔去火锅店的场子一展法律人的自嘲幽默。最近在直播带货方面又有了心得，在领一份工资之外还能为自家公司品牌“代言”。

那些投身于法律行业创业的小伙伴们自然毋庸置疑，每一个都在自己的理想国里奋力拼搏，每一个都打磨着自己的钻石人生，每一个都在为法律人职业的无限可能添加一道风景。

人生海海，最宝贵的职业阶段差不多占到人生1/3的时间。在职业生涯中能有一个好的猎头顾问陪伴，很重要。如果你在职业初期去面谈几个猎头顾问，见个面，喝喝茶，说不定就是一辈子的朋友和财富。未来职业发展中有什么机会或者可能的选择，纠结的时刻，甚至面临职业的低谷期，你就有个懂行专业的专家可以去聊聊，很有必要。

精选问答：

猎头是一份怎样的工作？

猎头行业，说高不高，说低不低。想进入猎头行业做顾问，门槛很低，只要有个电话，说话利索，逻辑性尚可，就能开始猎头工作了。但要做个好的猎头也很难，因为这个工作是结合了人力资源、心理学、销售、客服，行业深耕，多方位、多维度的一份工作。长期来看，如果要做得好，做得久，做得深，需要极强的心理分析能力、学习能力、抗压能力和使命价值感。

猎头说白了就是帮客户物色推荐合适的人选，帮候选人推荐合适的岗位，三方多赢。从工商登记来看，猎头的本质是人才中介。但对于我而言，猎头的作用远远超过了中介的角色。对于客户而言，猎头更是该公司、该部门、该岗位在人才领域的外部人力资源专家，同时又是品牌推广员。对于候选人而言，猎头更是陪伴其职业发展每一阶段的职业顾问、信息资源集中港、超级资源链接、评估专家、加油师等。

猎头的专业性怎样评价？

我们公司，LawInn罗英人才，从2006年成立开始就是主要做法律人才的猎头公司，我们的团队也主要有法律行业的相关经验或者多年累积的人才人脉等。10多年前像我们这样的公司和团队特别少。近些年也越来越多了，也有不少学法律专业或者曾经做过律师或者法务的朋友加入这个行业。一是大家懂这个行业，了解这个人群的风格和职业发展的路径；二是资源可以集中，也拓展了大家的职业可能性。不同公司又有不同的特长和特色，也有不一样的工作方式。我们的工作方式比较注重人才和职位的匹配，会更深层次了解客户的需求和人选的动力，也是希望价值增值。

如何为人才定价？

判断其稀缺性和价值。

不同职位对人才能力的偏好是怎样的？

公司的需求是懂业务，懂行业，沟通胜过一切。

律所的要求是勤奋，专业，会销售。

怎样算成功的法律人职业生涯？

我并不想对成功做一个简单定义，比如说做了合伙人，做到法总，年入千万元、百万元就是成功。我想给大家的成功的定义在于，干着一份有价值的事业，薪资价格也还不错，还能不断有新东西去探索和学习，不断有挑战和成长，这对于法律人来说，就是阶段性成功的法律人职业生涯。

法律人的职业生涯上限在哪里？

上无止境。

福寿双收！

合同洞见

合同的灵魂是合同双方的意思自治。希望重视誓约的中国人也能更重视平等的契约精神。

图书推荐

赖声川的《赖声川的创意学》。

法律人学会创意，找准自身定位，发挥独特卖点，将所向披靡。

校稿人：元蔚（Iris）

樊翠华，史丹利百得公司亚洲区总法律顾问。负责美国五百强企业史丹利百得集团在亚洲区的所有法律事务，率领一支精干的法务团队，为其所辖的约几十家公司和各大业务和职能部门提供全方位的法律服务。职责包括：协助公司战略决策、购并、直接投资、重组整合、业务转型、风险控制、合规、知识产权保护、外部律师管理以及处理政府关系。

樊翠华律师在英国雪菲尔德和中国政法大学分别获得商法和法律硕士学位，具有中国律师资格。她的职业生涯包括著名法学院教师，在非洲从事外事和商务工作，任中国商务部海湾战争索赔特派法律专家，在知名外资律师事务所工作，编译出版过若干法律词典和国外法学专著。

樊翠华律师被《亚洲法律杂志》评为2017年中国最佳总法律顾问，也曾担任上海企业法律顾问论坛的主席。

微信：cfan8685；邮箱：2332500597@qq.com。

从业三十年“老法师”谈法务的道和术

樊翠华

我应法天使“合同相对论”节目的邀请，于2021年10月27日晚，荣幸接受法天使网红主播，也是法务同行Timini法总的视频直播采访。T总一贯如沐春风般的主持风格，又以业内专家的视角提出的几大问题，让我有机会穿越30年的时间隧道，重温了一下有点模糊不清的青春岁月，回望了一遍那条弯弯曲曲的职业之路，梳理了一下30年职业生涯里得出的点滴心得。现在把这次的对谈予以大致总结以及适当补充，以文字方式分享给年轻的法务同行，希望对法务朋友有所帮助。

Q1：您在法务同行中属于最资深的老将之一了，已走过了丰富多彩的生命历程，不妨先谈一下您的人生经历吧。您大学本科学的是英语专业，是缘何牵手法律并走上法务之路的?

我一直觉得我是个幸运儿。在我高中的最后阶段，“文革”结束了，中国开始走上改革开放之路，普通人可以通过高考改变命运了。我在当年全国平均大学录取率6%时，居然幸运地考上了上海外国语大学英语系，而且我是当年上外那一届英语系中唯一一个从农村考进去的。那时候大学生很吃香，毕业时不用费力找工作，由国家统一包分配。当时学校把我分配到北京的一个以进出口为主业的大央企，但是我没有接受。我主动要求并坚持去中国政法大学工作，主要考量是更有机会转向学法律。一方面我发现自己对法律产生了浓厚的兴趣，也看到了法律将在未来越来越重视的趋势；另一方面我看到仅有英语能力的职业局限性。

在中国政法大学教了一年英语后，正逢学校本科生的校区要从城区迁移到郊区昌平，这也加速了我想要学法律考研的念头。当时学校为了防止教师流失，出台了执教两年方有资格报考研究生的政策。我在接下来的一年里，一周要给学生上16节英文课，还要备课和批改作业，其余的时间就去旁听法律课，做习题，准备考研。经过一年多的努力，我从90多名考同一专业的考生中胜出，非常幸运地考上了本校国际法专业的研究生。当年此专业只招5名正式的研究生（委培生除外），其中1名是保送。三年后毕业，我找了一家交通部（现交通运输部）下面主业为建筑承包的大国企法律部工作，从此走上了法务的职业生涯。

Q2：您有一段在非洲工作的经历，能否分享一下您怎么会想到去非洲，做些什么工作，以及有何独特的体验?

我工作的这家公司有很多国外的办事处，大多数在亚非拉国家。我入职后不久，想到海外去见见世面，也练练英语。我了解到肯尼亚原来是英国的殖民地，英语和斯瓦希里语都是其官方语言。肯尼亚还是一个世上少有的既有高度文明，又有原始文化的地方。首都内罗毕曾被人称为小巴黎，是个挺繁华的城市。这里最早有从阿拉伯国家来的商人，16世纪葡萄牙人来了，19世纪末英国和德国都进入东非，肯尼亚被划归英国管理，成为其东非保护地，1920年成为英国的正式殖民地，一直到1963年肯尼亚独立。肯尼亚还是人类发源地之一，境内曾出土约250万年前的人类头盖骨化石。

我一直很喜欢动物和花花草草，肯尼亚的植物动物资源非常丰富，世界上最大的野生动物保护区就在肯尼亚和坦桑尼亚接壤处。既然公司正好有工程项目在肯尼亚，我又是学英语出身，在国内，都是很多人看一只动物，在那里是一个人可以看很多动物，所以我就申请到肯尼亚去工作。那里的办事处主任表示非常欢迎我去，于是我就带着一颗探索和发现的心去了肯尼亚。

在肯尼亚，我的工作是非常繁杂的。曾负责工作人员和访客的身份出入证件的办理、保险投保和索赔、外部律师管理、合同谈判、招投标、工程催款、政府公关和翻译以及后勤内务总管等。对于法律案件，自己会处理一些小案件，比如交通罚款、行政处罚、劳资纠纷等。大的案子如重大诈骗案、重大工程质量案或者合同纠纷，我就请当地律师协助处理。

肯尼亚也是一个旅游资源很丰富的国家，我在那里时，曾到该国和周边国家很多地方“Safari”（观赏动物的旅行）。几度到全球知名的野生动物保护区塞伦盖蒂和马塞马拉大草原看动物，攀登乞力马扎罗山和肯尼亚山，无数次陪国内来的客人参观内罗毕国家公园，也曾到过拉姆岛、东非大裂谷等。不过在这个贫富差距悬殊和治安欠佳的国度，我曾几次遭遇抢劫和面临疟疾等疾病的风险。

这段在现在成为“一带一路”倡议合作国家的独特经历，让我受益匪浅。我不但学到了如何与不同的语言、文化、习俗、肤色的人打交道的能力，也体会到了这个地球的博大、文化的多彩，生活在同一地球村的人们应该相互尊重、相互理解和包容，才能取长补短，和平相处。

Q3：您从英国留学回来后，又到国家商务部（过去叫外经贸部）工作过一段时间，随后先后加入了两家外企，这些经历对您的职业生涯产生何种影响？

1992年我从肯尼亚归来后，得到了一个去英国留学的机会。在英国谢菲尔德大学法学院学习英美法律，侧重于公司和商事法律和法律制度，一年后取得了第二个法学硕士学位。这一学习经历，提高了我对英美法系司法制度、公司和商事法的深入了解，对我后来的法务工作，尤其是涉及并购、重大商业项目、合同起草和审核、争议解决的业务以及与我美国的上司和同事的有效沟通都有很大帮助。

两伊战争发生在我留英回来后。战争结束后，联合国成立了专门的索赔工作组织，方便为在战争中受损的企业向伊拉克进行索赔。为帮助我国在两伊战争中受损企业的索赔工作，我以一名法律专家的身份，被公司派到当时的外经贸部（现在的商务部）协助中国受损企业通过联合国的渠道向伊拉克进行索赔。那段时间我就在商务部上班，做了大量的资料收集、谈判策略、索赔要求、文件撰写的指导和协调等准备工作，对中国公司的成功索赔起到重要作用。我在工作中也积累了与国际机构、政府部门和大国企打交道的经验，提高了领导、组织、协调不同利益方协同作战的能力，也学到了如何做好尽职调查、挖掘和使用证据、尽最大努力为每一个权利人争取最大权益的本领。这些能力在我后来法务团队的管理、重大项目的支持以及和公司业务部门的协同作战中也是大有用场。

在索赔基本工作完成之际，我有了一个挑战一下自己，离开那个驾轻就熟已缺乏新意的工作岗位的想法，想去一家拥有全新的业务和更广发展空间的外企工作。虽然离开那个各方面还不错的国企需要放弃很多利益，比如要毫无补偿地放弃已分到的住房（即“净身出户”），但是，我对自己说：不走出舒适区，不挑战一下自己，怎么能知道外面还有更精彩的世界呢？哪怕试错了失败了，也是值得的。当我年老时我可以对自己说，我已尽我所能，已无遗憾。

1997年，正是一个外企在国内蓬勃发展的阶段，大量的外企在国内兴建合资或独资企业。我看好方向和机会，顺利加入了一家欲在中国急速开拓市场的美国著名化工跨国集团。我在那里一做就是十年。参与和见证了这家跨国企业在中国蓬勃发展的难忘历程。从加入时在中国只有一家公司，通过合资、并购、投资新厂不断扩大发展规模，到十年后我离开的时候，这家公司在中国共设立了二十几家公司。我自己也从中国区的独任法律顾问开始慢慢组建、扩充法律部的团队至十来个人，逐渐一路成为该公司中国区、大中华区最后到亚太区法务总监。这是个人命运和公司命运紧密交织，彼此成就的一段职业经历。这种经历既能给法务带来一种职业的成就感和自豪感，也会使法务的各种能力得到锻炼，为自己的职业生涯添砖加瓦。

日月如梭，当我在这家公司工作到十年的时候，我又一次感到了需要离开舒适区的必要性，想考验一下自己是否还能接受新的挑战以及更好地发挥自己已积累的经验，成就和开创一种新的事业。

2007年8月，我牵手现在任职的史丹利百得公司——一个拥有178年历史，名副其实的百年老店，全球五金工具、精密紧固系统和安防系统的领军企业，美国五百强跨国公司。十几年来，我见证和亲历了史丹利百得在亚洲的不断发展壮大以及随着国际和市场环境变化而不断变化的难忘历程。我也又一次经历了法务团队的创建、扩大和管理的全过程。作为公司亚洲区法总，我负责管理公司亚洲区的所有法律和政府事务，率领一支精干和高效的法务团队，为所管理的几十家公司和各大业务、职能部门提供全方位的法律服务，包括公司兼并、直接投资、重组整合、风险控制与合规、知识产权保护、外部律师管理以及处理政府关系。我为我的法务团队在过去十多年里和业务部门并肩作战，为公司在本地区的业务发展保驾护航，发挥了不可或缺的重要作用而深感自豪。

Q4：您曾经不止一次创建、扩大和管理法务团队，可以请您分享一下这方面的经验吗？

一个具有一定规模的企业往往需要有一支能打硬仗的优秀的法务团队来为其保驾护航。具体法务团队的搭建，需要根据企业的组织管理架构、业务和运营的特点、规模和发展阶段，内外部法务的人员配置来进行综合考量。也就是说，公司到底需要几个法务人员，需要什么专长、能力、经验的法务，一方面，根据公司业务需要；另一方面，也需要法务管理人员对公司业务发展要有良好的判断力，还需要优秀的法总自身在公司领导面前有威信，有很强的沟通、说服和影响能力。一般来说，公司管理层一般不会主动建议扩大法律部的。

首先是要选对的人。我们团队的每个成员都是经过严格挑选进来的，他们不仅具备岗位要求的专业知识和经验，还必须具有从事法务工作的热情和责任心，以及良好的沟通能力和协作精神。其次在工作分配的选择上，我会综合考虑队员的能力、强项、有关经验以及近期手里的工作，甚至同事性格特点等因素，安排具体的工作，让他们每个人都能扬长避短，发挥优势，充分实现自我价值。虽然团队有基本的分工，但是一旦遇到大型项目的时候，整个团队会合力一起攻坚，齐心协力共同把项目完成。

要保持一支能打硬仗的队伍，作为法总，首先需要以身作则，持续激励和激发队员。对于自己从事的这个工作需要发自心底地保持那份初心和热爱，让队员们也看到他们现在的付出未来必定会有收获；今天的汗水终究会变成明天的香水。持久战时，给身心疲惫的战员鼓鼓劲，打打“鸡血”，喝点心灵鸡汤也是必要的。

另外，对每一个队员的尊重、信任、关心、鼓励和奖励也是非常重要的。对于队员的成绩及时鼓励，对于任何人遇到的困难或顾虑，尽力帮助解决。给他们职业发展提出方向和提供实现职业理想的学习培训机会，让他们有不断增进知识和实战经验、锻炼能力和施展才华的舞台。在这个知识大爆炸，信息瞬息万变的时代，鼓励队员有终身学习的习惯和能力。这种学习可以通过各种方式和途径实现，包括各种线上和线下的学习平台，可以在工作中自我提升，也可以回学校进一步深造。知识的储备和人才梯队的培养，使法务部门价值更大化。也要建立与公司内部各业务部门、各职能部门协作沟通的渠道和机制，减少与其产生摩擦、冲突，及时化解矛盾。对于他们的利益，例如薪资待遇也要关注，使他们感到自己的努力被看到、重视和有激励。这样可以减少团队人员的流动性，给工作带来不利影响。总之，团队的所有人要有明确的目标，心中有工作激情，一声令下能立即投入战斗，也要让他们看到希望，为梦想而战。

Q5：成为法总是很多法务的职业梦想，您认为法总应具备什么核心技能？

我认为法务总监作为一个被企业委以重任，以专业知识和经验为基础为业务部门出谋划策，为企业保驾护航的部门的管理者，需要具备以下核心技能。

第一，具备良好的法律知识和深厚的专业经验。法律随着日新月异的生活在不断更新，与时俱进，及时掌握新信息很重要。经验需有意识地长期积累，以便用于未来类似案例以及分享给团队中的年轻人。

第二，洞悉业务和执法环境的变化，总体防控和化解法律风险的能力。在这个市场和执法都充满变化和颇具“任性”的环境中，法总需要具有高度敏锐的观察力和判断力，把合规在企业中做到实处细处，并成为深入人心的企业文化。

第三，协调和人际关系的能力。作为经常需要与各个层级的业务部门领导和同事、外部律师和商业伙伴打交道的法总，必须掌握根据不同情况，使用最适当和有效的手段进行沟通和协调。虽然电子邮件已成为最常用的沟通手段，但在不少情况中不是最有效的。对于重要的事项，需要有精心安排的拜访或会议才会有期待的效果。在我看来，沟通的关键词是尊重、倾听、真诚、善意、灵活和双赢。

第四，卓越的团队建设和管理的能力。根据业务需要创建、壮大和管理一支能打硬仗和胜仗的优秀法务团队，包括根据需要与性价比高有丰富经验的外部律师团队的协作，以便为企业开展各项业务活动提供及时和高质量的强有力支持。

第五，终身学习的能力。在科技飞速进步和信息层出不穷的时代，不学习新知识和新技能就会被时代洪流淘汰。不但要学新的包括法律、商业、经济、管理以及与本企业有关的业务知识，提高硬实力，也要不断提高沟通、共情、关爱、领导和影响他人的软实力。

Q6：作为公司法务，我们在工作中离不开协助业务部门进行谈判。您能分享几个运用谈判技巧取得您想要的结果的案例吗？

我有以下两个有趣的小故事作为案例分享。

故事一：我去肯尼亚后不久特想学开车。办事处经理不是特放心，不大愿意让我学。我就找了我们当时办事处的黑人James，叫他偷偷地教我学车。有一天我刚刚处理完移民局办签证的事，一看时间才下午3点多，就跟James说，你带我到郊外去学开车，他说："好啊，咱们走吧。"开到练车场，是在一个马路进去大概50米的地方，周围是小树林。转了两圈以后，我发现这车没油了，所以来了一个急刹车。车停住了，我正准备再次启动它的时候，突然小树丛里面跑出来13个黑汉子，每人手里还拿了一把平时用来砍草的长刀。他们事先做好了分工，四五个人在那儿站岗放哨，七八个人把我的车围住了，还有两个分别趴在打开的左右车窗上。他们马上开始寻找他们想要的东西，一个人跟我要钱。我当时吓坏了，包括我旁边的黑人司机都吓得不敢说话。我想最重要的是保住人身安全。这时一个黑人发现我身下有一个公文包，他觉得那里面是钱，所以从车窗伸手进来，把公文包拉出来。我想，坏了，这公文包里有30多份我公司和其他公司人员的护照，如果这些护照丢了，那可是一个很大的责任事故啊，甚至会造成外交方面的一些纠纷，我千万要保住这些护照，不能让他拿走。既然这些黑人要的是钱财，我主动把我从国内带来的手表取下来，还从兜里掏出了我的皮夹子，跟他们说：“这些都给你们，对你们有用。”他们很高兴地拿了，但是还不肯离开。我说：“请你把这个公文包给我，里面是一些证件，对你们没啥用处。”他们看了看，好像还是不满意，我想，我还有啥东西可以让他们高兴呢？突然想到我随身还有几盒被当地人称为“中国神药”的清凉油。因为非洲有很多蚊子，蚊子要传播疟疾，非洲人特别喜欢这药。所以我常常口袋里揣着几盒清凉油，去移民局、海关等政府部门办个事，这个很管用，有的时候觉得比钱还管用。于是我从兜里掏出了5盒清凉油，说：“看，这是中国的神药，你们要吗？”他们听到后几个人跑过来抢这5盒清凉油，我说：“等一下，你们把公文包给我，它对你们没什么价值，但对我很重要。你得把公文包给我，我才能把清凉油给到你，咱们做个交换哦！”就这样，我用5盒清凉油把对我至关重要的公文包交换回来了。不一会儿，他们心满意足地离开了。

故事二：在肯尼亚时，我经常需要到移民局去为公司员工办理各类签证。有位移民局负责审批签证的副局长经常看到我来办事，就会过来和我聊聊。一开始他以为我是日本人，我解释自己不是日本人，是中国上海人。有一天，我拿着很多护照去移民局办事，这位老兄又过来和我聊几句。突然他居然问我：“你愿不愿意成为我的第五任老婆？”“What？开什么玩笑？”我说。“不，我是认真的。”我看着他，他一副郑重其事的样子，不像是在开玩笑。我想，坏了，我如果当面直接拒绝他，旁边还有一些同事在，会让他很没面子，后果也蛮严重，以后这些“疑难杂症”的签证怎么办？我得想个好办法。他也不是特意冒犯我或者有恶意，因为大家知道，在肯尼亚一夫多妻，既符合当地的风俗，又是合法的。所以我在想，怎么样去回答他呢？脑子急转弯，我说可以考虑，但是我有一个小小的要求：我希望不是成为你的第5任妻子，我希望成为你的第31任妻子。我说，你看你很有钱，又是当官的，长得也很帅，你完全有能力做到。我听说，你们肯尼亚有一个著名的部落族长娶了51任妻子，他的目标是娶100任，31个对你来说是个小目标，你一定能实现的，我就等着你这一天了。你看，他不实现不是我的问题，对不对？他听了哈哈大笑，有些自言自语地说：“我真的很帅，真的这么能干吗？”我对他点点头，竖起大拇指，他此刻的自我感觉不要太好哦，自信心绝对爆棚。

为了对得起这个这么赏识他的中国“女友”，我对以后处理证件疑难杂症的担忧也就成多余的了。

我想通过上述两个故事来说明，谈判常常是一门艺术，要取得有利于己方的利益，需要记得以下几点：

（1）明确谈判各方的核心利益或最大需求是什么，需要尽一切努力守住己方的核心利益。

（2）谈判时，要掌握让步的艺术，用己方的次要利益交换和满足对方的最大需求。

（3）要设法与对方建立信任，让对方看到自己的诚意和尊重。

（4）要审时度势，把握说服对方的时机。首先应设法稳定对方的情绪，避免让对方有失体面。

（5）谈判语言的针对性要强，做到有的放矢。谈判使用的语言可以婉转，带点诙谐或幽默，冲淡缓和紧张气氛，以利于继续对话。

（6）要灵活应变。出现难以预料的、意想不到的尴尬情况，需要用灵活的语言应变能力与应急手段，巧妙地摆脱困境。

（7）涉外谈判时，要事先对谈判对方的历史、文化、风俗习惯有所了解，避免因为误解产生冲突和不愉快，影响谈判的结果。

Q7：现在的法务群体中女性成为大多数，她们要兼顾工作、家庭、成长各方面的挑战，您在应对来自内外部的挑战方面有何建议？有什么减压的好办法吗？

作为一名女法务，尤其是女法总，忙碌就是日常。既要应付职场高强度、长时间的工作，又要成为生活中通常被期待的孝女、贤妻和良母，真的不容易。把握好家庭、工作、事业发展的平衡，是每个女法务需要面临的挑战和必须掌握好的一门艺术。我觉得最好是对自己的职业生涯提早规划，在人生某一阶段有个重点和目标，比如结婚生子。有些阶段对于家庭和孩子的投入就需要有侧重。为了能够全身心地投入工作，每一个人都需要找到一个可靠的支持系统，家人的理解、支持、关爱和鼓励很重要，与家人必须维持非常和谐的关系。尽量不要把工作的压力带回家，也避免生活的烦恼影响工作。学会及时调整好心态，保持乐观向上。提高与孩子相处的质量，再忙也不要缺席孩子成长中的重要时刻，比如重要比赛、演出或毕业典礼，这些时刻孩子最希望看到你的身影，全家共同庆祝的一刻也许会记住一辈子的。生活中如果有几个同道的师长或好友，经常能一起分享、交流或获得指导，对于自己的职业发展和排忧解难也会有很大的帮助。工作之余，坚持锻炼增强体质也很重要，身体好了才能接受更大的重任。另外，培养一些兴趣爱好，可以调剂身心，丰富生活，陶冶情操。

我们做法务的，平时很严肃，要分析法律问题，都是理性思考。我觉得我的生活里既要有理性的工作，也要有更多明亮的色彩。我在几年前，利用周末时间开始和我女儿一起学画画，也学摄影，也喜欢种种花草，让自己有另一种生活形态。在办公室内空气常常不好，周末就需要到户外去做做运动，享受大自然的新鲜空气和明媚阳光。我周末常常跟我女儿一起出去游泳、遛狗、做手工，既增进母女关系，又一起享受乐趣。我们这些女性法总，常常会有平衡工作和生活的挑战。和子女做同学一起学不失为一种又放松，又增进母女感情的好方式。我经常和女儿进行画画 PK，同时画同样一幅画，一起讨论谁画得好，有哪些互相借鉴之处。我觉得既自己开心了，又增进感情。我喜欢画明亮的海边房子，秋天的多彩树木。画中五彩斑斓的景色，让我下周一去上班的时候又能充满能量，即使晚上要开公司电话会议，也不觉得特别累了。所以，我觉得周末用业余爱好调剂一下生活挺有必要的。

生命是一个过程，认真去经历所有的事情，享受过程最重要。我们法务人应理性地工作，感性地生活。相信“你若盛开，舞蝶自来”。做一个有温度、态度和高度，灵魂有香气的美丽女性。

合同洞见

商业合同是合同各方妥协的产物。一般情况下，合同内容不太可能仅反映和保护某一方的利益而完全无视其他方的利益。对哪一方的利益保护得多一点，往往取决于各方的谈判地位，但有时候也取决于有没有一个好律师。

图书推荐

我推荐给法律人的书是《法律人的明天会怎样？——法律职业的未来（第二版）》。本书的作者为英国的理查德·萨斯坎德。本书不仅探讨了法律职业和司法制度面临的迫切问题，更描绘了一幅未来法律世界的宏伟蓝图。如果你在思考和关切你未来的饭碗在哪里，或者立志登上法律职业的光明顶，你应该读一下这本书。

校稿人：高建英

史欣悦，君合律师事务所合伙人，主要业务领域为跨境投资，企业并购，公司合规等。

北京大学法学院法学学士，伦敦经济政治学院欧洲法硕士。北京市律师协会外事委员会副主任，北京市青年联合会常委，环太平洋律师协会（IPBA）理事，Multilaw国际律师学院校长。

曾获北京市律师协会颁发的“北京市十佳青年律师”（2009—2011年）和北京市优秀律师（2015—2018年）称号。

参与律师职场综艺《令人心动的offer第二季》的拍摄，担任带教律师。在自媒体平台与青年探讨个人成长和法律学习，颇受好评，受到《三联生活周刊》等媒体的关注报道。

微信公众号：亦经亦史；B站：亦经亦史－史欣悦；喜马拉雅：天桥的小年轻；邮箱：shixy@junhe.com。

史欣悦和Timini的对谈

史欣悦

Timini：年轻人如果在社交的时候缺少自信，有没有什么好的建议让他们迅速地进入状态，展现自己舒展的一面？

史欣悦：社交这种事就是见到陌生人比较费劲，融不进去也是很正常的。

我觉得我们对自己要有一个认识，就是我们是什么样的人，有内向有外向。比如说那种鸡尾酒会的场合，大家都是不认识或者是半认识不认识的，在这种环境里你端着酒杯聊了一个多小时、两个小时到处见了一些人，还加了一些微信，然后当你打车回家的时候，你觉得你今天是充电了，还是亏电了？

这对我来说就是亏电，这种场合我参加了一晚上，我觉得累死了，我会觉得我为什么要来这儿，为什么不在第一个半小时就离开？我在干吗？所以通过这种思维方式，我也知道我不是一个喜欢这样场合的人，这就叫本质上是个内向的人。我有很多很好的朋友，很多问题上跟我相似，但是在这个问题上他就需要party，必须得出去见人，喝酒聊天聚会，在这种场合见到不一样的人，收了好多名片，加了好多微信，觉得每个人都不一样，觉得好有意思。这就不一样，对他来说这是充电，如果他天天都在家宅着，他会觉得是在亏电。但是我就觉得我在家待着好，写会儿字、画会儿画、看会儿书、喝会儿茶，我觉得是在充电。

其实大家都不一样，所以说年轻的朋友你去参加这样一个活动试试，你就知道自己是什么样的人。你知道自己是什么样的人后，也不是说你就不去了，也得去，有的时候工作需要，有的时候也是看看。比如说，有时候大使馆里会办这种活动，咱也没进去过大使馆是吧？看看国家大使馆长啥样，虽然觉得挺累，但是开眼界，你就了解自己，你就不拧巴，你就知道今天我就是来放电的，我会亏电，我今天参加这场活动，明天我在家自己多喝点儿茶，少说点儿话，补回来也就好了。

说到底还是要认识自己，知道自己是怎么回事，知道自己是什么状态，然后就在不同的场合里明白自己是亏电还是充电。

Timini：律所招实习生的时候会比较看重他们的哪些特征、特质、潜力，真正重要的点在哪里呢？

史欣悦：首先，我在面试的时候，比较看重逻辑和思维。

比如，我们问一个问题，这个同学能不能比较快地知道你想问什么。其实有点像在学校考试中出一个论述题，然后让你回答问题，你马上就能够站到出题人的角度去想，他是想问我一个什么事情。这样的同学我就觉得思维反应比较快，因为未来的工作就需要这样的人。客户问了一个问题，客户可能也不太懂，他是想问或者说给合伙人、资深律师布置了一个任务，然后你要迅速地知道这个问题的点是什么，这个能力我们其实是很看重的。所以就是识别问题，分析问题，找到问题关键的能力，在谈话中、面试中可以比较快地看出来这个同学有没有这样的反应。

其次，沟通的节奏也同样重要，就是看和面试者沟通是否通畅。我作为面试官或者说谈话者在抛出一个问题的时候，期待观众有一个合适的回答长度。在面试的时候，有的回答过于简单，有的回答太长。

比如说，我们上个月面试过一个同学，问他：你过去有这么几段实习经历，你在这些实习经历里，具体工作是什么？他就开始讲在过去的其他事务所实习时的案子，讲得非常细，而且他还有一个特点，就是说话不喘气，一直连着。你想礼貌地打断他，也无法做到，你任何一个插进去的话都显得非常蛮横，就是生生地把人家打断，这种事就比较难做。所以我有时候也跟我们的年轻律师说，你说话的时候要喘口气，就是休息一下，看看提问者或者主持人要不要在这会儿插一个问题或者转换一下话题，你自己说得也没有那么累，然后你喘一口气让别人也有插话的机会，这其实是一个很好的说话节奏。

Timini：年轻律师什么样的特质是您喜欢的，您觉得有没有一些特质可以让这些律师注定成为好的律师？

史欣悦：这倒没有，我其实是不太认同断定所谓谁是做律师的料，谁不是做律师的料的做法。今天咱们同行特别多，在线的有好几千人，我相信如果把我们这几千人聚在一起，大家的性格非常不一样。每个人的特质是不一样的，我不觉得什么样的人的性格就是特别适合做律师，或者特别不适合做律师。

但是我觉得有这么几个参考，因为律师行业规则意识还是蛮强的，一是你对客户的建议要讲规则；二是我们自己有很多的职业纪律、职业道德和职业规范。如果说一个特别不在乎规则的人，在这个行业里可能就稍微费劲一点。

但是什么事都有两面性，很多律师业的创举，包括一些交易的方式，都是那些“不太守规矩”的人创造出来的。所以虽然我们说有的人因为太破坏规矩了，破坏了这个行业，甚至受到了纪律处罚，但还有很多事情是那些“不太守规矩”的人创造出来的。如果大家都守规矩，中国就没有律师行业，如果都守规矩，都按照既有的常规来，这个行业就不会存在。如果大家都是按照既有的模式说律师就是做刑事辩护、民事辩护，那么其他的非诉业务、资本市场业务、债券业务，包括现在热门的娱乐传媒业务、数据合规业务也就不会有了。

总有那些想探索新的边界、新的边疆的人，说到底还是一个个人尺度把握的问题。我们也经常说不要用整体思维去判断，就是说，我聪明，所以我能学会；我笨，所以我学不会。或者说，这个同学是做律师的料，这个同学不是做律师的料，这种判断都是不对的。不管是对自己还是对别人，这种判断都是一种对整体思维的判断，是不对的。

我们相信任何事情，任何能力和技术水平，甚至思维习惯都是可以通过训练和培养得到改变，每个人当然是天生兴趣有不同，天生禀赋有不同，但是我们不能用这种特别僵化的思维说他行、他不行，这种性格可以做律师，或你这个样子就适合做什么，我觉得思路不是这样的。因为当你见多了，就会发现什么样的法律人都有。

Timini：可以讲讲合伙人的工作状态吗？

史欣悦：我们事务所包括我所在的业务组的体制是这样的，我们七八个合伙人在一个业务组，然后这七八个合伙人都做公司并购，所以我们叫公司并购业务组。我们这个业务组的律师十几个、二十个，所有合伙人都可以找十几个、二十个律师合作，没有说谁就是谁团队的。

我们在综艺节目里也拍到了，有的同学写了史欣悦团队，这是我们忌讳的，我们不能那么说。我没有助理，然后也没有任何一个律师是我的律师。

我有一个新的业务、新的事，我觉得谁可以，谁合适，我就问他说有没有时间，你有时间的话有这么一件新事，我们一起做一下，人家说好就好，人家说不行，我太忙了，我就要再去找别的人。我们每件事都是双向选择的，是这么一种体制。

Timini：从某种意义上来说，律师自然是有分层的，您觉得这些资质或者是出身或者是教育背景没有那么漂亮的律师，他们有希望突破分层，有一天也能成为同样优秀、同样知名、同样闪光的大律师吗？

史欣悦：这是一定的，只要有志向，然后一直在努力。

我们君合的太多人，曾经家乡的教育环境就不是特别好，提供的不是咱们所谓的优质教育资源，这阻挡不了一个优秀的人、愿意学习的人往上成长。还有我们的合伙人、非常资深的大律师，本科甚至不是学法律的，读的是一个你没听说过的，可能今天都不存在的学院。然后还有很多人始于不太知名的事务所，或者是很地方性的事务所，或者说就是一个师父开的事务所，跟着师父干起来的。但是通过各种机缘学习、留学，找到新的工作机会，找到新的案件机会，然后慢慢做起来，加入君合或者加入其他可能大家会觉得更好一点的律所。

同时，我也不觉得我们律师这个行业大家都要盯着红圈所。因为红圈所其实就是服务机构，而且是服务那些法律预算比较高的，愿意多花律师费的机构。更广大的公民，很多的中小企业、小微企业、个人创业者都是大量地需要法律服务的。不能说所有的律师都成了红圈所的律师，红圈所的律师好像就怎么样。

律师要自己去找案子，有的年轻律师真的是站在法院门口。我们在律师协会组织过一些年轻律师，比如说到社区给大家讲法律的活动。我们其实也想给年轻律师创造一些案子的机会，但我们做这些事情的时候其实也挺纠结的，有的律师真的是有生存压力，所以当他到基层、到社区接触到这些案源的时候，接触到一些比如说特别不懂的大爷大妈的时候，他把话说得过满，打不赢的他说能赢，把握小的，他说把握大，就为了拿下这个机会，所以我们作为协会、作为组织者创造这些机会也怕有职业风险，我们是非常能够意识到我们这个行业全中国几十万的律师，红圈所里才有多少人？

Timini：那些还在为温饱挣扎的年轻律师，住地下室的律师，您觉得他们想要摆脱目前的困境，不管他们是因为什么原因而陷入困境，有没有一些共通的办法？

史欣悦：在这个行业，你想做好，其实道理还是挺简单的，就是每接触一个案件，每接触一个当事人，每接触一个客户都尽量地把它做好。我们事务所师父教我们的时候就讲，你不用去开发市场，也不用天天开发新客户，最好的市场开发就是把手头的事情做好。不要到处去忽悠，到处去讲我会这会那，一个当事人满意就会介绍新的当事人来咨询，一个客户满意这个客户的其他案子，就会想到你，想到你的事务所。

你就踏踏实实把这个事做好，维护好你的客户，让人家觉得你是值得信任的人。做律师本质上是提供服务的，我们是需要一些知识和专业的，把自己放在客户的位置上，放在人家需求的位置上，帮人家解决问题，这业务就一定能做起来。

Timini：如果年轻律师想要提升自己的能力，您有什么具体的建议吗?

史欣悦：能力就是说学习的三方面：态度、知识和技能。

态度就是尽力把手头上每件事情做好，知识就是读书和上课，但说到底其实律师真正需要提高的是技能，技能提高就只有一个方法——练习。

年轻的律师或者想在某个领域积累经验的律师，唯一的方法就是做案子。你不做你就没有敏锐度，你不做你就没有这个专业能力。专业能力的练习，怎么练习？就五个字：正确地重复。正确地重复很重要，对于技能的练习，不管是说话还是写作，出庭和客户开会沟通，调查取证，会见当事人和对方律师谈判，这都是靠练习，轮不着你练的时候你就跟着师父去，你看他话是怎么说的，见面是怎么见的。

大家可能看过《令人心动的offer》真人秀的节目，当实习生从来没有这样经验的时候，你把他直接扔到谈判室里，他们就展现不出来一个专业律师，一个专业法律人士需要的那些技能，因为没有训练过。所以我就说正确地重复，不断地练习，找机会练习就是好的，这种练习的机会是无价的，而且不要太去刻意地追求练习是否有回报。技能的提升就是要练习，而练习是要自己创造机会。

Timini：您说这些练习机会就是喂养自己，但是确实也有一些小一点的事务所，或者是机制不是很成熟的时候，他们可能没有师父带，也没有太多的案源可以去实践，去练习，这又是一种新的困境，这样的话这些人还有什么办法和出路吗?

史欣悦：没有案源想办法找案源，没有师父再想办法找师父。

这个方法就是自己能不能开拓一些自己的案源，另外如果真的没有师父带，看能不能换个师父。树挪死人挪活，我们知道律师行业需要这两个东西，有人带、得做案子。当你都没有的时候，你不能就在那坐着等，因为我们可以说有经验，有历练，没报酬没关系，绝对不能空转，空转是对自己时间的严重浪费。

Timini：青年律师在时间和精力有限的情况下，想要提升一些技能，最重要、最应该提升的技能是什么？

史欣悦： 最核心的是沟通能力。

沟通能力看起来就是个沟通能力，但是说到底背后是一个人对别人的深刻理解，你只有去理解了周围的人，理解了你的客户，理解了你的对手，理解了法官，你才能够说话说到点子上，沟通得好。

所以经常有年轻朋友跟我说，史欣悦，给我们讲讲怎么说话，在综艺节目里你好像挺会说话的。我从来没有觉得我会说话，甚至我也没有觉得我有任何说话的技巧可以传达给大家。我只是在不同的关系中找到了一个正确的在这个关系里的表达方式，你需要的其实是对你现在所处关系的理解。

合同洞见

弄清楚合同每句话的意思，有时候一句话有几个意思，都要弄清楚。

图书推荐

王小波的《黄金时代》。

校稿人：韩锦超

孙颖（Echo），北京德恒（苏州）律师事务所高级合伙人。Echo自西南政法大学研究生毕业后，先后就职于知名律所、著名咨询机构、跨国公司法务部等，具有丰富的法律从业经验。最近8年，Echo在律所作为合伙人工作期间，兼任过劳动争议仲裁员，现为国际商事法庭中立评调员。Echo在提供法律服务时尤其关注客户的真实需求，并致力于协助客户寻求商业需求与风险管理之间的最佳平衡。Echo和她领导的团队曾帮助许多知名跨国外商投资企业完成其在中国的投资、清算及重组，并在企业事前/事后风险管理、合规、知识产权等方面为许多企业客户提供法律服务。

邮箱：echosun@dehenglaw.com。

法务与律师的自由切换

——法律人的基本专业素养

孙 颖

前言

答应合同相对论（主要是Timini，合同相对论的客串主持人，以下简称T总）的对谈，让我作为“跳槽惯犯”跟大家分享自己作为法律人对职业选择的心得，实感惶恐。我在知名咨询公司做过咨询，在跨国企业做过法务，在律所做过律师，现带领一个团队专注向客户提供法律服务，自愧经历乏善可陈，只好粗陈几点，供大家参考。

一、保持初心，是职业自由的灵魂

法律人都可能经历毕业前面临对前途的选择，或是解决温饱之后对职业道路的考量，或是人生不同阶段对于人生关注点取舍的抉择。作为痴长几岁的我，也经常在各个场合被后辈们问关于将来职业选择的问题，问选择时的考量因素，问曾经的经验。以我个人意见而言，这个问题除了客观情况下的各种利益权衡，最终是个人主观感受的选择，且不是一个“to be or not to be”型的问题，只要保持初心，永远都可以自由切换（公务员除外，今天所有的讨论都不包含该点）。

二、职业定位真的与专业相关吗?

前不久，一个法务小姐姐来面试我们团队。小姑娘背景很好，国内知名法学院毕业并且有国外“top20”法学院LLM的教育经历，目前工作的单位是一家内资的生物制药企业，工作岗位主要是跟专利申请相关的法务工作以及协调。在聊完她的日常工作以及个人背景之后，我们就惯例问了一个问题，为什么要考虑从现有公司辞职而加入律所？

小姑娘的回答很有意思，她觉得只有在律所做律师才是真的从事法律工作，才有职业的尊荣感。进一步追问原因才知道，她觉得自己现在每天做的都只是很常规、重复性的工作，没有什么挑战。每次想要做一些变化，提出的意见都不会被部门负责人采纳。内部开会的时候，法务部门给出的意见经常被业务部门挑战，但如果是外部律师事务所给出的意见，则很容易被业务部门接受。

姑且不论小姑娘是不是真的想从法务转律师，还是仅仅想在律所镀个金做一个持证的律师为自己的法务生涯加码（这确实是部分人的打算），她的这种看法确实代表了社会上一部分人对于法务和律师的看法，认为“法务像个万金油，什么都懂一些，什么都不精”，或是“法务就是一个协调者，律师才是专业的”，等等。事实上，很多律师在成为专业化律师之前，也是从万金油律师开始，而法务因为专注于某一行业多年，有可能专业知识会远高于非专注某一行业的律师。

就个人观点而言，法务与律师的选择其实不在于哪个职业更专业，而在于个人对自己风格、职业定位的选择。同样是法务责任人，有人对自己以及团队的定位就是外部律师与公司内部的沟通桥梁，有人认为公司法务与外部律师只是分工不同，接触的领域不同，高阶的法务人可能还要考虑精力的分配、团队的管理与成长等问题，但其他并无不同。同样是合伙人律师，有人事必躬亲，有人整天游走于各种应酬。

每个人对于自己不同的角色定位、不同做事方式等各种考量因素在某种程度上造就了各自专业程度的区分，与律师或者法务的角色本身无关。身边不少志同道合的法总朋友们都秉持一个理念：保持法律人的专业性，让自己从专业性角度能够保持法务与律师角色的自由切换，是法律人的基本素养。

说回那个面试的小姑娘，我们在面试过程中也发现，即使是在她经常做、重复做了三四年的专业领域里，她也有很多自己没有搞清楚的知识点，这样对待专业的态度，即使到了律所，也很难坚持。所以后来，虽然没有录用她，但我们也诚恳地给了建议，无论做法务还是律师，都需要专业性。如果对于自己的职业没有不满，只是因为自己所在部门不鼓励专业性，可能需要换的不是职业，而是雇主。

三、兴趣指引下的热爱之路

假设我们用“pros and cons”（利弊）列表分析方式来讨论法律人就法务和律师甚至其他方向的选择，并且就各要素列出权重的话，我认为在pros一栏上权重最大的一个关键词是“兴趣”，如果某个人对兴趣的定语是“热爱”，基本这个就是定论选择。

初回律师界的前几年，如何在工作与陪伴家人之间获得平衡，曾经是一个让我很焦虑的问题，尤其是对小朋友陪伴的缺失问题，让我几次怀疑自己对工作的选择。

一个好朋友用自己女儿的经历开解了我。她的女儿在高三毕业选填志愿的时候对选专业很纠结，过来问她应该怎么选。我朋友没有直接给她答案，相反让她的女儿做了个检索，看看别人都是怎么选的。一个暑假过去了，她的女儿跟朋友分享了自己的发现。她女儿发现别人选专业时大概有两个方向，一个方向是根据市场需求进行选择，看市场对于岗位的需求度选择自己的专业，也就是人们常说的选择热门专业。在考虑市场需求时除了要考虑现有市场的需求，还要看将来行业发展的趋势。而另一个方向则是按照自己的兴趣选择。朋友的女儿还进一步发现，市场的趋势非行内人很难准确判断，而且入学时热门不代表毕业甚至以后还热门，一时热门不代表永远热门，反而是那些为了兴趣而做的选择更容易坚持。

同样是未知数的未来，但按照自己的兴趣选择专业可能能够做得更好或坚持得更久。朋友的女儿遂按照自己的发现选择了自己感兴趣的专业，现在是某常青藤盟校博士生，即将毕业。

同理，法律人在做自己的职业选择时，除考虑客观因素之外，按照自己的兴趣去做选择是最重要的。

假如对于自己的要求始终一致，无论是做律师还是做法务，都要付出十分的努力，差别只是精力的分配而已。只要保持自己的一贯水准，无论是做法务还是做律师，总有市场。唯有自己想做，在遇到困难的时候才有迎难而上的勇气，遇到挫折的时候才有继续坚持并等待曙光的动力。唯有选择自己所爱，才会每天“元气满满”地走入办公室，夜深人静时不会空虚和迷茫。

四、坚持是选择的不二法则

对于这一点，我想引用“吴晓波频道”的一篇文章，其中作为青山控股企业实控人的项光达对自己经验的总结有句话让人印象深刻。

他说，“每做一个行业，就要成为这一行的中流砥柱”。而达成这一目标的诀窍很简单，“就是在每一个不起眼的节点上，选择了坚持”。

如上文所述，我觉得法律人，或者说任何一个行业的人对于自己职业的选择，从来就不是一个“to be or not to be”的问题。人对于自己的认识本来就有个过程，人生还有个时机的问题，所以选择会有变化，可能还会经历反复，这些都是正常的，但凡不曾虚度光阴，都有意义。一旦确定自己想要的是什么，就坚持下去，咬定青山不放松。

法律从业，一方面要看基本功打得是不是扎实，另一方面无非就是经验的积累。律师之所以被认定为专业，无非就是遇到的事情多，你所遇到的问题可能他/她在别的客户那边已经碰到过并且有了完善的解决经验，专业的法务不也是一样吗？在某一个行业或领域精耕多年，多看多听多想，而且法务可以接触第一手资料，有机会了解到纠纷的起因甚至后续影响的详细和深入的第一手资料。勤于总结，善于复盘，如此历经多年，经验不会比外部律师少。

对律师来说，人脉的积累，专业的精深，敏锐的市场感知力都要靠自己的积累。现今社会对于律师专业化的要求已经不再局限于律师对于自己所从事法律领域的专门经验，更要求对律师所选择法律领域所对应客户的行业有足够的了解。

我们不光需要知道这个行业本身以及相关的法律知识，为做好项目，还需要了解客户的产品特点，行业的交易习惯，常见的风险点，等等。举个最常见的例子，就是尽调，尽调一个快消企业与尽调一个制造企业的重点肯定不一样，同样是制造业企业，传统制造业与高科技企业的重点肯定不一样，高科技企业中，行业不同风险点也不同，一份尽调清单打天下的日子已经过去，客户目的不同，尽调报告的写法肯定也不会一样。这些都要靠经验的积累，要靠在某一行业的坚持，是简单地去做某一职业很难获得的体验。

五、实现职业自由切换，需要怎样的方法论？

作为一个有相对复杂工作背景的我，在之前面试的时候最经常被问到的问题是“在公司做法务、在律所做律师，以及在咨询公司做咨询，最大的差别是什么？”随着年龄和阅历的增长，我对于这个问题的答案一直都在改变，但又始终未变。

先说改变的部分，我觉得在全面依法治国的背景下，随着中国企业法律意识提高，企业对于法律需求提供方提出的要求进一步提高，从而对法务和律师的工作都提出了更高的要求。之前一部分人所秉持的律师只管法律建议不管实操，法务只管把事做成而忽视法理论证等陈旧观念已经逐步退出市场，现实对这两种工作都提出了更高的要求。

没变的部分是，我觉得这几份职业的从业者都是专业人士，作为专业人士对于专业的要求都具有同一性，即方法论。方法论是从事任何职业的重要工作方式，也是能快速建立一个团队风格的诀窍。

方法论具体是什么，相信市场上已经有很多书在讨论，就我自己而言，我更愿意说这是一个团队的传承（legacy）。

离开咨询公司多年，我写的东西在部分形式上还有很深的咨询公司的印记，以至于客户说我写的东西有点 ×× ish（××是公司名）。这种对于方法论的重视在我们团队直接体现的结果就是，我们团队出去的东西有自己比较鲜明的特点。

比如，通常我们在提供给客户超过一页法律分析报告的时候，会在充分总结背景之后先写个概述（executive summary），用简单的语言换一种表达方式总结我们就分析得出的结论。再如，我们团队跟客户初步接洽提供报价的时候都会给客户一个服务方案，服务方案中会包含我们对案子的简单分析以及重点提示。又如，我们团队内部（现在推广到整个律所）每年都会给新入职的小伙伴安排专业方面的入职培训，不断完善各种内部工作指南。

一代又一代的团队成员将自己的经验不断总结并内化到团队的指南、内训材料中。这样做，不仅能让后来的小伙伴在最短的时间内了解团队的做事方式和风格，而且能用最小的代价使他们了解团队所积累的主营业务以及行业知识。

我们有长达十几页的合同审核指南，即使是刚入行的“菜鸟”，按照这个指南至少能审出一份不出大错的合同。持续的内训和日常层层复核并及时反馈的工作方式，又可以“沉浸式教学”的方式将高阶的合同审核技巧分享给同事。我们将日常做的每一次检索项目均生成检索报告，日积月累，自建团队以来累计的检索报告居然高达数千份，我们自创的小报纸甚至也已出到了几十期。

方法论不光包括做事情的方式，还包括做事情的理念。

昨天看微信视频号，刷到一个妈妈给女儿的一段话，“不要虚掷你的黄金时代，不要把生命献给无知、平庸和低俗，工作本来就是一件很有意思的事情，你要是喜欢，就好好举着你的那块牌子，要是不喜欢就扔了它”。

建团队、服务客户也是相同的道理，寻找价值观相同的伙伴，建立相同的工作信念和工作体系以便在服务中能够信任彼此的工作成果，以同理心对待客户提出的需求，用专业的方式解决客户的后顾之忧。

以上是我在“合同相对论”中对谈Timini的一点总结，更多内容请参考当时的对谈录像资料。如果没时间，看完第一段的executive summary（前言）也就知道我的大概意思了，谢谢大家。

合同洞见

任何离开交易背景谈风险的合同审阅都是“耍流氓”。

图书推荐

《飘》，以及我读法学院时给我影响很大的一本书，《社会契约论》。

校稿人：贡丽华

合同篇

刘益冰，债主帮创始合伙人，上海芮德洳齐律师事务所合伙人。刘律师从事法律服务行业近30年，曾经在多家跨国公司及律所担任中国及亚太的总法律顾问及高级合伙人。他侧重于商事争议解决，尤其在企业信用管理、应收账款催收、不良资产处置、反舞弊等领域拥有丰富的经验。数年前带头创建债主帮法催服务平台，以“法律+科技”为驱动力，向用户提供一个覆盖全国的高效、合规、低成本、一站式的逾期应收账款法催整体解决方案。

微信：liubin603096；微信公众号：zhaizhubang；邮箱：simon.liu@debteehelper.com。

合同全生命周期管理中的法律人

刘益冰

Timini：今天邀请的对谈嘉宾有三重身份，第一个身份是法律人，他做过律师，也做过法总；第二个身份是法律创业者，他现在做了一个法催平台叫“债主帮”；第三个身份，他是我心目中法律圈的“百晓生”，他知道法律圈几乎所有的事情，但凡我想在小城市找位律师的时候，我就会去找他，不管多小的城市，他都能给我找到一位合适的律师。当我想要找一位法律界的人士，我也会去找他，当我想要了解一家公司是不是有一个很好的雇主，哪个朋友想去这家公司应聘时，我也会找他了解这家公司的口碑，所以我把他叫作法律界的“百晓生”。而且他了解非常多的法律圈八卦，不管是什么样的八卦，跟他聊起来，我就会忘记时间。今天我们非常开心地请到我们的八卦之王Simon刘益冰，也可以叫他刘总或者刘律师。刘总可以再简单做个自我介绍吗？我怕刚刚说得不够准确。

Simon：大家晚上好，我简单介绍一下，我做过十几年的执业律师，十几年的企业法务，现在是一位“法律+科技”公司的创业者。

Timini：刘律师不管是法务还是律师的话题，或者聊起创业话题都有非常多的新想法，上一次我们法律人聚会的时候，刘律师给我们做了一场很精彩的演讲分享，大家印象都很深刻。我很好奇，竟然有人愿意跟法务聊八卦，我是多年的八卦绝缘体。通常大家都是什么事情最好不要让法务知道。

Simon：谢谢T总，江湖“百晓生”比法律界的“八卦男神”要好听一点。其实以前我在律所做律师时，一般不太喜欢讲八卦，但是后来到了企业做法务后，就开始养成讲“八卦”习惯，为什么呢？我觉得法务部和其他业务部门，尤其与销售、采购、财务、人事等部门，快速拉近同事之间关系最有效、快捷的方式，就是与其他部门的同事一起午餐时，顺便聊聊公司的八卦，就能迅速取得其他部门同事的信任，是建立一个良好工作关系的开始。

Timini：其实这也是我纠结的点，因为我开始给刘律师安排的话题叫“法律圈的那些奇葩事、奇葩人”，后来想想这有点太不务正业了，讲这样的话题，今晚可能一个听众也没有。纠结一番之后，我们选了一个看起来比较严肃正经的话题，也就是“合同全生命周期管理”（CLM）吧？我说对了吗？因为这个词我一直叫不对，我经常被这个词卡住，或者偷懒的话就叫CLM。那我们今天就讲讲这个合同全生命周期管理，其实今天还是一个聊天类的对话，就是法律人之间闲聊，也是不正式的一个培训，或是一个课程。

Simon：律师和法务我都做过，可以法务及律师的视角聊聊我们做合同的时候都做些什么事。我觉得法务和律师做合同，有很多相似之处，也有很多不同。法务因为更熟悉一家公司的产品和服务，所以做合同时比外部律师有先天性的优势，法务更了解公司的文化、架构、审批流程等。法务通常比律师更有商务上的敏感性，尤其在合同谈判过程中。

Timini：合同全生命周期管理（CLM）这个词我总听说，尤其是这一两年，CLM是怎么就突然这么火了呢？

Simon：以前企业法务大多数工作量就是起草合同、审核合同，有的法务部还负责盖章。后来很多公司尤其外企给法务定了一个新名字：商业伙伴（Business Partner），公司希望法务能扮演一个商业伙伴的角色，向其他业务部门提供更加积极的法律服务。我有一位老板就经常对我说，你们法务不要整天坐在办公室里看合同、审合同，我希望你们的工作要更加积极（Proactive），给其他部门更多的法律支持。我自己也非常同意这个意见，法务可以在公司合同管理当中做更多的事情。我们今天谈法律人在合同全生命周期管理里能做些什么？对比传统意义上的合同管理，合同全生命周期管理中，法律人可能是从招投标阶段就开始介入，审查招投标文件，提供保密协议（NDA）、授权委托书等模板。后期的合同谈判、签订、履行、存档、争议解决等阶段，也都需要法务作为商业伙伴提供更加积极的法律支持。法务有可能在合同全生命周期中，扮演销售、商务、财务、信控、项目经理等不同角色，参与合同全生命周期的各个阶段。

Timini：以我自己的经验来说，小型的法务部其实是很难参与到合同全生命周期管理中每个环节的。我们法务部通常做的工作，无非就是合同的起草和审核。再复杂一点，可能会有招投标文件的审核，最多再加一个合同谈判。至于其他部分，尤其是合同履行部分，至少我以前的工作经验没有过多去关注。你们当时是因为人手充足才有办法这么去做，还是说你们借用了什么工具，或有更好的流程呢？

Simon：法务要做更多的工作，首选是增加人手，但出于控制成本的原因，法务部很难获得新增编制。这种情况下，只能寻求使用一些新的科技手段来提高工作效率。10年前我在一家美资物流公司做法务时，我们公司在美国总部买了一套合同管理系统，全球各地的所有业务部门必须通过这个系统发起合同审查，而不是像过去通过邮件将合同发给法务审查，不管是采购合同还是销售合同都需要业务部门上传到这个合同系统，系统会根据合同类型、区域、金额等提前预设的权限，分给对应的法务。当法务收到合同审查请求的通知后，应该在24小时内给业务同事发一封邮件确认收到请求，然后在48小时内向业务部门提供一份实质性合同审查意见。

由于公司业务很广，涉及空运、海运、陆运、仓储、货代及第三方物流。第一步需要统一各个业务的标准合同模板。第二步需要制定公司的商业守则（Business Rules）（见附件1的商业守则目录），有点类似一个国家的宪法，把公司的所有商业标准，例如将公司的所有招投标、采购、信控、财务、商务、法律、合规等政策统一。如果供应商或客户的合同中有任何内容与公司商业守则的规定背离（Deviation），就需要根据公司的管理授权范围（DOA）获得相应的审批。

附件1 商业守则（Business Rules）目录

目录

一旦合同管理有了标准，就好做标准化了。我当时所在的中国区的法务部每年要审查数千份合同，平均每位法务需要审查五六百份合同。所以我就做了一个合同审查清单（Check List，见附件2），将公司的所有标准一项一项地列表，这样法务在审查合同时就可以对照审查清单一项一项地对比，比如客户的合同中约定付款周期为90天，但是公司标准是不能大于60天，这就是一项偏离，需要法务标注出来。但是法务不能只说问题，只说No！因为销售需要法务提供一个解决方案，再去跟对方进行下一轮的谈判。基于此，我们法务部又准备了一套针对各个背离的解决方案及建议条款内容，在法务找出合同背离的同时，将我们建议修改的条款内容插入合同，提供给销售或商务的同事。

附件2　合同审查清单（Check List）

客户合同背离条款审批表

1. 申请人姓名：________　2. 部门负责人签字：________　3. 提交日期：____________
4. 合同名称：________　5. 合同属性：______　空运□　海运□　陆运□　仓储□　其他□
6. 乙方签约主体名称：________________________________
7. 对方签约主体名称：________________________________
8. 合同履行地点：____________　9. 合同是：　新合同□　续签□
10. 年度总收入：____　11. 年度净收入：____　12 每月发货数量：____　13. 每次发货价值：____

<table>
<tr><th colspan="6">一类背离条款
（除非事先获得首席执行官、首席财务官或董事会的书面批准，否则不接受任何背离条款）</th></tr>
<tr><td rowspan="5">1–1
排他性</td><td colspan="5">公司标准：公司实体不得向某一客户提供或承诺排他性（无论是在地理上、市场划分上或产品提供上）。</td></tr>
<tr><td>说明客户背离条款内容</td><td colspan="4"></td></tr>
<tr><td>说明接受该背离条款的正当理由</td><td colspan="4"></td></tr>
<tr><td rowspan="2">背离条款的批准人</td><td>地区经理</td><td>财务总监</td><td>地区副总裁</td><td>总裁</td></tr>
<tr><td>日期：</td><td>日期：</td><td>日期：</td><td>日期：</td></tr>
<tr><td rowspan="3">1–2
对客户货物（如存货）的所有权</td><td colspan="5">公司标准：不得购买客户货物或取得货物的所有权。但是，公司可以金融合作伙伴取得货物所有权的。如果客户要求公司购买客户货物或安排一位金融合作伙伴购买客户货物，必须在进行前获得首席财务官的批准。</td></tr>
<tr><td>说明客户背离条款内容</td><td colspan="4"></td></tr>
<tr><td>说明接受该背离条款的正当理由</td><td colspan="4"></td></tr>
</table>

以前一位法务审查一份100页的大合同，如果从头到尾看完，再自己写一份合同审查意见，可能需要一整天。但是自从有了合同评审流程（见附件3）这个标准化的操作流程，只需要1个小时。如果将来有一套人工智能审查合同系统，可能只需要几秒钟的时间。

附件3　合同评审流程图

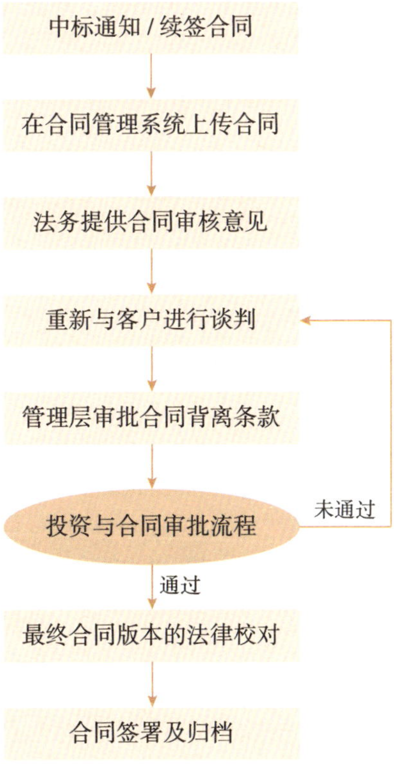

Timini：其实我们公司以前也有类似的制度。但是我有两个问题，第一个是拆分和报批是法务去做吗？我们以前会有合同管理部门去做，都不是法务在做，这其实是一个纯体力活。第二个是你们是每一个偏离，都有建议条款（option）可选，这样子的话，法务在其中还有什么价值吗？

Simon：所以我觉得，一家公司的合同管理标准化以后，合同审查就是一个简单重复的工作，可以交给机器人做，其实10年前的技术就可以做一套智能合同评审系统。在这种情况下，法务的侧重点就要转移到合同全生命周期管理中的其他方面，比如在商务上面可能参与得更多。我做法务时印了两张名片，一个职务是法务，另一个职务是商务，出去谈判时，90%的情况下，我都是拿着商务总监的名片，因为对方肯定是派商务，而不是派法务来跟我对接。开玩笑时，我跟对方的商务抱怨法务同事没事找事，整天给我们找事，然后大家迅速就可能达成合意，签订备忘录或合同草签。

我们经常听到销售或商务投诉法务不通情理，不懂商业。因为商机可能转瞬即逝，如果法务作风太官僚，只会闭门造车，不接地气地通过邮件与业务同事及对方进行旷日持久的低效沟通，公司肯定会丢掉很多生意。法务一个人身兼两职，其实是一定程度上把这个矛盾给缓和了，而且又更加有同理心。虽然法务主要的职责是帮公司防范法律风险，但前提是要把合同签署下来。以律师或法务的身份出场，对方总是会提起警惕，为了免责，对方肯定也要请律师或法务应对。在美国有个谚语，Two lawyers never reach an agreement（两个律师在场永远不会达成一个协议），可能就是因为很多律师都是从法律而不是商务的角度思考合同问题。

Timini：您刚才说的问题，我特别有感受，因为上一次我跟一位商务同事和一个客户谈判，他说你千万不要说你是法务，只要你说自己是法务，肯定没有办法谈下去。客户会立刻拒绝谈判，也要叫他的律师过来。我说，不想撒谎怎么办呢？商务建议，就说是从总部来的控制风险部门的人员，对同事来说，法务确实也是风控部门之一。

Simon：虽然以商务的这个角色出席谈判，但并不表示法务就放弃了法务原则，可能我们只是换了一种语言说辞。我们不能总说“法言法语”，需要说些商务的语言，用些客户能听懂的话术，在合同里面的一些措辞既能让客户接受，同时也能帮公司防范合同风险。

Timini：刚刚你说10年前的法务是这样管理的，你觉得现在这个情况有变化吗？因为我听起来像刚刚那个拆分合同的部分，现在完全可以由机器人去做，是不是有很多智能审核系统，如果吴总赏脸，下次我们也邀请吴总来跟大家分享，他们是怎么做这个系统的。

Simon：我觉得这10年整个底层技术，特别是AI人工智能、大数据、OCR识别等新技术的发展，给我们提供了很多新的工具。其实早在20年前我在国外读MBA的时候，当时学校有个线上提交作业的系统，记得我有一个同学写一篇作业通过系统提交后，第2天学院院长请他去谈话，将他的作业彩打出来，看到那篇作业被系统标注得五颜六色，作业里的一段话是从哪个网站、哪本书的第几页第几段抄的，全部都标注出来了。这样看来，如果一家公司有个合同标准，就可以做一套智能合同审查系统，将合同里的所有与公司标准偏离的条款找出来。同时可以提供两三个建议更换的条款。这些问题技术完全都可以实现。

现代法律人在合同全生命周期管理中，有更多的参与环节。本质上法务是天生的风险厌恶型人，天生就是寻找合同风险。销售是天生的风险偏好型人，天生就是寻找合同机会，只要能够将产品或服务卖出去，销售就会尽量把这个交易促成。财务着重看合同中的财务风险，比如汇率、采购成本、付款条款等。一家公司的各个部门都需要将自己的观点及意见呈现给公司负责人或管理层，最终由他们作出一个商业决定。

这里讲一位法总的故事，这位法总曾经非常自豪地告诉大家，她在这家公司做了10年没打过一场官司。然而过了一年以后，她被公司裁员了，她很委屈，为什么公司会裁她呢？她工作兢兢业业，帮助公司防范了各种合同风险，没有一起因合同纠纷导致诉讼的案件。但是她的老板觉得她没有给公司带来什么比较大的价值。其实不要希望法务看过的合同，将来都不会发生风险，不会因为争议而诉讼。有些官司肯定还是需要打，而且通过打官司，法务或者律师最终帮公司解决了问题，可能在公司老板的心目中，法务或律师的重要性更高。

公司10年没有诉讼，可能并不是因为法务的风控能力强，也可能有很多各种各样的原因，比如公司的商业模式，如果都是面向大公司的项目，公司客户肯定不是特别多，可能就是几家到几十家固定的大客户，比如中石油、中石化、联通、电信等，可能就算有纠纷，公司也不敢得罪大客户贸然起诉，在这种商业模式下，诉讼的概率就很小。如果是面向用户的或者面向小公司的商业模式，比如零售行业的客户就很多，肯定容易产生纠纷与诉讼。

我时常在想有没有必要将所有的合同都做得那么严谨完美。很多时候明知道即使合同条款写得再好，实际履行合同时，项目经理并不了解利用合同中对我方有利的这些条款，是否意味着法务在合同上花费了大量的时间与精力修改合同与对方谈判，最后在合同履行阶段并没有获得有效的执行与落实。所以法务要注意日常的合同培训及合同执行阶段的法律支持。

此外，就像我们日常在马路边插位停车，如果我们停车的时候不注意与前后车的间距，没有给对方留下可以正常出入的空间，也许最后我们的车辆会被对方擦碰。延伸到合同审查时，同理，如果处处强势，都是霸王条款，不给对方留有余地，明知道对方可能实际履行不了合同条款，不管最终对方是虚与委蛇还是心怀不轨地答应签署，最终很可能会违约发生纠纷。

在合同签署阶段，法务要注意合同版本的问题，我通常会在每份合同修订时编写新的版本号，另外在最终版本敲章前会在打印的合同背面签上我的名字，防止合同被偷梁换柱。

Timini：不少朋友就刚刚咱们讨论的问题留言，合同全生命周期管理中一个法务部能做什么？他们最重要的事情是什么？一个法务确实很孤单，在一家公司很多时候感觉到没有存在感，如果老板再不重视法务工作，实际上在这个公司生存下去就很难。

Simon：在公司里寻求法务的盟友，销售、财务、人事部门都可以是法务的盟友。对于销售，多提供支持，跟他们一同去见客户参与商务谈判，促成交易达成合同。对于财务与人事，由于都是公司的支持部门，与法务有很多共同语言，在日常工作中主动向这些部门提供帮助，比如帮人事培训员工，制订员工手册，帮财务做逾期应收账款的催收工作等。最重要的是帮老板分忧解难，该解决的问题一定要解决。

例如，一天公司来了20多位卡车司机，怒气冲冲地冲进负责运营的副总办公室要打他，公司的人事赶紧找我们法务去处理。其实纠纷很简单，就是这些司机现在挂靠到另外一家卡车公司，希望我们财务将欠付他们的运费打到新公司，但是财务说跟新公司没有合同关系，不能转账。最终我们提了个解决方案，就是财务开一张给老公司的转账支票，司机拿到支票后去老公司在支票背后盖一个背书转让的章，然后拿到新公司入账。最终问题解决了，老板少挨了一顿打，财务和人事的同事也觉得法务给力，大家都对法务的重要性有了直观切身的认识。

Timini：说回合同全生命周期管理，在哪几个阶段法务还能做得更好一点，超出业务部门的期待，比如对前期的招投标阶段，有什么好的建议或者是小秘诀吗？

Simon：招投标阶段，因为甲方比较强势，在招标文件里面有很多强势的要求。我们学法律都知道，招投标实际上就是一个要约邀请与承诺的关系。有些条件是乙方公司的一些原则性问题，可以在投标文件中提出异议或变通建议。把乙方的标准合同或建议条款附在投标文件里。

如果已经中标，特别是甲方是家大的公司，既然已经采购了这个项目，一般最终都会跟乙方签订合同的。这个时候合同谈判其实是一个商务博弈的过程，要分析对方的痛点，只要大方向不出问题，在一些非原则性的条款上据理力争，甲方一般最终都会作出妥协。

回顾总结

什么是合同全生命周期管理（CLM）？

一般公司法务的日常工作中70%以上工作量是公司的合同管理工作（CM，Contract Management），包括合同的模板、起草、审查、修改、批准、存档等工作。近年来我们经常听说的一个新名词就是“合同全生命周期管理”（CLM，Contract Lifecycle Management）。问题来了，什么是合同全生命周期管理？与传统的合同管理的区别是什么？顾名思义，其实中间多了一个“全生命周期”。

通过重新评估及优化企业合同管理审批流程可以有效缩短销售周期。任何一家公司的合同管理流程都有值得改进的空间，特别是当流程涉及复杂的文档时。合同全生命周期管理能够帮助企业在关键阶段实现合同流程标准化、自动化、流程化、数字化。这些阶段包括：招投标、合同起草、谈判、修改、审批、签署、执行、续签、归档等。为了解决这些障碍，企业需要实施合同全生命周期管理（CLM）计划。

CLM系统利用简单易用的技术简化了合同过程，帮助销售和法务顺利快捷地通过合同全生命周期的每一步骤。最重要的是，CLM解决了销售团队（尽快完成交易）和法务部门（不惜一切代价降低风险）的主要目标。大多数CLM软件的设计目的是更好地了解公司支出，提高合同流程效率，并降低合同管理成本。

在整个销售周期中，“时间就是金钱”，从潜在客户参与进来的那一刻起，时钟就开始嘀嗒作响。每过一天、一周或一个月，销售成本和交易失败的可能性都会增加。协议签署得越快，发票和支票就会越早出现。怎样做到快速签订合同的同时遵守公司的商业政策，是摆在所有销售及法务面前最大的障碍。

从销售代表的角度来看，一套优秀的CLM解决方案为他们提供了一件易于使用的工具，可以直接在他们的“客户关系管理”（CRM）系统中立即生成合同。只需点击几次鼠标，他们就可以用来自CRM系统的数据填充预先构建的合同模板。接下来，这些文档可以被自动生成后转由销售管理和法务审查批准，然后直接发送给客户进行合同电子签，最终合同一经签署，即可在合同管理系统中存档。由于销售团队使用的模板是经法务预先批准的标准模板，此外由于数据不是人工手动输入的，合规性及准确性也大大提高。CLM主要通过以下途径实现：

- 管理采购和销售合同、知识产权许可和内部协议；
- 自动化和加速从头到尾的合同全生命周期管理；
- 规范和控制合同的开发；
- 加强运营、合同和监管合规；
- 使用预先批准的模板和法律条款快速简便地创建合同。

合同洞见

一份合同90%的内容是商务与技术条款，而不是法律条款。一位优秀的律师或法务首先需要具备专业的法律知识，同时兼备财务、商务常识，熟悉客户的业务，才能在合同起草、审查、修改、谈判、签署、执行的过程中创造更大的价值。

图书推荐

《法律人的明天会怎样？——法律职业的未来》，作者：理查德·萨斯坎德。

校稿人：林超

贾锐，法学博士，北京市隆安律师事务所高级合伙人，先后获全国法制宣传模范个人、重庆市十佳律师等荣誉，先后任西南政法大学律师学院副院长、重庆市人大宪法和法律委员会咨询专家、重庆仲裁委仲裁员等职务。已出版专著:《提成制律所突围之道——无底薪公共计时授薪制》、《投资并购法律实务》(曾获当当法律榜好评率第一，第二版已上市)、《重庆陪都时期股份有限公司法人治理结构研究》等。

微信：j13983853380；微信公众号：时信。

股权业务入门并不难

——公司类合同起草审查一席谈

贾　锐

这次跟金光（法天使创始人常总）聊上面这个话题，重点在“公司类合同”而不是一般的合同。

关于一般的合同，我在2006年写过一篇《合同审查的四十字方针》，当年反响还不错，听说有其他律所的合伙人拿来作为教材。前年我将这部分内容放在智拾网的“青年律师执业必备技能指南”系列课中，作为单独的一讲，有兴趣可以去听听。

言归正传，我们今天讲四点。

一、公司类的合同包括哪些类别？有什么特点？

首先，公司类合同是律师在操作公司类业务时需要起草或审查的合同，例如股权转让合同、股权投资合同（融资协议）、合资合同（股东协议，严格来讲公司章程也算某种股东协议）、股权激励授予协议等；更高级的还有一致行动人协议、委托持股协议、表决权委托协议等。关注公众号“股权那些事儿”，在底部菜单留言，可以获得股权类协议文件模板包。

其次，公司类的合同跟非公司类的合同，例如买卖合同、租赁合同，甚至劳动合同，是两种不同的品类。公司类合同最主要的特点或者难点，是股权这种交易标的难界定性和不稳定性（这种“big word”比较抽象，后文将举例说明）。

很多年轻律师或者不做公司法的律师，由于不了解公司类合同的特殊性，把公司类合同当作一般合同来审查，也不另行立项收费，就犯了我称为“三害”的错误，叫作害客户、害自己、害行业。具体说：

第一，害客户。以下是一段常年法律顾问单位对接人与顾问律师的对话：

客户：×律师，我们公司有一份股权转让协议，请审查一下。

律师：好的，请发给我，我尽快处理。

律师服务态度非常好，怎么就害客户了呢？

因为股权转让合同和一般的买卖合同区别很大。

一般的买卖合同的标的，无论是机器设备等有形货物，还是专利商标等无形资产，都有一定之规定，有较明确的规定来界定交易标的。

但是股权转让合同不同，其标的表面上是一份股权，实际上在标的股权背后是一家公司，公司背后可能有很多动产、不动产、无形资产等各种资产，更难搞的是还有一大堆人和一大堆业务，其范围难以界定，而且这些东西每时每刻都在不断变化之中。

有的公司的股权，昨天还是“小甜甜”，今天就会变成“牛夫人”，因为公司突然亏了一笔钱或输了一个大的官司，或者遇到其他“劫数”。这是说股权的不稳定性。

总之，关于股权交易的合同和一般的买卖合同区别很大，通常需要单独立项来做，要涉及方案设计、尽职调查（或配合尽职调查）、项目谈判等具体工作。

这位顾问律师把股权转让合同当成日常经营活动的合同草草审查，大概率不能维护客户的利益，所以叫作“害客户”。

第二，害自己。本来这个股权转让项目可以单独收费，最不济也可以让客户认识到你提供了增值服务，结果这个单子飞了，人家也不领情，所以叫作“害自己”。

第三，害行业。你没有在正确的时间点提醒客户为股权交易法律服务付费，没有帮助客户养成这种付费习惯，不利于律师行业的整体利益，所以叫作“害行业”。

二、想做股权业务，如何迅速入门？

股权业务这几年增长很快，市场太需要股权律师了，但是很多律师很难入这个门。

很多人认为股权业务的难点是它的复杂性。我笑了。我觉得股权业务跟其他类型的业务相比并不复杂。说股权业务难做，这是绝对的谎言。

我们盘点一下较为常见的股权类业务：

第一，最常见的是股权转让。如果是以控制一家公司为目的的股权转让，那就叫并购，并购是股权转让当中的一个小类，主要表现就是买了51%以上的股权。当然没买这么多比例也可以通过同股不同权安排获得控制权，这个不那么常规。

第二，是新设公司的投资。一个人办公司无所谓了，多人合资就比较麻烦，有很多问题，例如股权比例怎么确定，谁当老大，后期贡献与股权比例不一致怎么处理，等等。

第三，是股权激励。几乎每个企业都可以搞股权激励。第四，是股权融资。还有一类也属于股权融资，我把它独立出来叫股权众筹，是餐馆、美容院最喜欢的股权融资方式。

这些业务类型听起来很拉风，其实所用到的法律知识主要还是公司法和合同法。合同法大家都比较熟，公司法内容其实不多。

股权业务第一个的问题是低频。为什么讲到买卖、租赁乃至劳动纠纷，每个人都不怕？无他，唯手熟尔，对不对？股权业务就不同了，在像我一样树立起股权业务专业品牌之前，很多律师做了一个股权项目后，要等到第二个项目，可能需要几年，前面好不容易学的一点东西早就给忘了。

第二个问题是什么？是因为长期做诉讼业务而产生的对抗思维。典型表现为一坐上谈判桌就面部肌肉紧张，讲话咄咄逼人，锱铢必较，得理不饶人。

把这两个问题解决掉，很快就可以入门。如何解决这两个问题呢？

第一，低频的问题，要找到一个合适的节奏让自己逐步转换到股权业务上。假定你现在的业务量是20万元，明年自然增长到25万元应该是没问题的，就给自己定个规矩，明年非股权业务只准做15万元，超过15万元的给同事做。就算一个股权业务也没做到，只做15万元也不会饿死。

匀出的时间做股权业务，具体做三件事：

1.学习：要定量，例如一年听股权课30个小时，精读3本优质股权书籍。

2.分享：例如在朋友圈发100条股权小段子或股权文章，不必自己写，相关资源很多；发之前自己先理解一下。

3.练手：跟着别人做几个项目或案件，不要钱也可以。所里实在没人做股权业务，就硬着头皮学以致用，跟企业人士多聊股权，例如聊聊他们公司的股权结构是否合理，股权激励的基本原则。这些东西，只要听了课，看了书，总能说上几句的。

做好这三件事，绝对不会赚不着股权业务的钱，只是多少的问题。坚持做一年，一定会入门。金光说上面的路径叫“温和改良”，慢慢转型，不搞休克疗法。这个评价很准确。

现在说第二个问题，克服对抗思维。2011年我去某知名互联网公司谈该公司引进IDG风投法律服务项目，客户说，这次来的几家律所的律师，你报价最高（其实不算高），但是我们还是决定找你。我问，“为什么呢？”客户说，“因为你比较有亲和力”。金杜的一位前辈曾坚律师，第一次让我深刻认识到项目谈判中亲和力的重要性。2002年我在上海代表天安保险与曾律师谈一个大型采购合同，我方是甲方（采购方），曾律师的客户是乙方（供应商），但是曾律师做到了不卑不亢，并且很擅长在谈判出现僵局时活跃气氛，包括提议茶歇，聊点时事。

有的人知道自己有对抗性思维，但就是改不了。这里分享一个小技巧：一坐上谈判桌，就默念“这不是法庭”。稍微试验、检讨几次，慢慢就可以在法庭和谈判桌之间自由切换了。

三、关于公司法业务的主要专业问题

金光提醒得很对，除了克服上面的两个问题之外，股权业务的专业知识当然也很重要。如何用最短的时间完成股权业务的知识储备？现在很多公司法课程和书籍对股权小白律师非常不友好，有的故弄玄虚，有的晦涩难懂，还有的基本是灌水，看了用不上。

市面上主流的、权威的公司法及其司法解释解读书籍，大部分都是很难懂的。一看作者简历很厉害，再看书看不下去，而且跟实务没太大关系。

文人相轻很不好，但我是实话实说。这些书的作者水平是很高的，但没有考虑到读者的接受能力，容易把新入门的律师劝退。为此，我努力出品一些通俗易懂、实用性强的股权书籍和课程，例如比较畅销的《投资并购法律实务》，通俗到很多企业人士都在买。另外，在过去的几年当中，我开发了三个系列的股权课程，初级讲法条，中级讲实务，高级讲判例，循序渐进，而且十分注意通俗性和趣味性。这些课都已经在智拾网发布。

其实智拾网没有要求我参与课程宣传，我就是单纯地觉得这些课不错，而且门路对的话，听课费用很低。对于智拾网分给我的讲课费，我真的不在意。我是司法部、中宣部评的全国法制宣传模范个人，免费普法十多年，免费给大家讲股权课也可以。只是从平台的角度看，收费课程更利于运营，而且付费有利于提高学习积极性。我已经把我的股权课搬了一部分到我的喜马拉雅账号（“贾博士聊股权”）上，是免费的。

我写的书为什么卖得好？因为在写的时候我想象我的办公桌前面坐了一个人，在看着我写，听着我讲。彰显自己不是我的任务，让你懂才是我的任务。

每次当我收到邮件或微信，看到读者或听友说：“我是看着你的书/听着你的课做的第一个并购/股权投资项目”，我就很高兴。

下面简要介绍一下我关于三个系列（层次）的股权课程的想法：

第一个层次是入门课程，就是用几百句打油诗逐条解读公司法及其司法解释。其实一半以上的打油诗（条文）都是没有什么用的，用不着，碰不上。比方说怎么提法定公积金，跟律师业务关系不大。总共才几百句，结果其中有一半又没什么用，是不是把你对公司法的陌生感给消除了？当然，无论是常用还是比较少用到的条款，都有简明通俗的讲解。

第二个层次是实务课程，针对股权并购、股权融资、股权激励、股权众筹等常见股权业务，详细讲操作步骤，争取让大家听了就能上手做。

第三个层次就比较烧脑了，是经典案例解读，讨论一些有争议的前沿问题。这是为已经登堂入室的股权律师准备的。要继续精进，就可以听这个层次的课。我和团队从股权转让纠纷的判例开始讲，股权纠纷的24个案由中，股权转让纠纷排名第一，所以先讲。

大家看到这本书的时候，这三个层次的课程都已经发布在智拾网。

四、公司法业务的基石问题

讲公司类合同，自然就讲到了公司类业务，这是不可避免的。因为公司类合同是长在公司类业务这棵树上的叶子。

所以金光最后还是要问我，我脑海里排名前三的公司法专业问题是什么？

我一想，还真有三个“基石性”的点，把这三个点搞懂了，对公司类业务的陌生感会大大降低。

第一是有限责任原则，在我的打油诗里面叫“有限责任盔甲化”。这是整个公司法的基础或者说灵魂，是解决公司的存在理由这个根本问题的。可以说，无有限，不公司。这个原则运用好了，可以帮客户防范太多风险，赚太多钱了。非诉讼业务怎么才能赚钱呢？最好是在防范风险的同时，还能帮客户赚钱或节省成本。

第二是解决公司“属于谁”的问题，或者说股权架构问题，也就是产权的问题。股东通过出资或受让他人股权获得对公司的产权。

第三是治理结构，解决公司的治理权问题，就是谁来管的问题，谁控制的问题。

听起来有点抽象，其实不难理解。公司法是一部组织法，就像我们中学政治要学的国体、政体一样，首先自然要搞清楚什么性质、属于谁、怎么管这些基本问题。

最后，我还是要啰嗦一下，修身为本。

我干了20多年律师了，因为颈椎病和希望更好地照顾家中老小等原因，对做业务的激情已经减弱了很多，现在更愿意跟大家分享我的教训和经验，主要是教训。我希望我的后悔能够成为你们的药。我结合国学理论和自身经历，开发了“后悔药”系列心法课程。观点是老生常谈：不断修养自己的德行，追求和保持身与心的健康，才能赚到钱并真正获得人生的幸福。这套课程的特色在于有故事有真相，能够结合律师行业的实际。

大家看到这篇文章的时候，这套心法课程应该已经发布了，抖音、头条、B站、喜马拉雅等平台都有，具体请关注“时信”公众号了解。

最后送给大家一段说教味儿很重的话，包含四个层次：

· 当你们认真学习、努力办案的时候，似乎是比躺平的人更优秀；

· 然而在我眼中，你们仍然是在黑暗中摸索；

· 只有弄懂了“修身为本、家国情怀”八个字，才能找到光明；

· 真正弄懂这八个字需要很长时间，但首先可以树立以下观念：

1. 为修身而赚钱，不要为赚钱而赚钱，反倒可以赚更多的钱；

2. 你不是也不要一个人战斗或享受，你还有个家，你还有个国。

最后这几句话似乎和本文主题不搭界，但我认为这两个观念是学好公司法业务乃至做好任何业务，乃至做好一个人的先决条件。

合同洞见

把每一份合同的起草或审查都当成一个非诉讼项目来办。起草或审查合同时记得问问你的客户：最想要什么？最害怕什么？

图书推荐

金光让我给大家推荐一本书，我没有推荐自己写的专业书，而是推荐了《论语》。《论语》原文不好读，可以先看看“时信”公众号正在连载的“百句《论语》铸大律”系列文章，也可以先听听吉劭居等名家的通俗解读，很不错。

校稿人：冯小东

刘胤宏，资本市场法律服务专家，北京金诚同达律师事务所管理合伙人及资本市场业务负责人，浙江大学光华法学院实务导师，浙江大学管理学院MBA授课导师。刘律师本科毕业于浙江大学法学院，研究生毕业于英国谢菲尔德大学法学院。二十多年来专注于公司境内外上市、并购及重组、私募股权投资等资本市场业务所涉法律法规及相关政府机关的监管实践，主办了诸多资本市场经典案例，涉及境内主板、创业板、科创板及国外多国交易所主板等各层次资本市场项目，为客户提供全方位、优质、专业、创新、高效的法律服务，得到了众多客户的一致赞誉。

微信：13925241186。

IPO中无处不在的"合同们"

刘胤宏

一、序言

IPO，即首次公开发行股票；合同，即民事主体之间设立、变更、终止民事法律关系的协议。单从定义上来看似乎二者之间没有什么关联，而且像笔者这类从事IPO非诉业务的律师也是一般被认为不像诉讼律师一样能够接触大量的合同。其实不然，不管是诉讼律师还是非诉律师，合同都是每一位律师同人在如今的商业社会中从事各类法律业务的"基石"。

那IPO和合同之间有什么关系呢？事实上，笔者认为整个IPO过程可以看作一个订立合同的过程：拟上市公司（亦可称发行人）希望投资者来申购自己发行的股票，因此先向社会公众公告其招股说明书作为要约邀请，某个投资者知悉该公司的基本状况后希望成为该公司的股东因此发出要约即进行申购行为，公司根据申购规则确认中签投资者的行为即承诺，由此发行人和投资者之间的合同完成订立。

同时，也有很多合同因IPO而订立，如拟上市公司与证券公司签署的顾问协议、承销保荐协议，与律师事务所签署的专项委托合同（同时可能签署常年法律顾问合同），与会计师事务所签署的年度审计合同，与评估机构签署的评估委托合同。因这些合同的签署，各个专业的中介服务机构汇聚在拟上市公司。自此，IPO筹备工作正式拉开序幕。

从IPO筹备中律师的工作内容来看，律师事务所需要出具的律师工作报告及法律意见书中涵盖了业务、资产、债权债务、内部治理等多个方面，而这些方面其实都与合同息息相关。下面笔者将结合多年从业经验并从合同角度来浅谈律师在IPO业务中的工作。为了聚焦主题，笔者特选取了股权、资产及业务三类合同来进行分析，希望能够帮助读者了解IPO过程中的一些合同问题。

二、股权类合同——以股权代持为例

根据《首次公开发行股票并上市管理办法》第十三条规定，拟上市公司首次公开发行股票的条件之一为“发行人的股权清晰，控股股东和受控股股东、实际控制人支配的股东持有的发行人股份不存在重大权属纠纷”，因此律师需要清楚、详尽地了解发行人真正的股权结构并真实、准确、完整地公开披露，以便于投资者可以知悉他们未来合作伙伴的真面目。

而在拟上市企业的股权架构中，历史沿革中“股权代持”则是高频出现的四个字，它是指实际出资人与他人约定，以他人名义出资并成为公司章程和工商登记中的名义股东，并由该他人根据与实际出资人之间的约定行使权利、履行义务的一种持股方式。在IPO业务中，律师们会遇见多种复杂的股权代持情况。一般来说，股东们进行这一安排的主要考量有：一是有可能实际出资人本身不满足股东适格性，例如实际出资人因为公职身份、境外身份、竞业限制等特殊原因而不能直接进行投资，故需要受托的显名股东来进行代持；二是有可能为了避免被认定为实际控制人而受到IPO相关法律、法规的更高要求或限制，例如实际控制人在发行人首发上市后的股份锁定要求，相比持股低于5%的股东要求更加严格及细化；三是有可能为了规避股份有限公司200名股东的上限要求，例如一家股份有限公司已经有199名股东，现有3名投资者想入股，为了不突破200名上限，3名投资者与现有的1名股东签订代持协议，躲在其背后做法律关系和信息披露层面的“隐身”；四是有可能由员工股权激励产生的股权代持，部分公司在初创阶段可能会通过预留部分股份以激励员工，而这部分股份可能被大股东持有，待激励条件成就后由大股东转给员工持股平台，由此股权代持应运而生。

因此，律师在IPO工作中需要特别关注因股权代持而产生的三重法律关系：

其一为隐名股东和显名股东之间的法律关系。二者之间通常有股权代持协议来约束，即使协议中没有对股权归属问题进行明确约定，根据《最高人民法院关于适用〈中华人民共和国公司法〉若干问题的规定（三）》中的要求，只要能证明代持关系的真实性，代持关系也是被承认的。另外，股权代持协议的效力问题也是IPO审核中的一大关注点，某些情况下规避性质的代持可能会因为违反法律强制性规定而被认定为代持无效。

其二为隐名股东与公司及公司其他股东之间的法律关系。例如，在IPO过程中，根据中国证监会发布的《监管规则适用指引——关于申请首发上市企业股东信息披露》中的要求及相关规定，股权代持关系必须被还原或清理，即隐名股东需要在公司显名，而根据《最高人民法院关于适用〈中华人民共和国公司法〉若干问题的规定（三）》中的要求，实际出资人显名的条件是公司其他股东半数以上同意，由此可见，要想“显名”成功就不仅仅是隐名股东和显名股东之间的事情了，还需要公司其他股东的配合。

其三为隐显双方与外部第三方的法律关系。若显名股东将登记在自己名下的股权转让、质押或以其他方式处分给第三方，隐名股东能否要求第三方返还股权？这一问题在《最高人民法院关于适用〈中华人民共和国公司法〉若干问题的规定（三）》也有明确规定，即根据无权处分中的“善意取得”规则来处理，对应的法律依据为《民法典》第三百一十一条。还有一个很常见的问题是，显名股东出资瑕疵，实际上也就是隐名股东出资瑕疵，此时公司的债权人有权要求名义股东在瑕疵出资范围内对公司债务不能清偿的部分承担赔偿责任，而名义股东不能以自己非实际出资人进行抗辩。在隐显双方与外部第三方的法律关系上，显然突出了对商事登记公信力的保护。

此处列举两个IPO案例供读者比较：一个为2021年被创业板上市委员会第9次审议会议否决的某星文化，在该案例中，四名中国公民代美国新闻集团持有某星有限（即某星文化前身）股权，当时生效的《外商投资产业指导目录》规定禁止外商投资电视节目制作发行和文化（含演出）经纪业务，在上市审核问询中，则不可避免地被关注到四名中国公民与美国新闻集团之间的股权安排是否存在规避相关外商投资规定的情形，相关风险是否已充分披露？

另一个为2019年成功上市的某燃气公司，由于其改制期间产生了1000余名员工合计持有企业10%的股权，该部分股权由企业工会代持，在IPO过程中，通过

1000余名员工签署解除代持协议、访谈确认、现场公证等重重环节最终对股权进行了还原，由于还原后股东数量超过200人，公司申请IPO的同时还向证监会非公部申请非公监管，从而解决了股权代持和股东人数的问题。

综上，根据笔者的从业经验并总结近期案例来看，IPO中对股权代持的审核关注重点主要有三：一是代持的原因、真实性、被代持人的适格性；二是代持还原情况；三是股权代持是否影响公司股权的清晰、稳定，是否存在股权纠纷。

三、资产类合同——以知识产权合同为例

在IPO中，发行人的资产中基本都包含了无形资产。许多科技型公司在上市前、上市中或者上市后都可能会遭遇到“专利狙击”，即竞争对手有针对性地提起专利侵权诉讼或专利无效宣告申请，此类问题同样也是IPO审核中的关注重点，由此可见，知识产权在现代社会的重要性日益凸显。

根据《专利法》第四十五条的规定，自国务院专利行政部门公告授予专利权之日起，任何单位或者个人认为该专利权的授予不符合本法有关规定的，可以请求国务院专利行政部门宣告该专利权无效。同时该法第六十五条规定，未经专利权人许可，实施其专利，即侵犯其专利权，引起纠纷的，由当事人协商解决；不愿协商或者协商不成的，专利权人或者利害关系人可以向人民法院起诉，也可以请求管理专利工作的部门处理。基于前述法规可见，若某A公司认为某B公司已获授权的专利侵犯自己的专利权时，既可以根据第四十五条请求行政部门宣告无效，也可以根据第六十五条提起侵权之诉，这就是一般所说的专利侵权中的行政、司法双轨制，即“专利狙击”的法律背景。

从IPO案例来看，2019年主动撤回申报的安某科技就遭遇了“专利狙击”的问题，该公司在科创板上市审核首轮问询后，主营产品遭遇国内竞争对手的专利侵权诉讼（涉及竞争对手的8项发明和实用新型），成为科创板企业上市过程中专利诉讼第一案。随后安某科技对涉诉专利均提起了无效宣告请求，并主动要求中止审核以等待无效处理决定。然而，申请宣告无效的8项专利中，6项实用新型专利被宣告全部无效，但两项发明仍维持有效。不久，安某科技便以“鉴于相关诉

讼涉及公司主营业务，诉讼周期较长，预计无法在审核时限内彻底解决上述诉讼事项”为由，在经历四轮问询后，无奈主动撤回了IPO申请。

然而也有公司在面临“专利狙击”的情况下，依然成功通过了审核的案例，其中一个可参考的是2020年获科创板股票上市委员会审议通过的极某科技。2020年5月，极某科技递交申报材料后不久，也是“618”电商大促前夕，便遭遇光某科技子公司峰某科技的专利侵权诉讼，涉诉产品为网销火爆的Z6系列型号投影仪。而后极某科技虽积极地向涉诉专利提起无效申请，但极某科技的所有发明专利（总计16项）反被光某科技提起无效申请，直接危及极某科技的“科创属性”问题。一周后，极某科技在一轮问询答复中披露了上述诉讼事项。同年8月10日，上交所发出二轮问询，首个问题即是关于“专利诉讼及专利无效宣告事项”。同年8月31日，极某科技与光某科技（子公司：峰某科技）签署了《和解协议》《战略合作协议》《专利许可协议》，达成“33项专利许可+5.5年的光机产品合作+5.5年内互不搞事情”的合议，双方握手言和，至此“专利狙击”才暂告一段落。

基于上述及近期IPO案例，针对由知识产权类合同确定的发行人知识产权法律状态，主管机关的审核关注重点主要有以下几方面：一是研发项目的成果归属；二是合作开发是否涉及公司的核心技术；三是是否存在对合作方发生依赖；四是研发成果已经投入发行人生产经营情况及收益分配相关约定；五是从关联方受让知识产权的合理性、公允性；六是是否存在知识产权侵权情形。

四、业务类合同——以公用事业特许经营合同为例

如果有人谈到特许经营，我们首先要问清楚是公用事业特许经营还是商业特许经营。而在IPO审核中，公用事业特许经营一般更受审核的重点“偏爱”，主要因为公用事业特许经营涉及交通运输、农业、教育、旅游、能源、社会保障、生态建设和环境、市政工程及政府基础设施等各个方面，且基本每一份公用事业特许经营合同的标的金额都较大。

单纯从合同审核的角度看，公用事业特许经营合同一般包括以下核心条款：项目所有权/相关设施的归属、项目运营模式、投资回收方式、建设施工期、验收

标准、收费方式、终止条款、特许经营权期限及区域。

结合上述公用事业特许经营合同的核心条款，我们不妨通过如下几个IPO案例来简要分析一下IPO审核关注的要点：

案例一：于2022年2月已提交注册的中某环保在创业板审核中被问询的问题包括：获取特许经营项目过程是否符合有关招投标、竞争性谈判、政府采购等法律法规的要求？中某环保对此的回复是：其一，发行人PPP模式①的特许经营项目的取得符合法律规定；其二，非PPP模式的特许经营项目中存在未按照规定取得的情形，但是符合地方政策且有客观原因；其三，所有项目均按照政府部门要求履行相关手续，不存在商业贿赂的情形。

参照案例一，针对特许经营权项目取得，审核关注重点为发行人在该等项目获取过程是否符合法律规定。因此，律师在IPO核查过程中应当重点关注特许经营权项目取得是否履行了招投标、竞争性谈判或政府采购等程序。此外，对于应履行而未履行招投标程序取得的特许经营权项目，建议与相关项目主管部门沟通，针对发行人获取该项目的合法合规性进行确认并出具说明。

案例二：2020年经证监会审核通过的西某旅游在审核中被问询的问题包括：发行人在新疆天池景区开展的业务主要依赖于取得的特许经营权。请发行人说明特许经营权到期前是否存在特许经营权终止的风险？西某旅游对此的回复是：首先，《特许经营协议书》第十条第二款约定了提前终止的情形，即如发行人存在特定违约行为，则政府方有权提前终止协议；其次，天池管委会于2019年6月4日出具了无违约说明，因此不存在提前终止的风险。

案例二则让我们看到部分发行人主营业务其实主要依赖于其取得的特许经营

① PPP（Public-Private Partnership）模式，即政府和社会资本合作，是公共基础设施中的一种项目运作模式。

权，若约定的特许经营权期限到期后或被提前终止是否会影响到发行人未来经营的持续性也是审核的重点关注对象，故律师应当特别注意发行人所签署的特许经营协议中有关特许经营权到期或提前终止的条款，同时关注协议中是否具有优先续约权等其他能够保证发行人未来经营持续性的相关条款，帮助发行人论证其拥有“稳稳的幸福”。

通过上述案例和分析，其实我们不难判断出IPO审核中对于公用事业特许经营合同的几个关注点都是需要律师通过仔细核查去论证这些隐藏的风险点对发行人的主营业务的持续性经营不存在重大不利的影响，然而这些隐藏的风险点也往往暗藏于特许经营权合同中。

合同洞见

我们生活在一个契约型社会，人类的经济活动都始终围绕着各类合同来展开，而看着似乎不直接对得上号的IPO业务，实则其本身及展现的拟上市企业各个方面，可以说“哪儿哪儿都是合同”。保持初心与专注，审慎还原各类合同的真实缔约意愿与履约事实，便能在充分信息披露的基石之上为IPO这份股票发行合同做好法律保障。

图书推荐

《“对赌协议”典型仲裁案例与实务精要》：深圳国际仲裁院、中国国际仲裁研究院编著，刘晓春主编，何音、刘哲玮副主编。

《中国企业IPO实务手册》：苏梅主编。

校稿人：刘珂豪

傅鹏，海问律师事务所合伙人，主要从事投融资、并购、数据合规、知识产权交易领域业务。傅鹏先生服务大量知名跨国公司、大型国企、互联网公司、私募股权投资基金，特别在车联网（智能网联汽车）、半导体、人工智能、大数据等领域拥有丰富的行业经验。

傅鹏先生本科毕业于北京大学，研究生毕业于美国哥伦比亚大学，获评《亚洲法律杂志》（ALB）中国十五佳TMT律师、2021年度《商法》（China Business Law Journal）中国业务法律新星(Rising Stars 2021)、CLECSS 2019年年度十大法律杰出青年等多个奖项，其主导的多个交易多次获得钱伯斯、ALB等机构评选的年度交易称号。

邮箱：fupeng@haiwen-law.com；微信公众号：网络法观察（internet_law）。

数据合规与数据合规业务中的合同

傅　鹏

数据合规作为当前最火热的新兴执业领域之一，受到了监管机关、各行业企业、学者和律师等各类群体的广泛关注。但是，这一执业领域兴起较晚，法规较新，不确定的问题较多，甚至部分主题的法律服务形态都没有完全确定，因此这一领域对许多从业者还带有一定的神秘感。我们希望通过分享如下四个方面的内容，对数据合规业务，以及数据合规业务中的合同，提供概括性的介绍：一、“数据合规”这件事究竟指向哪些方面的法律问题？二、数据合规业务为什么成为热点？三、数据合规业务的具体内容。四、数据合规业务中的合同。

一、“数据合规”这件事究竟指向哪些方面的法律问题?

首先需要明确，当我们提及“数据合规”这个词汇的时候，我们主要指哪些领域的法律问题和法律业务。从笔者的感知来看，目前所称的“数据合规”业务，主要由《个人信息保护法》《网络安全法》和《数据安全法》这三部法律及其一系列配套制度所指向的法律问题和合规要求所构成。

其中，当前讨论最多、影响最大、最直接关系到更广泛的个人用户和企业单位的，当属《个人信息保护法》及其指向的法律话题。《个人信息保护法》主要规定了如何处理个人信息、个人信息主体（通俗地理解即指个人）的权利等一系列与个人信息保护有关的广泛的话题，极大地延伸了《民法典》当中个人信息权益保护专条的内容。应该说，《个人信息保护法》也在很大程度上延展了早年（2016年）颁布的《网络安全法》当中关于个人信息保护的内容。从笔者个人看来，顾名思义，《个人信息保护法》是数据合规领域三部大法之中最具情怀、最容易引起普通消费者和个人用户共鸣、最具个人保护精神导向的一部法律。正因如此，可以预见这部法律将在未来的岁月中，在持续优化个人精神生活环境和优化个人体验方面，起到越来越重要的作用。

《网络安全法》是数据合规领域最早颁布的国家法律层面的监管规则。从历史意义上来看，应当说起到了在早年为大家进行个人信息保护和网络安全保护意识启蒙的作用。其中规定了一些个人信息保护的原则和部分要求，规定了相当一部分关于网络安全保护的内容，强化了网络安全等级保护的重要性，拉开了“等保2.0”的序幕，第一次在法律层面正式引入了“关键信息基础设施运营者”的概念及其保护机制。可以说，《网络安全法》拉开了我国自2016年和2017年以来逐步重视个人信息保护及网络安全保护、逐步发展数据安全体系的序幕，也为主管机关从2016年、2017年开始逐渐铺开一系列个人信息保护和网络安全执法活动奠定了基本的法律基础。从笔者个人看来，《网络安全法》是数据合规三部大法中，最关注“硬”话题的一部法律。它关注基础设施，关注信息网络系统（当然包含其中的软件和硬件）。这与《个人信息保护法》的个人保护导向与情怀形成了鲜明的对比，也与下文提到的《数据安全法》重点关注虚拟数据资产资源的宗旨形成了鲜明的对比。

《数据安全法》是数据合规领域监管逐渐走向细分的结果。在数据合规领域监管的过程中，监管者和从业者逐步发现，除了一直头顶“高光”、饱受关注、许多个人用户深感痛点的个人信息保护问题以外，还有另一个更前沿、更新颖、更值得在早期引起立法和执法关注的问题：数据资产与资源的分类、保护和利用。这个话题相对来说有点“务虚”，因为和网络基础设施相比，数据资源无法直接看见；和个人信息保护相比，数据资源的保护与利用可能无法得到大量个人直接的情感共鸣。然而，数据资产，特别是数据资产的有序利用和保护，能够带来巨大的价值，这反而使得《数据安全法》的重要性更加凸显。相比于《网络安全法》关注“硬”话题的特点，《数据安全法》可以被描述为更关注“软”话题，它关注无法在物理上触及的数据资产，关注听上去有些模糊和神秘的数据分级分类制度，关注看不见的数据跨境保护，关注无法直接被物理感知的政务数据开放与利用的话题。

二、数据合规业务为什么成为热点？

1.数据合规成为热点的原因

笔者认为，数据合规这项业务，或者说这个话题，成为各界关注的热点，主要有内生现实需求和外部监管参照两个原因。

所谓内生现实需求，也分为两个方面。一方面是随着科技的进步，整体经济线上化、数字化、智能化的比重越来越高。在这样的背景下，日常经济活动势必产生、处理更大量的数据，更多的活动势必使用甚至完全依附于数据。另一方面是在2020年初新冠肺炎疫情暴发并持续至今的大背景下，许多原来处于线下的沟通场景移到了线上沟通，原来用实体物理或者当面交流的方式变成了远程的方式，这些所有因为疫情带来的线上化和远程化变化进一步加剧了生活和工作对数据的依赖。由于上述两方面的原因，数据被空前大量地使用，场景也覆盖得空前广泛。有更多的使用，就会有更多的违规使用，有更多的侵害他人的使用。因此，数据保护与规制的需求也就更加强烈、更加重要了。

所谓外部监管参照说的是，几乎在略先于中国数据及网络安全立法兴起的时期，其他监管区域，例如欧洲和美国，也比较密集地颁布了与数据和个人信息保护有关的立法，或者展开了密切的讨论。例如，欧洲的《通用数据保护条例》（General Data Protection Regulation，GDPR）于2012年开始起草，在2016年正式通过。GDPR广泛地规定了数据处理的规则以及个人数据权利，并且具有比较宽泛的欧盟域外效力，使得全球大量企业（其中不乏许多业务与欧洲或者欧洲人有关的中国背景的企业）的数据处理活动，甚至部分业务模式发生了重大的变化。政府基于数据及数据处理活动展开的监管对经济和生活的影响及威力初见效果。美国也有一些州开展了重要的数据立法。所有这一切，也影响到中国监管者的观察视角及态度，给中国监管者的监管方式及路径提供了重要的参照和借鉴。

此外，随着在一段时间内国内监管巨型互联网平台的趋势日渐明显，监管机构也希望在反垄断及竞争法这一个监管角度之外，找到其他合法并行之有效的监管工具与手段，而个人信息保护及数据安全又是非常匹配这一目的的监管领域。与之相对应的是，一段时间以来，电信诈骗、线下个人信息泄露、App泛滥收集及违规使用个人信息等情况确实屡有发生，许多个人用户深感痛点，加强个人信息保护和数据安全监管也符合普通个人用户的利益与期待。

综合以上原因，数据合规的监管，以及与监管有关的日常合规与应对工作，成为各类人群关注的热点。

2.数据合规这个领域当前在中国的发展阶段

笔者个人愿意用“婴儿期”来形容过去五六年前的数据合规执业领域和工作；用“青春期”来形容当前这一领域的工作。

在五六年前，例如在2015年、2016年左右，《网络安全法》经过多次讨论刚刚正式颁布。许多新的概念被创设出来，或者第一次被放置在法律及监管执业领域头排的聚光灯下。比如，关键信息基础设施这个概念，在《网络安全法》中第一次被正式赋予了很宽泛的含义，关键信息基础设施运营者也在一部法律中被施以相对较高（甚至是非常高）的安全保护合规义务。那么问题来了：关键信息基础设施到底是哪些设施？关键信息基础设施运营者又是谁？《网络安全法》中如此宽泛的含义与界定，究竟应当通过什么路径或者逻辑予以细化和明朗化？是否有专门的关键信息基础设施及其运营者的认定程序？如果有，是政府主导的认定还是企业需要自发认定？所有这些问题，在《网络安全法》颁布前后都引发了大量的讨论与猜测。再如，《网络安全法》第一次在法律层面提出了个人信息和重要数据原则上存储境内、出境需要进行安全评估的监管路径。但是在《网络安全法》颁布之初，对于什么算出境、什么是重要数据等基本内容，也都引发了大量的讨论与猜测。所以，在那个时期，数据合规监管规则的发展与实务执业的应对动态，相对来说都处于一种“婴儿期”，即这些法规出来了，关注度也有，但是很多问题没有人说得清楚，有待探索，很多问题都不懂。

而随着2016年之后一系列国家标准、指南以及行政法规或者部门规章的征求意见稿的颁布，数据合规领域许多基本问题得到了明晰，或者至少在一定程度上取得了理论界和实务界的共识，甚至在一些场景中，实务界作出了很多积极有益的尝试。这些文本和尝试使得数据合规这件事情开始逐渐显现出从“玄学”走向“科学”的态势（当然，也仅仅是态势；现状离真正的“科学”，或者说一种“科学”的状态，还有一定的距离）。2021年，《个人信息保护法》和《数据安全法》相继发布，而包含个人信息权益保护专条的《民法典》也于2021年1月1日开始正式生效。可以说，2021年是数据合规业务“全面落地”元年。在这一过程中，具体的、具有强制约束力的法律要求变得明确，许多数据合规领域的专有概念也有了更细化的解释。与此同时，在过去四五年的执法实践中，主管机关也通过大量的执法活动奠定并展示了执法监管的立场以及一些很有帮助的执法细节要求。所有这一切成果，使得数据合规领域的合规实践从“婴儿期”变为“青春期”。说它是“青春期”的一个原因是，与人在青春期时的表现有些类似的是，这一时期的立法、执法与实践，在相当一些片段或者场景中，还体现着突然性、随意性，甚至有所反复，在一些重要的问题上出现摇摆。例如，App违法违规收集个人信息的整治活动当然在很大程度上维护了App个人用户的权益，促进了App使用场景下的个人信息保护力度，但是在非常频繁的执法过程中的部分场景下也出现了通知时间仓促、问题通知没有能够有效点出具体问题等情况。再如，对于什么样的企业在掌握多少个人信息或者重要数据的情况下，如果赴国外（或者“境外”，也就是可能包括我国香港）上市，是否需要专门事先通过网信部门等机构的网络安全审查，这一问题也在一些关键要素上有过比较多的讨论甚至争论，几稿不同的监管文件的立场有所不同。所有这一切，都体现了“青春期”数据合规实践的突然性、摇摆性，以及一定程度的随意性。

3.当前的数据合规服务市场是否有“虚火”？

既然说数据合规非常“火”，也已经从“婴儿期”走向“青春期”了，有很多人也希望讨论，它到底是“虚火”还是“真火”。到底是否“虚火”在当前这个时间点并不好断言，但是客观上确实可以观察到IT公司、网络安全公司、咨询公司、律师事务所甚至会计师事务所争相涌入这个市场，从业者数量空前增多，许多主体或者从业者个人的文章输出都层出不穷。一方面，从这些知识、信息和解决方案的结构来看，对法规的梳理、解读，对合规要点的把握和清单化，其实许多人都已经做了，做得也基本上是到位的。这些工作，其实都可以满足许多主体的常态化的需求。或者说，满足常态化的普通需求的服务提供者是越来越多的。这一领域的工作，大家基本上难以作出具有实质差异化的工作。

但是，另一方面，有一些其他的领域，真正有待进一步去挖掘、探索和发展的点还是比较多的，能够引发比较大的期待。笔者个人认为，数据及个人信息保护领域的诉讼，将是一个重要的新热点。《个人信息保护法》明确赋予个人一系列个人信息权益，也明确了个人信息保护的公益诉讼制度，即允许检察机关或者其他履行个人信息保护职责的组织机构（例如可能是消协）提起与个人信息保护有关的公益诉讼。另外《民法典》也包含了比较笼统和一般性的个人信息权益保护专条。在2021年《民法典》生效及《个人信息保护法》颁布前后，也出现了一系列富有影响力的个人信息保护民事诉讼案件。在具体的法院案件当中，当事双方及法院有机会就一些富有争议的具体问题展开论辩与论述。这些富有争议的具体问题，有助于在成文法条的基础上，就可能真正影响生活、产生争议的一些细节，进行进一步的澄清和释明。而这样的诉讼过程及论辩攻防，本身也比一般的合规实践具有更高的复杂性和更强的对抗性。未来是否会出现一批以个人信息保护诉讼为“主营业务”的职业维权人，许多大企业（特别是以TOC为主，即面对个人用户的大企业）是否能通过较好的数据合规建设与较为完善的诉讼策略防范和化解个人信息保护的诉讼风险，是一件非常值得期待的事情。

三、数据合规业务的具体内容

目前从商事非诉业务律师的角度，笔者感知到的数据合规这项业务主要可以分为如下四个形态或者形式：（一）日常数据合规问题的分析与回复；（二）数据合规体系的建设；（三）投融资项目中的数据合规尽职调查；（四）作为上市服务有机整体一部分的数据合规系统性梳理、整改。

其中第一种工作内容容易理解。由于数据合规领域新法新规的发布，企业面临法规落实的问题，并且在落实的过程中，遇到一些具体的法律问题，需要律师进行分析并提供判断和解决方案。这一服务形态相对日常，可以算是对应于常年法律服务的一部分，或者说是在常年法律服务过程中提供与数据合规这一领域有关的法律咨询。

第二种工作则更有体系化的意味。一般是根据企业的需求，需要对企业的现状有所了解，在摸排事实情况后，为企业起草适应具体情形的内部数据合规制度政策以及更细则的操作指引。在一些场景下，还需要起草一些配套的文书，典型如员工个人信息保护合规场景下，对员工的劳动合同范本、企业的劳动用工制度的相应章节等文本进行修改。这一工作的开展需要相对全局地掌握数据合规领域的法规结构与总体的合规要求，也要对一些具体问题的数据合规解决落地方案比较熟悉，只有这样，才能制定出相对全面的，又具有相对良好的可执行性的内部制度政策。

第三种工作对应的场景相对垂直。在投融资并购项目中，投资方或者买方惯常而言要对标的企业或者标的资产进行商业、财务、法律等一系列尽职调查，以期更明确地掌握标的企业或者标的财产的真实现状。随着数据合规领域的法律要求及执法实践空前增多，企业在数据合规领域可能存在的风险在一项投资交易的风险衡量体系中所占权重有所增高；同时，由于新法新规颁布较多，且专注在数据合规这一领域的细节合规要求也很多，导致就数据合规领域的法律问题进行分析变成了一个相对专业的领域，因此投资人或者买方在以前的尽职调查模块中，视目标公司业务特点的不同，会在更多的交易中专门引入数据合规尽调这个模块。这个模块的工作与其他尽调模块的工作有一些类似，就是在了解公司数据合规领域现状的基础上，寻找存在的法律问题，并提出解决方案，并试图最终落实在交易文件当中。

第四种工作发生在协助企业进行首次公开发行（IPO）的工作流程中。作为IPO服务的一部分，数据合规律师对企业进行IPO为导向的数据合规尽调，发现合规差距与问题，提出解决方案，并在可行的范围内进行解决。这项工作与日常的数据合规服务以及投融资并购项目中的数据合规尽职调查的主要差别在于，这项工作的目的性很强，既是为了解决在IPO过程中可能存在的数据合规问题而开展并进行，也为了在IPO过程中、在监管所要求的必要情形下，如需要律师出具法律意见，则该等工作也是为了律师出具与数据合规问题有关的法律意见而准备的。

四、数据合规业务中的合同

数据合规业务虽然是与数据法律相关的一个偏“合规向”的工作，但是在许多场景下依然涉及合同的身影。就专门对应到《个人信息保护法》等数据合规法律的内容的合同要求而言，粗略可以分为两类，一类是法律要求一定要有的专项文本，另一类是根据法律要求需要特别去完善或者关注的合同条款。

第一类是指，法律创设了某些专项的合同，或者是在某些业务情境下，法律要求一定要有一些专门形式或者专门要求的合同。典型的例子是，比如，在个人信息出境的情况下，要求向境外提供个人信息的境内主体与境外接收方签署网信部门规定的格式的合同（虽然目前尚未发布这个格式）。在这一场景下，法律明确要求当事各方签署一份法律固定格式的合同，具有很强的强制要求性。再如，法律规定在个人信息处理者委托第三方处理个人信息的情况下，委托方和受托方应当签署合同，规定一系列法律要求的事项方面。上述情形是法定的“委托处理”情形，如果能成功定性建立为委托处理，则在个人信息处理和流转过程中可享受一定的好处（典型的情况是受托方从委托方接收个人信息并进行委托处理是不需要个人信息主体的同意的），而是否能成功建立为一个委托处理关系，去签署满足上述要求的个人信息委托处理合同就显得至关重要。这也属于法律明确规定了一类专门的合同或者合同场景要求，当事各方需要就这样的要求去签署相应的合同。

第二类是指，法律对数据合规的具体要求提出了详细的指引，为了在数据处理过程中确保提供方和接收方都能够更好地满足法律的要求，在更大程度上避免明显的违法活动，合同各方都有动力将法律中的合规要求内化到合同中，落实为具体的、有针对性的条款。例如，法律要求，收集和处理个人信息，必须具有法定的合法性基础，最常见的基础是获得个人信息主体的同意。因此，在企业A从企业B接收个人信息的场景下，因为企业A不是直接的收集方，而是个人信息的间接收集方，所以会有较强的动力，在合同中要求企业B就其个人信息已经具备适当的合法性基础（例如已经取得个人信息主体的同意）进行陈述和保证。这是数据合规法律完善后，当事各方在合同起草过程中需要关注的新要素。

合同洞见

在相当一部分场景下，比起关注合同如何履行，相对而言更加不能忽视的是关注合同如何“退出”。所以在有的交易中，即使先不问履行、付款等条款，也可能会需要首先关注终止条款，即我方作为签署一方，在什么情况下可以主动（或者被迫必须）退出一段合同关系。这也往往是相当一部分合同审查者容易忽略的要素。

图书推荐

《细节：如何轻松影响他人》（*The Small Big*），作者为罗伯特·西奥迪尼、史蒂夫·马丁、诺瓦·戈尔茨坦。

校稿人：莫梓楠

业务篇

李昱，资深仲裁员，专注于仲裁领域工作、研究、实践超过20年，拥有丰富境内外商事仲裁经验，精通仲裁相关法律和规则，处理过大量国际贸易、投资、股权转让、金融、房地产、建筑工程等商事仲裁案件，对疑难复杂案件富有经验，对仲裁中涉及新颖问题的案件尤其有心得。

曾长期任职于上海仲裁委员会，先后担任航运仲裁院秘书长、仲裁业务部部长和发展部负责人。2020年至2021年，担任国际商会上海代表处任法律专家一职。目前，还担任仲裁女性俱乐部（WIA）的执行委员会委员。

李昱一直致力于宣传推广仲裁制度，热心公益。作为MOOT Shanghai国际模拟商事仲裁邀请赛的发起人，连续11年参与组织该项比赛。MOOT Shanghai已经成为国际排名前列的模拟仲裁比赛。

商事仲裁的灵魂在哪里?

李　昱

引子

有幸成为一名仲裁人，也将永远是一名仲裁人，完全是一种命运的安排。

我因为小时候受港风律政剧的影响，高考选择专业时毫不犹豫地选了法律。在校读书时，有去上海仲裁委员会实习的机会，又恰好赶上机构招人，就留了下来。

刚刚入行工作时，正处在国内仲裁机构的起步阶段，伴随这个行业的发展，自己非常受益，一直在不断积累，也收到了很多回馈。这次有机会参与法天使之“合同相对论”节目，让我们能聊聊仲裁，谈谈仲裁与合同之间关系的一些理解和认识。

聊聊仲裁

《仲裁法》作为一部与国际做法接轨最为密切的法律，该法自1994年颁布之来，中国仲裁事业得以全面发展。现如今，仲裁法实施已过去二十六载，中国的仲裁制度经历了跨越式发展，为不断走向成熟的中国市场经济改革保驾护航，其成就有目共睹。仲裁堪称前景广阔、潜力巨大的“朝阳事业”。但必须正视的是，这部法律已难以满足实践需求，出现了一些与时代发展不适应的问题，修改迫在眉睫。2021年7月，业界期盼已久的仲裁法修改征求意见稿终于公布，仲裁理论界和实务界一片热议，有兴趣的朋友们可以搜索各大律所微信公众号进一步了解。

除了法律亟待修改以外，中国至今仍然面临仲裁业务份额与诉讼不成比例，区域之间仲裁业务发展不平衡等问题。

先来看看仲裁业务份额与诉讼不成比例的问题。虽然当前中国仲裁案件的增长速度和绝对数量已远非其他国家可比，截至2020年，国内仲裁机构累计处理了400多万件案件，仅2020年就处理了40多万件。但相比全国法院3000万件案件的数量，差距还是很大。公正和效率是商事仲裁制度的两大追求。受社会环境、历史背景、文化传统等因素的影响，各法域对其理解各有不同。受传统的农业经济环境和长期的重农抑商政策的影响，中国的当事人对于公正和效率的追求以及两者的权衡，导致其不习惯也不善于运用除法院以外的更多社会力量消化矛盾。在中国历史上，若两造[①]通过协商、调解仍然无法解决争议，则会把争议交由行政机构，即“父母官”进行审理。“父母官”不仅需要根据两造主张和证据进行居中裁判，还需要积极主动地查明真相、定分止争、教化百姓。“扶持弱小、实现实质公正”是民众对裁判者的一贯期盼。

在匡扶正义的期盼之上，又源于缺少仲裁文化的积淀而固守封闭式的仲裁思路，也使不少仲裁在进行过程中拘泥于两造对垒的模式去解决争端，也就产生了我们通常所谓的“仲裁诉讼化”。

然而，仲裁在争议解决方面发挥的作用还是得到了认可，政府更将其定位为化解社会矛盾、维护社会稳定的重要机制。客观上，国内为数不少的仲裁机构在近几年处理的案件数量迅速增多，一定程度上反映了人们对仲裁的了解程度和信任度正在逐步提高。仲裁的特点之一——保密性，决定了仲裁的过程和结果都是不公开的。虽然很多仲裁机构会将历年有代表性的仲裁裁决书进行脱敏处理并编纂成书，但纸质出版物的形式决定了其投入的人力和时间成本都很高，可供传播学习的样本数量就十分有限。人们可以从公开渠道收集仲裁的裁判案例非常有限，自然也就少了可以研究的对象，降低了预判案件结果的可能性，人们纷纷称仲裁为“黑箱游戏”，这成为诸多人不选择、不信任仲裁的主要理由。正是看到用户对于“提高仲裁透明度”的需求，2021年4月1日起，国际商会国际仲裁院（The

① 两造，也叫两曹，指诉讼的双方。

ICC International Court of Arbitration Court）开始系统地公开仲裁裁决。该机构裁决的公开将与外部供应商，一家法国法律科技公司（Jus Mundi）合作。诚如推动该项措施出台和落地的国际商会仲裁院前主席亚历克西·穆尔先生（Alexis Mourre）所言，“我坚信，在当事人可选择不公开裁决的基础上向公众提供非机密的国际商会裁决，不仅有助于提高仲裁透明度，改善仲裁过程中的决策，还可以加强仲裁作为全球司法体系的广泛合法性。我也相信，随着时间的推移，越来越多的当事人将接受裁决公开，其他机构也会效仿这一措施”。

再来说说区域之间仲裁业务发展不平衡的问题。1994年制定《仲裁法》时，中国市场经济方兴未艾，缺乏仲裁制度从民间自发诞生的优渥土壤。中国现代仲裁制度是在吸收、借鉴国际仲裁制度的基础上，自上而下推行的。地方政府主导组建仲裁机构，使得商事仲裁一开始即以机构仲裁的面貌呈现。行政支持以及仲裁机构对仲裁活动的强管理是中国仲裁制度的最大特色之一。依法可以设立仲裁机构的城市虽然都在同一个法律起跑线上建立仲裁制度、发展仲裁事业，但由于观念认识、主观努力、客观条件、经济发展水平等各不相同，各区域仲裁业务发展出现不平衡，各城市之间出现了非常明显的差距。

目前国内有超过270家仲裁机构，面对这么多不同的仲裁机构，当事人应该如何做选择？在过往很多仲裁案件中，我们会看到双方当事人分别在不同城市，最终他们在合同中选择了一个第三地大城市的仲裁机构。其中通常是考虑：第三地可排除双方影响，是可被接受的中立地点；大城市的仲裁机构由于其案件经验及所处环境的相对成熟，在专业性、公正性上有所保证；法律服务市场活跃且相对完善，可供当事人选择的律师和其他专业服务机构更多；大城市的交通更为便利。

另外，随着市场发展的日新月异，各种复杂合同的层出不穷，对仲裁行业也提出了很多新问题和新要求。很多仲裁机构也会通过修改仲裁规则、创新服务方式去满足用户对效率、成本、专业和公正的需求。比如，用户较为敏感的成本问题，即仲裁规则中包括的收费方法，就已经出现有不一样的做法，有个别仲裁机构还在仲裁员报酬收取方式上做了新安排，目的是将仲裁员取酬方式与其专业性、案件的复杂程度、勤勉程度相联系，给予案件当事人一个可供选择的方案，让案件收费更趋合理。再比如，在仲裁庭成员的产生方式、合并仲裁、追加当事人等方面，越来越多的仲裁机构在尝试提高仲裁规则的友善度。

谈谈仲裁与合同之间的关系

商事仲裁追求公正和效率，所以强调灵活、快捷和兼容，最匹配市场需求的就是其选择遵循商业惯例和市场游戏规则。所以，商事仲裁的特色之一即专业性，各仲裁机构尤其推崇结合案件专业特点的“专家裁判”。仲裁员是来自社会各行各业的专家学者，拥有丰富的行业知识，懂得与行业相关的法律法规、商业惯例，具备多年的实践经验和仲裁经验，所以他们仲裁案件时能听得懂、看得清、裁得准，使一些专业性比较强的纠纷能够公平及时地得到解决。

作为从专业领域内选拔出来的仲裁员，其在专业知识和行业背景叠加而成的特定领域内的处理能力一般被认为超越法官，本应公信力更高，但还是会有人吐槽仲裁的过程和裁决非此即彼地要么呈现为一个缺少合法性的“纯粹专家意见”，要么干脆回到趋同于法官裁判的老路。

固然商事仲裁在裁判上肯定也需要遵循很多原则，但商事仲裁更要注重其自身的特点，仲裁庭更应该根据事实、符合法律规定、参照交易习惯、公平合理地解决纠纷。

如“常天使”[①]所言，“某种程度上，商事仲裁更加强调尽量尊重双方的意思自治，珍惜作为合同当事者的意思表示能力”。当事人在合同中约定的内容应该作为仲裁员判断权利义务的依据，但其在解释规则方面一定要符合当事人在合同中关于权力和责任的安排。裁判者拥有这样的思维，也会反向影响商业人士，在草拟合同过程中对权利义务内容的设置、对交易环节的安排等更为明确，作出较合理、可实施的安排。

我的一位老师曾讲过，推定合同每一个条款都具有意思与意义，并不违法，这是为了还原双方当事人当初订立合同时的目的与方式，当时，双方肯定是不想将无意义的条款、违法的条款加入合同之中的。

---

① 这里指法天-中国合同库使创始人常金光。

想得多一点

先说一个场景，在回购型对赌合同中，经常会对回购权附加“时限”，如“投资人应于X事件发生后N日内行使回购权”。若以回购权为形成权，一经行权即形成回购法律关系为其权能，则双方可特别约定除斥期间。那么，双方约定“N日内行使回购权”这一“期限”，是否属于约定除斥期间？未在该期限内行使回购权的投资人，是否必然发生权利丧失的结果？至少，我们在公开的判决书中发现了截然相反的裁判观点。

甲案中，双方约定：“B方应在……之日起90日内，以书面方式向目标公司或A方明示是否据此行使股权回购权。”甲案法院认为：双方最有可能的安排是，超过约定的90日不行权的，投资方丧失回购权。其依据为：（1）条款文义明确要求投资方在相应时间内作出意思表示。（2）回购条件满足后，投资方若不尽快作出是否回购的意思表示，将对目标公司的经营产生严重不确定性，若给予投资方无任何期限的回购权，就会造成双方合同权利义务的严重失衡。因此，投资方未在双方约定的90日限制期限内行使股权回购权，故对其要求支付股权回购款的诉讼请求不予支持。

乙案中，双方约定：“投资方有权在上述事项出现之日起3个月内要求A方回购投资者全部或部分股权。”乙案法院认为：双方最有可能的安排是，超过约定的3个月不行权的，投资方不会丧失回购权。其依据为：（1）回购协议更重要的目的是保证投资方在一定条件下顺利退出；回购协议是应投资方要求所签，故回购协议中约定限制、排除投资方实体权利，缺乏合理性。（2）该条款为赋权性而非限制性约定，本义为敦促投资方及时行使股权回购权利，而非对其权利加以时间上的限制。（3）合同文本并未约定，投资方超过3个月行使权利即丧失权利。因此，法院支持了投资方履行回购义务的请求，认为“3个月”是“赋权性约定”，未在该期限内行权的投资方，并不丧失回购权。

从类案判决的纷繁事实中或可探知，裁判者在掌握事实后，大概率将基于自己的知识结构和价值观，形成保护、支持某一方的价值判断。对甲、乙两案，裁判者很有可能聚焦于交易各方以回购权行权为中心的行为，考虑行权动机、逾期行权的时间长短、被投资方行为、被投资方经营状况等因素，综合判断投资方是否值得保护。此种结论在方法论上被描述为“职务活动经验中获得的敏锐的正义感”。当裁判者确信这一判断可以为个案带来最公正的解决方案时，其说理过程难免受到该判断的影响。具体案例中，这种裁判思维表现为：甲案中，裁判者着重关注到投资方的行为有悖诚信，不值得保护，便可能为保护融资方寻求解释方案。乙案中，裁判者则着重关注融资方对回购条件成就不加通知，以及投资方受损的投资利益，于是为保护投资方寻求解释方案。

上述两案的裁判思路具有倒置三段论的特点，即价值判断先行、法律路径在后。

在民事案件裁判中，若在价值判断上得出保护一方的结论，只要能够得到现行法的支撑，便不妨循此推理而得出结论。若价值判断的结论不能得到现行法的支撑，则裁判者只能依现行法得出相反结论。

典型案例如，尽管裁判者认为距离8岁生日差1分钟的行为人已经有足够意思能力，相对人的交易安全亦值得重视，价值判断上似应得出合同有效的结论。但受制于依法裁判的职业选择，因现行法已对此作出明确规定，裁判者只能判决合同无效。

在价值判断较为趋同的领域，采用此种裁判思路基本能够保障裁判结果的可预测。例如，事实清晰的违约案件，即便不依法律，保护守约方的价值判断几乎是统一的。即便存在特殊原因令部分裁判者在价值判断上倾向违约方，若现行法明文规定约束裁判者，裁判结果仍能基本维持统一。

然而，在复杂商事案件中，这种思路可能带来一定危险。

一方面，商事交易中价值多元，优劣难辨。以逾期行权的法律效果为例，首先，投资人的投资利益、被投资人的经营利益之间，很难断定孰优孰劣。其次，价值判断过程中的考量因素多元，如逾期时间、投资人逾期行权的动因、投资人逾期是否值得谴责等。对此，不同裁判者纳入考量的因素不同，对各因素的权重配比不同，掌握的评价基准不同。商事裁判中的价值判断往往具有开放性和流动性。

另一方面，现行法不足以约束多变的价值判断。商事交易的法律适用，依赖合同解释，尤其是补充解释的情形居多。适用解释规则时，若缺乏精细的法律方法，解释规则有较大的“通融”余地。例如，对“在N日内要求回购”的法效果，甲、乙两案的解释差异展现出解释规则适用的“灵活诡谲”。面对模糊的约定和模糊的解释规则，裁判者拥有更大的自由。由此，迥然不同的结论，看似均能得到合理的说理支撑。

价值判断在所难免。批驳价值判断先行的裁判方法，主张裁判者应谨循法律、不得妄纵自己的价值判断，这样意义甚微。较为可行的路径是：制约《民法典》第142条第1款合同解释规则的适用，减少合同解释中的变数，以此限制多变的价值判断。

裁判者应将交易背后的商业逻辑纳入考量，将商业逻辑贯穿合同解释的作业，即贯穿《民法典》第142条第1款的适用。位于《民法典》第142条第1款合同解释规则之首的解释方法是文义解释。若合同文本承载的含义十分明确，则应当以文本内容确定双方各自的权利义务安排。而本文所涉问题有关补充解释，争议源起于回购期限的法效果未经缔约双方明定，并无文本基础，故需引入文义解释外的其他合同解释方法。其典型者，如目的解释。商事裁判中，**商业逻辑**可以解构为**商人理性、行业背景、商业目的**三个方向作用于目的的解释。以商业逻辑限制合同解释，即要求裁判者选择的合同解释方案与商人理性、行业背景、商业目的相契合。

一、商人理性作为排除标准

裁判者遵循商业逻辑对合同条款展开补充解释，要求模拟商人求效务实的商业智慧和盈利模式，以此把握理性商人的思维脉络。商人理性是商业行为背后的普遍规律，解释方案至少应合于商业行为的普遍规律，才有可能符合双方设置合同条款的目的。除有相反证据，不合于此种普遍规律的解释方案应被排除。

从商人理性出发，双方耗费了时间和金钱缔约、交易，必不希望将无意义的条款加入到合同中。这可被理解为商人实施法律行为的普遍落脚点。从另一个角度理解，在没有对某一约定有替代履行预期的情况下，任何条款被认定无效或者是宣誓性条款后，缔约各方都势必为此耗费更多额外的成本解决纠纷。

因此，除非明确违反强制秩序，裁判者推定合同条款具有法律意义，是最合理、最契合商业逻辑的结论。而将某一条款定位为宣誓性条款并不赋予其相应的法律效果，不符合商人理性，与商人行为的基本逻辑相悖。裁判者进行合同解释时，如果发现某一解释方案将导致双方的约定不具有意义，应当谨慎考虑这一方案。因此，认定“在N日内书面通知回购”的约定回购期限仅具有宣誓意义，无异于承认一项约定期限只有“行为模式”而无“法律后果”。这一结论显然不符合求效务实的商事行为逻辑，并非作为商事主体最为经济、高效的选择。

二、行业背景作为解释方向

商业实践并不存在于架空的理想场景，而是盘根错节于复杂的行业背景之中。商业背景下的博弈地位确立谈判基调，是条款背后商业逻辑的展开起点。换言之，行业状况影响谈判地位，进而体现于交易条款中。对合同条款的解释，若与行业背景不相符合，恐怕亦将偏离双方订入该条款的目的。

因此，欲探求回购期限条款背后的商业逻辑，至关重要的是把握近年来投融资领域的行业发展状况。不可否认的是，投资方在增资的谈判中往往占据主动，融资方尚需引进对赌条款，保障投资者的资金安全和固定收益。这背后是信息不对称与融资难的双重原因推动。但是，投融资双方悬殊的博弈地位，正随着融资环境的优化、融资难的缓解而逐步得到平衡。在这一背景下，回购承诺本身就足以化解信息不对称带来的利益不平衡。从双方在行业背景下的谈判地位来看，融资方承诺负担不加任何限制的回购义务，对投资方的优惠恐怕矫枉过正。兼顾行业背景探求回购条款签署时双方的意思，不宜以融资方完全迁就投资方的旧有格局为底色。因此，在没有相反证据的情况下，约定回购期限不能限制回购权的解释方案，与投融资市场整体发展和当下行业背景格格不入。将约定回购期限解读为投资方的谈判筹码，即投资方给予融资方的优惠条件，则是更契合于行业背景的解释方案。

三、商业目的作为定型模具

商事主体行为，包括从事法律行为的基本特征，以追求营利为目的。因此，合于商事主体实施法律行为初衷的合同解释工作，难以脱离于商业目的。在法律上，合同目的在商事交易上可表现为以营利为主导的商业目的，解释方案应能服务于商业目的的实现。

保障项目的周期性、资金的流动性和决策的可预期性，是一般协商谈判的普遍目标。回购条款的设置，也反映了投融资双方对上述三项商业目的的共识。

然而，回购权行使的显著特点是，投资方凭借单方通知，即可随时实现自我利益。融资方是否负担高额回购义务，听任于投资方的决策。具体而言，融资方往往会在合同中承诺，“收到回购通知后应在Y个工作日内按……价格支付回购价款”。循此逻辑，融资方需自回购条件成就之日，准备一定数量的资金以保障履行未来可能的回购义务。高悬于上空而不知是否落下、何时落下的回购义务，将显著影响融资方的资金流动与决策稳定。只要投资方不发出通知，势必将长久性地锁定融资方的资金。同时，融资方的运转经营及股权结构的稳定性，系于投资人的单方通知。由此带来决策稳定性的缺失，也将让潜在的交易对手们望而却步。综上，投资方无时间限制地行使回购权，将以牺牲融资方在交易中的资金流动性和决策可预期性为代价。

对这一处境，融资方期待的解决方式是：可以承诺回购，但也需要一个确定的等待时限。一旦时限届至，公司、股东、投资者均不会被笼罩于支付回购价款的风险下，公司经营得以复归正轨，以维护资金流动、决策预期乃至公司价值。

综据上述，双方在回购条款中设置对回购期限的安排，对回购权加以时间限制，具有充分的商业合理性。安排背后保障资金流动与决策预期的商业目的，作为商业行为的重要价值目标，亦为投资方所认可。依循商业目的进行目的解释，对约定回购期限的法效果，应理解为：逾期行权的，丧失回购权。其法律描述是，约定回购期限是意定除斥期间。此种解释，合于融资方在商业上期待的解决方案，也有利于维护双方共识的价值目标。而将回购期限条款定位为宣誓性条款的解释方案，无疑允许不确定状态的扩大。这与融资双方补充资金流动性、公司持续稳定经营的共同商业目的不符合。

最后想说的话

商业逻辑是商事交易的内在理路，缘何在部分商事裁判中难见踪影，却在仲裁领域被高频提及，是仲裁引以为豪的行业特点。这一现象背后，也体现了商业逻辑对意思自治的意义。

首先，仲裁制度对追求意思自治有更强烈的渴求。商事仲裁以仲裁协议为基础，意思自治是仲裁制度的底层逻辑，也是仲裁庭作出可执行裁决的权力来源。所以，还原系争主体的合意，而非引入其他无关的考量因素，该裁判权力的运用才更合乎其本质。

其次，仲裁制度为意思自治在仲裁实体问题中的贯彻提供了空间。商事仲裁的两造，不仅仅是法律意义上的平等地位，其谈判能力和争议解决能力往往实质性地对等。所以仲裁庭不主张倾斜保护某一方当事人权益，只需尽力还原当事人的真实意思。在“自治”被提升到如此高度的语境下，仲裁行业致力于探求更合于当事人预期和需求的裁判思路，商业逻辑正是一条符合此等需求的路径。仲裁员借助其丰富的行业背景，精确把握交易背后的商业逻辑，以此复刻最契合双方真实意思的解释方案，减少解释结论与当事人预期相左的情况。

最后，利用商业逻辑解释合同，本质是意思自治对合同解释规则的限制。具言之，意思自治原则要求合同解释以当事人的缔约意思为出发点。裁判者不得放大“自我”，而隐匿“当事人”。合同存有漏洞时，裁判者的填补工作并非无拘无束、全凭巧辩，而须以现行法要求的方法细致论证。为使补充解释的结论尽可能地合于真实意思，有效且必要的是引入商业逻辑。由此，合同的解释方向将不再变化多端。例如，本文探讨的约定回购期限，在充分兼顾商业逻辑的裁判思路下，合同的解释方向将是明确的，而非如甲、乙两案般灵活。

本文完成过程中得到了北京天同（上海）律师事务所周琦雄律师和吴咏谦律师的帮助，特此鸣谢！

图书推荐

人们原本在信息茧房中享受着各自的岁月静好，但在疫情突如其来的冲击之下，信息茧房被冲破，每个人必须面对让自己不愉快的问题。网络间消息真假无从分辨，不同观点的人轻易地就争吵起来，彼此埋怨。当下社会太多人都困在信息茧房里的情况下，社会观念严重撕裂，除去工作以外的理性的思考与讨论正在变得越来越难。四月因疫情困于上海一隅的我，重翻《破茧》，深呼吸，希望疫情早日消散，重回哪怕被营造出来的虚假舒适。

校稿人：刘思璟

康积华，阿里巴巴法律科技专家，本科和研究生均就读于复旦大学，研究领域是自然语言处理。2018年加入阿里巴巴后从事法律智能化工作，用人工智能技术助力阿里巴巴的合同、诉讼、专利、坏账催收等事务的数字化进程，提升风控水平和工作效率，并且持续探索用科技帮助法律人实现知识传承的路径，期望改善法律行业处于数字化洼地的窘境。

微信：kjh0206。

人工智能，能行吗？

康积华

一、背景

AI＝人工智能。

在公司做了将近4年的法务智能化升级工作，今天以一个AI人的视角和大家聊一聊“合同+AI”，以法务同学都会参与的合同审查为切入点，内容上难免有一些不完善的地方，请大家谅解。

我是从2021年才开始有意识地打破技术人的边界，逐渐走入法律人这个群体里来做一些AI相关的分享。AI这个圈子不缺“高大上”的宏观分析，缺的是接地气的科普。关于我为什么想做这种科普分享，有两个原因：

1.AI的过度宣传、过度包装风气严重，动辄是“替代”某些群体或者让某些人失业。在这种内容的影响下，传统领域从业者对于AI的认知会容易走向两个极端。一种观点是AI是无所不能的，AlphaGo的横空出世到现如今AI为围棋界带来的颠覆性改变，让大家感受到了AI的强大，继而对于AI“代替”其他职业的言论甚嚣尘上，甚至一度有不负责任的软文讲AI会代替程序员。另一种观点是AI完全是智障，你看AI连这个都听不懂，AI连那个都搞不明白，当然这种观点的存在，一定意义上也是传统领域对AI威胁的一种防御姿态。这两种不科学的认知不利于AI在各产业开花结果。

2.我2021年7月在一次企业合规峰会上做了法律AI相关的分享，会后有不少法务和律所朋友和我交流，说我讲出了他们能看得明白的东西，不再是高大上的术语或者技术架构图等更偏计算机科学相关的内容。我也看过很多AI分享，不瞒大家，我作为AI从业者都经常会云里雾里，更不用说传统领域的人了。坦率地说，如果客户听不懂你的东西，那他极大概率不会为产品付费。

所以我想站出来发一点薄弱的声音，不指望影响多少人，至少给法律人小圈子带来点不一样的内容，一是让这个圈子的人对AI有一些务实的观点，于我个人而言也算带来了社会价值；二是与法律圈的人达成连接，互相学习，汲取更多的领域知识，帮助我们理解客户和客户真实面临的问题。

二、法律AI与常见的AI范式

说起AI，绝大多数传统领域的人都认为AI非常高大上，其实技术人也是这么看法律的。实际上广义的AI很常见，我们从结果出发的话，所有把"人的经验自动化的过程"全都可以定义为AI，而不是从过程出发，一定得用复杂的深度学习才是AI。比如，我认为电风扇的摇摆模式，或者根据时间自动切换成夜间模式，都算是广义的AI。

大家常见的、曝光度高的AI其实是狭义的AI，一个重要特征是：它是数据驱动的，无法用显式的逻辑归纳总结，所有的智慧都藏在海量的数据中，拼的就是谁能够把这些智慧最大可能地挖掘出来（这也是AI领域模型越做越大，如今已经达到万亿参数的原因，参考GPT-3）[①]。目前绝大多数方案都是基于海量的标注数据学习到特定的能力，例如淘宝商品推荐（最朴素的逻辑是：买过A的人也经常买B，所以如果你买了A，那我给你推荐B，你大概率也会下单）、人脸识别、光学字符识别（OCR）、图片鉴黄等，目前主要覆盖的领域有：视觉（CV）、自然语言处理（NLP）、语音，其中视觉和自然语言处理又最为常见。

法律AI为什么难？

1.首先，法律科技属于自然语言处理领域，而NLP又称AI领域的掌上明珠。视觉信号是天然存在的，比如某图片里有个人脸，这个事实不会随着地域、时间的转变而发生变化。而语言是人类创造出来的，用于存储知识并且连接人类认知的

① 代号GPT-3的自然语言处理领域的一个超大规模模型，全称为Generative Pre-trained Trasformer 3。

信号。例如“小明长得比姚明高”和“小明长得比邓亚萍高”，大家看到这两句话的反应肯定不同，其实就换了几个字，但人类在理解它们的时候，是会与头脑里的认知做关联的：姚明—巨人—比姚明高很稀奇、邓亚萍—小个子—比邓亚萍高很正常。关于时效性，这些年随着互联网的发展，有两个典型的语言现象：语义通胀和语义漂移。语义通胀的典型案例就是，现在人人都被称为“帅哥美女”，或者以前用“哈哈”就可以表示非常开心，而现在需要“哈哈哈哈哈哈哈哈哈”才能表示类似的意思。语义漂移就更常见了，“呵呵”二字在若干年前还是正常字眼，在如今网络世界里已经具备了嘲讽的意义，而“绿茶”也从名词逐渐变成了形容词。

2. 法律AI并非完全是数据驱动的。

（1）法律领域没有“海量数据”。从业务实际情况、数据安全性、专家成本以及数据时效性的角度看，挑战都非常大。例如，《国务院反垄断委员会关于平台经济领域的反垄断指南》颁布之后，之前可能无风险的合同条款就不再属于合规范畴或者已经不具有参考意义。公司的业务变化也非常快，过去的合同实例对于未来的工作价值有限。

（2）给AI再多的合同，机器也无法知晓需要做什么。例如，机器是无法知道我们要审核合同的违约金比例不能超过15%的，模型也没有“合规”还是“不合规”的概念，这些都极其依赖领域专家，法律科技属于典型的“专家知识+数据双轮驱动”的场景，而在这个阶段AI要做的，就是让这些知识尽量自动化地运作起来。

（3）法律等专业领域对于可解释性的要求极高。目前火热的深度学习在可解释性上的处境窘迫。给大家举一个场景：机器如果只告诉你这份合同不合规，但是不告诉你哪里以及为什么不合规，这种反馈带来的噪声和干扰甚至是大于它的价值的。

综上，不管是法律科技，还是现在业内较火的监管科技、智慧财务等专业知识主导的垂直场景，都无法直接套用成熟的AI范式。

三、智能合同

终于谈回到合同了，下面拿合同智能审查来讲讲AI是怎么做的，能力边界是什么。

还是忍不住先扯远一点，做了这么久法律科技，感觉法律人和程序员很像，都属于技术工种。二者都不能自成行业，但是各行各业都离不开它们。法律法条和代码类似都是工具，大家都是在整合各种工具来解决实际的业务问题。区别是程序员的工具变化快，而法律的变化慢一些。但是这些年的趋势是法律法规的变化也在提速。再往前一步，你工具玩得再好，但是如果和业务需求不匹配，也没法解决问题，所以要懂业务，懂客户。标志是什么？是客户讲的你能听明白，你讲的客户能听明白，初步达成这个阶段，我用了3年。

在这个背景下，代码和合同也很相似：代码是人写好，交给机器执行；合同也是人写好，交给团队执行。都是要确保说到做到，否则风险很大。

合同审查是法务最常见也是最费时的工作之一，合同智能审查也是合同智能化最具挑战的应用，所以接下来我们从合同智能审查切入，讲讲AI是怎么与合同结合的。

1.合同智能审查

人是怎么审合同的呢？法务和律师或多或少都有一个审查清单或审查基准，它可能是Excel，可能是思维导图，也可能在自己的大脑里没有显性化，大家依据这些标准对合同进行审查。随着各行各业数字化建设深入，传统合同审查方式背后的不足也暴露了出来：

（1）最表象但也最直接的问题：合同审查的重复工作多，效率低。

（2）合同的审查质量没有保障？有个段子，周五下班前和周一上午的工作质量是肯定不一样的。同理，即使把同一份审查清单给不同的人，他们的执行质量也是不同的。这里其实是缺少标准。

（3）法律圈盛行“传帮带”，或者说老人带新人，他们在传什么？视角更高一点，在合同审查这件事情上，大家审查知识的能力是如何传承和与时俱进的？一个资深法务的离开会对业务和团队造成什么样的影响？对于组织而言，如何把优秀的个人经验沉淀为组织的知识从而保证组织的持续进步，都涉及知识的传承。

通过3年多的时间与阿里法务业务的探索和试错，我们把合同智能审查分为L1—L5阶段：

	能力概述	典型特点	是否已达成
L1：合同文本比对	与预设好的模板合同进行文本比对，对调整内容进行提示。客户对文本比对功能接受度很高，为什么？1.客户没得选，这种枯燥的工作大家也没兴趣投入；2.这个任务比较基础，客户不担心它会对职业发展带来什么危机，你菜洗得再好也代替不了大厨，是不是；3.这个任务的技术挑战不大，容易交付，AI不需要理解内容，只需要发现两份文件的差异即可	不需要任何知识	是
L2：合同预审	审查点可以清晰地定义，对预设好的审查知识或规则，使用AI把它自动化。如合同期限是否正确；违约金比例是否合理；是否有涉嫌不正当竞争的条款；知识产权条款是否归我方等	需要标准的合同审查清单；AI扮演助力的角色	是
L3：合同全自动审查	AI可以充分发挥它的计算能力优势，这是它和人最大的区别。它可以引入更多的法律知识、更多的业务知识、更多的案例、过往历史合同的知识、更多的条款知识；还可以进行更深层次的审查：条款的倾向性审查、跨合同的合同审查，例如和同一个主体签订的合同，规范程度越高就意味着好管理；又如同一业务场景下与不同主体签订的合同，条款差异在哪里；再如新的业务模式，可以参考哪些过往的合同经验；等等	合同审查是知识驱动的	否
L4：智能决策	不需要人工操作，不用用户告知要审查什么，机器可以根据业务场景和需求等信息，自动生成合同评审建议	猜想	否
L5：合同智能生成	业务描述需求，机器自动生成合同。现在有一些产品可以支持填几个框然后合同一键生成，但其实这些能力也只属于L2的范畴，都是预设一些知识，然后快速实现自动化	猜想	否

L4和L5我就不细讲了，毕竟业界整体还在耕耘L2、探索L3的阶段，而且这明显是个长期的工作，现在预测L4和L5不好证伪，个人也没那么大的想象力。

L2有一个很明确的标准，就是它合规与否的边界是清晰的、明确的，交给不同的人来执行是不会有分歧的，因此，对于机器而言它自然是可执行的。而L3的复杂度会高出许多，例如条款的倾向性没有明确标准，同样的条款内容，在不同的合同中它代表的倾向性是有差异的，交给不同的人来判断也会存在分歧，所以技术上非常困难。深度学习会不会带来法律科技技术上的突破？短期内并不会。

在L2这种能力边界下，合同智能审查能够依照清晰的标准做好预审工作，就相当于给每个审批人都配了一个初级助理，审批人只需要对初级助理的工作进行确认即可，效率和质量上有了极大保障。一道合同往往会经过业务、法务、财务甚至合规等角色及负责人的审查，在大型组织里平均每份合同的审批次数接近10次。我们不免落俗地会拿钱来衡量它的价值，假如组织每年有1万份合同，初级助理审查一次合同的价值是8元钱，那么只能审查可以带来的价值就是$10000 \times 10 \times 8=80$万。在这种人机合作模式下，合同智能审查非但不会替代法务，反而可以辅助法务提升工作质量，并且给法务留出了更多宝贵的时间。

综上，在合同审查这件事情上，机器和专家有非常遥远的距离，机器在“理解”合同内容这件事情上是非常弱的，大家远不需要担心会被AI取代。我也非常反感“圈定一些具体事项，然后对比机器和律师的执行结果来证明机器强过专家”这件事情，因为法律人的工作远不是那十几个审查点可以覆盖的。当然机器有所长，人也有所短，有好的工具大家还是要用起来。

2.智能合同的核心——知识

上文提到过，智慧法务这个细分领域，是专家知识驱动的，AI是把知识自动化的过程，合同智能审查是表象，背后的知识管理才是内功，所以智慧法务的底层核心逻辑是知识管理。最近看一些法学生写的知乎文章，以及与律所的律师聊天会频繁地提及知识管理，我才发现原来“知识管理”在法律从业者圈子里根本不是新鲜概念，甚至有些律所在知识管理领域，不论是组织文化还是配套工具，走得都非常前沿。我们从技术视角出发也逐渐能走到这一步，可以说殊途同归，也可以不谦虚地说，是技术人员通过对业务的理解找到了正确的方向。

四、机遇与挑战

1.现状

（1）AI领域有泡沫，但是大量实际的应用证明AI本身并非泡沫。

（2）AI的繁荣度差异很大，马太效应很明显：游戏、零售、营销繁荣；继而导致人才的虹吸效应。真正从事产业互联网的人并不多，例如国内从事法律科技的AI人才就寥寥无几。

（3）中国的AI强大吗？如果只看北上广，如果只看特定行业，是并肩美国的强大存在。但是如果看全行业全领域，和美国相比真的还有很长的距离。邓亚萍评价中国乒乓球之所以强大，主要是基层水平高。那么未来有一天，AI在国内渗透到各行各业（生物医疗、职业服务、制造业、农业、文化体育等），那是“真·强大”。

2.合同智能化的机遇

我对这个领域的前景是乐观的：

（1）国家政策上，“十四五”规划、“八五”普法规划，都将提升公民法治素养；企业合规意识也持续增强。

（2）2021年最高人民法院工作报告显示，各级法院审理各类合同纠纷案件886万件。这里提供中国政法大学李建伟老师的口径：国内法院受理案件每年超过3000万件，其中刑事9%—10%，行政1%左右，可推得90%都是民事纠纷，这90%中，85%都是合同纠纷。

（3）一些高校开设了法律科技专业；清华、复旦、斯坦福等高校的AI实验室也在参与一些法律科技相关的技术探索。

（4）国际上，专做智能合同的SEAL被DocuSign以2亿美元收购，Kira也被Litera收购。国内幂律智能、秀合同、法天使等公司融资顺利；电子签名公司也摩拳擦掌企图开启第二赛道。

3.合同智能化的挑战

市场。核心困难：市场价值有限。客户群体的预算整体偏低，技术服务商难以从客户侧拿到足够的利润，就不敢投入太多资源到创新研发上，也就无法提供非常有竞争力有前瞻性的解决方案，长期会陷入恶性循环，这也是国内大量To B（To Business，即面向企业，为企业提供服务）业务面临的挑战。

人。从业者之间的认知差：法务律师不少，AI专家不少，但是有交叉的极少。大家思维模式不同，本身领域之间的壁垒也比较高，因此沟通成本极高，所以我也珍惜每一个能够顺畅沟通的法律人。对于法律人来说，不知道技术的边界，能说清楚自己需求的人并不多，也不一定明白需求背后的本质问题。对技术人而言，相当一部分技术人员缺乏对行业的敬畏，总想着用技术快速改造甚至颠覆行业；而且长期重技术轻行业认知，不站在客户的视角思考问题，合作自然难以长久，而做法律科技是需要足够的时间积累的。

事。法律科技与电商、营销不同，它不是纯数据驱动的，而是数据与专家知识共同驱动的。知识管理是这里最大的挑战，"合同相对论"有多期嘉宾都提到了知识管理相关的工作。AI能力与传统软件功能也不同，传统软件功能是0到1，是有和没有的区别，而AI不同，AI的交付标准是达到比如90%的准确率，客户对于AI产品缺乏相关的经验和信心。

五、总结

智能合同短期看是艰难的，长期看是乐观的，我认为乐观到繁荣的兑现需要一些外部因素刺激，但是我们也要足够耐心，这样当这个因素到来的时候，我们也才能有足够的信心。同时，法律人喜欢闭门沟通，行业性的沟通往往太过专业，专业到外行人听不懂，自然难以参与共建。希望未来有越来越多的跨界交流，与更多的人形成共振，让合同及其他法律领域不再是数字化转型的洼地。

合同洞见

面对滚滚而来的数字化大势，顺势会比逆势轻松。对法律人而言，建议用开放的心态拥抱AI，发挥它的优势，规避它的不足，让AI服务人类。

图书推荐

马伯庸的《笑翻中国简史》。

推荐这本书是因为这本书在工作中给我提供了另一个看待个人职业生涯的视角。作为AI从业者，可选的领域很多，投身法律科技领域的机会成本其实挺高的。在做这个方向的过程中，时常会感觉寂寞，并且感觉未来充满着太多不确定性。而当看到历史长河中历朝为了“德行”而发生的一件件“荒诞”的事情，会让感觉到自己的渺小，并且重新审视自己做事情的目的，不一定要惊天动地，只要让自己的存在能够为某个领域、某些人带来积极的影响，足矣。

校稿人：徐俊玲

邹雯，己任律师事务所管理合伙人，现任广东省深圳市南山区三级联动商业秘密保护基地专家库专家、浙江省商业秘密领域专家人才库专家、深圳市公平竞争审查和竞争法专家库专家、中国香港国际仲裁中心域名争议解决专家组专家。邹雯律师曾在法院从事审判工作长达十余年，刑事及知识产权审判经验丰富。律师执业以来，为多家跨国企业、国内上市公司、互联网巨头提供商业秘密及其他各类知识产权法律服务，取得了丰富成果。曾获评“《商法》The A-List 法律精英”“LEGALBAND 客户首选：中国女律师15强”“LEGALBAND 中国律师特别推荐榜15强：经济犯罪”。

微信：eleanor0210。

商业秘密保护的热点问题

邹　雯

一、我国商业秘密保护发展趋势

近年来，我国大力加强商业秘密保护：从2019年4月修正的《反不正当竞争法》，到2020年9月施行的《最高人民法院关于审理侵犯商业秘密民事案件适用法律若干问题的规定》《最高人民法院、最高人民检察院关于办理侵犯知识产权刑事案件具体应用法律若干问题的解释（三）》，再到2021年3月施行的《刑法修正案（十一）》，我国从民事、刑事、行政以及立法、司法角度全方位完善商业秘密制度设计，提升商业秘密的保护力度。

由于商业秘密侵权行为隐蔽性强，长期以来权利人面临着取证难、成本高、赔偿低的困境，维权意愿较低。而随着近年来商业秘密法律制度的完善，企业的维权意愿和积极性被调动起来，既能够更好地维护企业的合法权益、保证良好有序的市场环境，又能够在一定程度上推动司法机关在商业秘密案件中寻求突破，以明确立法模糊之处或填补立法空白，这也倒逼着商业秘密立法层面的完善，从而形成一个良性循环。

以惩罚性赔偿为例，2021年3月3日，最高人民法院（以下简称最高院）发布了《关于审理侵害知识产权民事案件适用惩罚性赔偿的解释》（以下简称《惩罚性赔偿司法解释》），旨在明晰惩罚性赔偿的司法裁判标准。而最高院知识产权法庭2020年10件技术类知识产权典型案例之一的“卡波技术秘密案”在2020年11月24日便作出了二审判决，最高院顶格适用了5倍惩罚性赔偿，并对惩罚性赔偿的适用进行了详细说理，其中很多细节和考量，比如恶意和情节严重的考量因素，都在其后的《惩罚性赔偿司法解释》中有所体现。

未来我们也期待更多商业秘密领域的模糊地带或空白之处能够被明确或填补。比如2019年《反不正当竞争法》新增的商业秘密举证责任转移制度，自出台以来便一直是热点话题，但由于法条规定较为原则，实践中如何操作尚不明晰，我们希望未来能够有相应的典型案例或司法解释进行指导。

总体来说，由于商业秘密本身的特殊性，相比其他知识产权，商业秘密案件整体难度仍然较大，但未来可期。

二、商业秘密维权经验

（一）固定权利基础证据

对于商业秘密案件，认定侵权的首要前提是权利人主张的信息构成在先的商业秘密，实践中常出现因为权利人无法证明上述事项而败诉的情况。

第一，由于商业秘密为无形的信息，需要将商业秘密固定于有形载体，并通过载体确定商业秘密的形成时间和权利归属。若商业秘密载体本身的形式、承载的内容、形成的时间无法确认或存在瑕疵，将对后续维权造成较大的障碍。笔者曾遇到过权利人想要作为商业秘密保护的源代码文件仅储存在电脑本地，而未上传至服务器，导致难以证明源代码的形成时间的情况。因此，企业需要注意固定好商业秘密的载体及形成时间，从而形成能够被法律认可的权属证据。尤其是早期产生的商业秘密，如果尚未满足固证条件，可以尽快实现载体和形成时间的固定。

第二，商业秘密成立须满足非公知性、保密性和价值性的要求，非公知性和保密性是相辅相成的两个要件，做好保密措施本身也能够更好地巩固商业秘密的非公知性。

笔者曾遇到一个案件，该企业拟提起商业秘密诉讼，前期评估案件基础较好，但在进行非公知性鉴定时，才发现拟作为密点的信息绝大部分已被该企业的供应商通过申请专利的方式公开了，导致案件进行非常困难。除供应商外，实践中也经常出现企业及其员工因缺乏相关意识或未提前对商业秘密和专利做好切割，导致企业自身或员工将本应作为商业秘密保护的信息拿去申请专利的情况。虽然后续可以通过专利进行维权，但专利和商业秘密保护的侧重点不同，且专利保护期限较短，而且对于供应商、员工私自申请专利的情形，专利文件的撰写往往较为随意，导致专利质量较差，无法实现保护效果。

（二）借力取证

对于商业秘密侵权行为，由于大量侵权证据掌握在侵权人手上，权利人难以自力获取，权利人可考虑通过多种途径借力取证。

首先，我国设置了多项措施以减轻商业秘密权利人的取证、举证负担，包括法院证据保全、法院调查取证、书证提出命令、证据妨碍、举证责任转移规则等。在商业秘密侵权案件中，权利人可灵活运用上述规则，助力证据收集，并对侵权人形成一定压力。对于自力无法取证的证据，可积极收集线索，向法院申请证据保全或调查取证，如查扣侵权产品，向税务机关、海关、第三方销售平台调取相关数据等。同时，对于侵权人持有的证据，在权利人已尽力举证的情况下，可以请求法院责令侵权人提供相关证据，若侵权人拒不提供或不如实提供，则可能构成举证妨碍。举证妨碍对于商业秘密侵权以及损害赔偿的认定均具有重要意义。

其次，我国对商业秘密采取了民事、刑事、行政的三重保护路径。权利人可考虑将刑事、行政手段相配合，通过刑事调查、行政执法活动，借助公权力机关，能够更深入地调查和固定侵权证据以及损害赔偿证据，为民事案件的侵权认定和损害赔偿计算提供支持。

最后，权利人还可通过司法鉴定、专家辅助人、经济学专家等专业力量，对案件中的相关问题进行证明、厘清。

（三）行为禁令

2012年修正的《民事诉讼法》首次增设了行为保全制度，即行为禁令。2019年1月施行的《最高人民法院关于审查知识产权纠纷行为保全案件适用法律若干问题的规定》明确“申请人的商业秘密即将被非法披露”属于民事诉讼法规定的“情况紧急”情形，至此商业秘密行为禁令有了更为明确和广阔的适用空间。

国内商业秘密领域的首例行为禁令由上海市第一中级人民法院于2013年作出，被申请人黄某为申请人礼来公司的员工，黄某擅自从礼来公司服务器上下载了21个核心机密商业文件，并转存至私人存储设备。法院审查后裁定，禁止黄某披露、使用或允许他人使用申请人主张作为商业秘密保护的21个文件。

无独有偶，2014年，上海市第一中级人民法院再次作出商业秘密行为禁令，此次为诉前行为禁令。被申请人贺某系申请人诺华公司的员工，在离职前擅自将申请人某研发项目的879个保密文件复制到其移动存储设备中带走，法院依法裁定了行为禁令。该案的后续发展亦值得关注，由于解放日报、人民法院报等媒体对该案进行了报道，贺某认为对其在业内的名誉造成了极大伤害，并因此被当时任职的公司停职和解雇，遂以侵犯名誉权为由起诉诺华公司，最后法院认定相关司法宣传是对诉讼行为的正常报道，不构成侵犯名誉权。

可以看到，对于实践中高发的员工离职带走商业秘密、尚未投入使用的情况，行为禁令是非常有效的救济方式。并且，由于行为禁令一旦签发，对员工个人信誉以及未来职业发展有较大的不利影响，因此对员工也能形成较强的震慑力。

（四）刑事维权

近年来，我国对商业秘密刑事保护制度也进行了大刀阔斧的修改，将侵犯商业秘密罪的入罪金额从50万元降低为30万元，增加了入罪的情形，并对权利人损失的认定进行了补充和细化规定。据此，对于侵犯商业秘密并造成权利人损失或违法所得数额在30万元以上的，权利人可以选择通过刑事手段进行维权。

刑事维权的优点在于，通过刑事手段对侵权行为的打击力度更大，威慑力更强，并且在权利人提交初步证据成功立案后，后续由公安机关主导调查取证，能够更深入和便捷地发现侵权行为，并固定相关证据，在一定程度上缓解权利人的取证困难。

但刑事维权亦有其自身的难点。一是刑事案件采用罪刑法定和疑罪从无的原则，相较于民事案件，商业秘密刑事案件的证据要求和证明标准更高，且对于立法模糊或理解分歧之处，刑事法庭不会进行突破认定。二是刑事程序的启动，即刑事立案，有一定门槛和难度。这一两年以来，随着各地商业秘密行政执法指引的陆续出台，市场监管部门开展商业秘密执法活动的意愿高涨，未来可以期待更多地通过行政执法解决商业秘密案件取证难的问题。三是虽然侵犯商业秘密罪的主体包括单位和自然人，但在实践中，由于刑事案件较难将单位的共同犯意证明到"排除合理怀疑"程度，因此，对单位成立商业秘密犯罪的情况非常少见。

三、企业商业秘密常规化管理经验

一个完整的企业商业秘密管理体系实际上涵盖双向的管理，既包括企业自身的商业秘密保护，防止商业秘密泄露和被侵犯；又包括企业对侵犯他人商业秘密风险的防范和隔离，尤其是因员工入职带来的侵犯员工前单位商业秘密的风险。

（一）企业自身商业秘密保护

1. 商业秘密的梳理、分类和管理

企业首先需要对自身的商业秘密进行梳理和识别，方能采取相应的保护措施。由于企业涉密信息一般较为庞杂，因此建议对商业秘密进行分级管理，以提高企业运转效率，节约管理成本。对于不同类型的企业，商业秘密的侧重点有所不同，比如研发型企业更侧重技术信息，而商贸类的企业则侧重于客户信息，企业需要结合自身的业务重点对企业商业秘密进行识别、划分密级和针对性管理。

（1）技术信息：注意剥离商业秘密和专利

对于研发型企业来说，一旦新技术/产品研发完成或研发过程中产生了中间成果，便需要着重考虑保护方式，明确哪些技术作为商业秘密，哪些技术申请专利，以实现对新技术/产品的最优保护。一般来说，若竞品企业自主研发成功相同技术的可能性较大，或该技术在产品上市后较容易被反向工程破解，便不适宜作为商业秘密，更适合通过专利保护。

（2）客户信息：建立客户信息电子台账，注意添加深度内容

客户信息包括客户的名称、地址、联系方式以及交易习惯、意向、内容等信息，是企业经营信息的重点内容。需要厘清的是，并非所有的客户信息都可以作为商业秘密保护，司法实践中的认定因素一般包括：客户信息的深度、建立客户名单所付出的代价、一般人获取客户相关信息的难度等。若仅以与特定客户保持长期稳定交易关系为由，主张该特定客户属于商业秘密，法院将不予支持。

因此，建议企业对客户信息的管理最好做到两点：一是建立客户信息电子台账或通过其他方式进行记录，要求员工定期将其获取的客户信息汇总呈报给企业，由企业进行统一管理。这样既可避免客户信息被员工单方面掌握，若未来发生商业秘密纠纷，对员工使用企业经营秘密行为的认定也提供了较清晰的依据。二是定期增加深度信息，如客户交易习惯、价格敏感度等，能够较大程度保证该等客户信息符合商业秘密的构成要件。

2.采取必要的保密措施

采取保密措施，既是保护企业商业秘密不被泄露，亦是商业秘密的法定要件之一。一般来说，企业的保密措施既包括概括性的措施，如保密制度、一般性的保密协议等，也需要根据特定商业秘密的价值、载体采取针对性、相对应的保护措施，仅仅依靠公司保密管理制度或一般性的保密协议在实践中可能不足以构成法律要求的“相应保密措施”。

由于保密协议是企业最常见的保密措施之一，笔者结合实务经验，对企业保密协议的签订提供如下思路：首先，在员工入职或供应商入库时，可先签署一般性的保密协议，将保密信息的范围约定得较为广泛，并明确约定违约责任。其次，当员工或供应商需要接触到企业较为核心的商业秘密时，可以再补签一份针对性的保密协议，将其可能接触的商业秘密明确列入协议。最后，当员工离职或供应商终止合作时，列出员工或供应商已接触到的企业商业秘密清单，尽量要求其签字盖章。若未来发生侵权纠纷，上述文件将对证明员工或供应商具体获取的商业秘密内容提供清晰的认定依据。

3.员工全流程管理

员工离职带走企业商业秘密是实践中商业秘密侵权最常见的情形，因此，完善对员工的全流程管理对于保护企业商业秘密具有重要意义。除了上述签订保密协议外，企业通常还可采取以下措施，加强对员工的保密管理。

首先，员工入职时，建议对员工进行背景调查，防范商业间谍。在员工调到核心的研发岗位、管理岗位时，可考虑是否要和员工签署竞业限制协议，如此一来，在员工离职时，企业可掌握主动权，自行决定是否启动竞业限制。

其次，在员工的日常管理中，需要对员工设置接触权限，包括对保密信息的浏览、下载、传输、拷贝等权限。对于研发等核心岗位，可对员工电脑进行监控、留痕或其他技术处理，防止及记录异常的下载、传输、拷贝等行为。同时，企业可定期对相关员工进行商业秘密培训，强化员工的商业秘密保护意识。

最后，在员工调离涉密岗位或离职时，要求员工登记、返还、清除、销毁其接触或者获取的商业秘密及其载体，并继续承担保密义务。这点是企业比较容易忽视的地方。若企业未要求离职员工交还或删除商业秘密，即使离职员工手上留存商业秘密的备份，其行为本身的可责性也会降低，进而影响后续维权。同时，对于核心员工的工作电脑，在格式化之前可通过有资质的第三方对电脑进行镜像，因为实践中当企业发现员工将商业秘密带入新单位使用时，往往该员工离职已过去较长一段时间，工作电脑已被格式化，无法再调查和举证员工在职时的违规和异常操作行为。

（二）企业商业秘密侵权风险防范

由于目前各行业人员流动性较强，企业反过来也会面临因新入职员工的不当行为导致企业陷入商业秘密侵权风险和纠纷，司法实践中已出现多例此类案件。因此，企业同样也需要重视这部分风险的防范。

对于新入职的员工，在背景调查时建议一并调查该员工是否背负原单位的竞业禁止义务、在原单位的任职等情况，并要求员工作出无竞业限制、入职后不侵犯他人商业秘密的承诺。对于曾在竞品公司担任重要研发职务的员工，需要将其列为后续的重点关注对象。

根据司法实践，仅仅上述措施，还不足以将企业从商业秘密侵犯风险中完全剥离出来。在员工入职后，企业还需要对员工业务、技术来源的合理性进行一定的关注和审查，并留存好调查和处理记录，以证明企业已作出最大努力来尽到合理的注意义务。

合同洞见

存在保密协议或保密约定的情况下，侵犯商业秘密可能会产生侵权行为和违约行为的竞合，此时可以从管辖、举证责任、赔偿数额等因素综合考虑选择侵权诉讼或违约诉讼/仲裁的方式来维护自身合法权益。

图书推荐

《中国商业秘密保护司法实务》，姚建军著。

校稿人：王玉静

黄娉婷，可口可乐系统装瓶厂逾十年风险管理经验，经历并实现了从企业法务到企业风控的角色转变。先后负责主导系统内电子签约及合同全生命周期管理项目的研发、交付、上线、管理及后续跟进，并且不断致力于推动企业风控数字化、智能化，深入推进业财融合。

这些年大厂风控岗教会我的那些事儿

黄娉婷

与常律师初识于某次合同审查培训，对于究竟是哪个点让常律师在众多学员中记住了我，以至于有幸受邀参加第一期的《合同相对论》，至今仍令我费解。荣幸的是借着这样一个可以称为“缘分”的机遇，使我有机会能在此与大家分享一点这些年来，在大厂做风控的一些经验与收获。

对于走出校园、步入社会的法律人而言，在本专业道路上择业的可见选择大致有三，考公、进律所或者进企业。在进行了三条道路的尝试之后，我决定遵从自己的内心，果断选择了企业法务这条路，这一干就是10年。从根本意义上说，三条道路指向的标杆及所需具备的能力，似乎各不相同。进了司法系统，手握公权力，从上帝视角公平正义地审视每一个具象的案件；进了律所，站在客户的角度，以最有利于当事人的角度寻找足以支撑胜诉的法律法规、证据及事实细节；而进了企业，则意味着需要站在企业的整体利益上进行全方位的风险及效率平衡，有时甚至需要跳脱出法律人的角色，站在业务的不同视角上看问题。所以，当常律师好奇地问我，风险管理岗具体是负责什么工作的时候，我晃了神，但随之恍然大悟，原来，所谓隔行如隔山，大抵不过如此。

因此，特此将当期对谈的内容重新进行了整理，并借由本文和大家聊聊，这10年风控岗工作的经历给了我怎样的感悟。

一、当我们讨论风控的时候，我们到底在讨论什么？

1.风控岗日常

每个企业对于风控岗的称谓各有不同，有的叫风险管理，也有的叫风控、合规、法务等，虽然名称不同，但总体上并无太大差异。如果一定要对这些称谓进行一定的区分，我的理解是：法务的工作大部分还是围绕法律实务，如合同审核、诉讼等相关工作。而风控、合规，则将法务的内容进行了延展。

风控包含企业合规、企业风险管理和控制，在新业务发生时，风控会先行评估合作模式是否会触犯法律红线，提前思考、预判风险；合作双方达成合意后，风控需要进行合同的拟定，签署具有双方合意的合同，针对存在的风险点对业务部门进行风险提示，同时可能还需要根据合同内容进行相应的保险安排。履约过程中，如果因为一方违约造成了损失，风控还需要提前判断，诉争内容最终会不会需要走法律程序，是否已安排了完整的赔付机制，保险是否已覆盖此部分损失，等等。所以，总体上看，风控几乎发生在业务全生命周期的每一个节点，随着商业模式的不断更新，风控也更倾向于走到业务前端，预防风险的发生。

此外，法务应尽可能地保持中立性及专业性，但风控却是一个很重要的商业伙伴（BP）角色，除了需要以专业的法律知识作为支撑之外，还需要花时间与业务探讨商业模式的运营情况，从法律角度提出有价值的建议。因此，我们需要走到前端和业务有更多碰撞。有些风控部门也会负责保险，以至于我们不单单是针对合规方面的风控，还承担起预防、弥补损失的职责。

2.风控的底层思维逻辑

企业是追求效益的，对于业务而言，风控岗提出的各类建议，有时会提高双方的交易门槛。此外，由于风控、法务、业务创造效益的可见度不同（这一点相信大家都深有体会），作为一名风控岗成员，我们必须具备与企业保持一致目标的底层逻辑。

当我们提出风险管控建议时，不妨换几个角度看问题。假设今天你是公司老板，你会接受哪些风险，又会采取何种程度的管控方案呢？或者说，在对风险发生的可能性进行科学的分析后，对损失及收益进行对比，风险是否在公司可承受范围内呢？如果为了确保企业的利润，你是否敢于在胆大心细的评估之后作出果断的决策？如果现有条件不足以让你作出决策，你还需要哪些资料和数据给予支持？又假设今天你是一名业务人员，当你提出的商务方案被风控提出修改要求的时候，你会如何据理力争，又在何种情况下可能会被说服，同意进行修正？这一系列问题都需要风控岗在提出风险建议前逐一作答。

当然，进行上述思量对于进行过专业训练的法律人而言，并不算太大的挑战。就像我们应对诉讼案件时站在诉讼各方的立场上进行模拟，以求相对准确地预判各方行动点并作出分析，尽可能地收集到相关资料，以求取得最终的胜利。这与风控考虑各利益相关方立场并分析后，给出较为详尽的风控指引及应对方案供各方参考决策，是一样的道理。

3. 塑造风控岗在企业中的影响力

我认为，风控岗承担起BP的角色，在企业运营中将会特别有价值，这对于塑造风控岗在企业中的影响力也大有裨益。一来因为企业家终归还是厌讼的，二来风控岗如果只局限在合同审查，那在业务开展过程中的话语权也会相对削弱。当我们参与到业务的前端时，业务会来征求意见，如果我们能在深入了解业务的基础上运用逻辑思维方式预判风险，跟他们一起讨论优选方案，不仅能使我们在专业度上得到认可，提升在业务部门的影响力，同时也可以很大程度上避免事后收拾“烂摊子”，何乐而不为呢？！当然，每家企业风控岗的影响力高低各不相同，如果企业重视合规，那风控的地位也会相对高一些，如果企业本身对于合规的重视度不够，自然风控岗就需要更“卖力”些，或者借由一些“大事件”进行反面教育，提升公司人员自上而下的风控意识。

二、企业风控岗需要具备哪些能力？

1. 比业务更懂业务

如果问起风控的要义是什么？我会回答：保持开放的心态看待所有事情，且尽可能地比业务更懂业务。日常工作中，我们需要面对各种类型的合同，这并不是一朝一夕能够研究明白的。在和业务沟通时，由于双方的专业背景及立场不同，我们常常需要不断去挖掘对方的深层需求，这对于商业模式及合同条款的安排都至关重要。此外，业务模式不停裂变，我们也应该不断地去了解、思考新模式会有什么风险。某些时候，业务与风控常被定义为对立面，日常和商务沟通时，也会有一些冲突点。但我觉得，有时需要换位思考，懂得站在对方的角度思考问题很重要。其实业务也想拿到对公司有利的条款，只是不知道如何表达。在日常沟通过程中，除了原则、底线不能碰，其他方面，我们会以更温和的方式与业务进行条件交换，这样一来，合同目的达到了，业务和合同相对方也都比较好接受。当我们可以通过不断更新自己的业务知识，站在业务角度思考问题，并且对业务赋予更多的同理心时，看似对立的两方反而更容易寻找到“双赢”的途径。

2. 与时俱进的能力

我所工作的企业属于传统快消品领域，随着大环境下电商的兴起、数字化的推进，这一领域不断产生各种新业务，面临很多新挑战，因此，与时俱进的能力显得尤为宝贵。例如，近几年人们的支付习惯产生了翻天覆地的变化，之前钱货两清，现在没办法实现现结，时间差会使货款的回收存在风险，因此对于合同约定的签收方式也应进行相应的改变。再例如，随着电商渠道的发展，网上下单看似一致，但背后因为平台方的经营方式不同，商业模式也完全不一样。商业模式在不断地更迭，每个模式都需要个性化的合同条款去约束。同时，新法、新规、新业务也会带来很多影响，牵一发而动全身，企业也需要不断更新自己的制度、流程。

近几年来我也会时常思考，AI具有自主学习能力后，传统意义上的法务人员是否可能被淘汰，因为人脑纵使再愿意学习，也无法像电脑一样随时迭代知识。贝壳网可以通过电子签的方式快速实现各方的合同签署，我们能不能也尝试看看这样的变化。此外，如果法律界能够建立起基本的合同标准，有了类似国际贸易术语的通用语言规则，合同订立时只需要增添与业务相关的个性化条款，谈判交易成本也会相对地大幅降低。这些都是我的一些浅见，但当我看到法天使潜心致力于合同标准化时，我深知这会在不远的未来得以实现。此外，这些年我也一直致力于企业合同电子签约系统的开发与推进，试图在时代的大浪潮下，也趁势推自己一把，尝试些新的挑战。

三、企业风控岗如何完成自我实现？

作为风控也好，法务也好，法律人终究以专业表达为生，除了需要有扎实的专业知识，文书写作能力，良好的沟通能力也很重要。虽然说被误解是表达者的宿命，但如何尽可能精准地表达和总结各方争议焦点，通过谈判达成一致意见，并用比较合理的方式安排条款实现双赢，这对法律人而言也是高要求。此外，在工作中我常常觉得，如果我们法律人可以建立起财务同事做利润分析时的数据思维，将风险评估结果像利润计算模型一样摆在业务及管理层面前，让他们可以就此作出理性的判断，那会不会使得据以作出决策的依据更加直观，决策也变得更加简单？或者也可以这么说，如果我们可以想业务之所想，思老板之所虑，走其他部门的路，是不是就可以让其他部门“无路可走”了呢？

风控法律人工作中的海绵心态很重要，如上文提及的，找机会与业务、财务同事多交流总能学到些新鲜事儿。比如，根据最新的财务准则，与负责税务的同事针对性地探讨在租赁合同中应如何进行合理避税的安排；再或者，与HR同事多就人员派遣、外包或自招等各种用工方式进行利弊分析。于我而言，沟通过程中学习到新知识，是一种低成本且有针对性的学习途径，同时也可以另辟蹊径，拓宽我们审视合同的新视野。

总结来说，风控法律人的自我实现可以体现为：谈判期间的沟通表达、风险预判的准确性、合同条款安排的合理性、诉讼过程中的诉辩技巧以及工作过程中的不断成长。

合同洞见

一、合同模板的使用是一种博弈

企业在经营过程中总会积累起各类的合同模板，以供后续同类型业务发生时反复适用，随着法律法规的不断更新，合同模板也需要不断进行相应的优化。合同模板有点像既定的话语规则，对于业务而言实用且高效。但企业双方在决定使用任一方的合同模板时，却暗藏着双方的博弈，这种博弈状态体现了双方当下的地位以及抗衡能力。占据强势地位的一方常常得以获得使用本方模板的主动权。我们也会碰到强势方滥用自身力量优势地位，在模板中极尽保障己方权利，对对方科以超出限度的义务，并要求对方承担严格的违约条款的情况。虽然这样的合同“美其名曰”：“在公平、诚信的前提下，经过双方平等协商达成一致意见”，但对于被迫接受模板的一方是相对失妥的。

二、由合同模板引发的“冒犯感”

虽然我方公司经常获得“甲方”这一称号，但我也难免一次次地需要真实地面对明显在权利义务及责任分配上严重失衡的合同模板。例如，我就曾遇到过一份价值几千万元的设备买卖合同中约定，如因卖方过错造成的买方损失，卖方仅在设备价值10%的范围内承担赔偿责任。在双方地位明显不对等，实在无法达成一致修改意见的情况下，作为买方代表的我，可能会考虑通过其他方式迂回地保护自身利益，比如投保之类的。但相信不仅是我，每一位法律人在面对强势的合同相对方时，看着针对本方严苛的违约条款，再看看对方自设定的小比例责任限额，总是忍不住摇头叹气。

于是我索性给这样情形下自己的情绪标注了个名字，我称为“深深地被冒犯感”。在我看来，合同是双方、多方的合意，一份好的合同模板，不应该让接受使用的相对方在审核修改时感受到过度“被冒犯”。无论是强势一方还是弱势一方，都应该多去转换角度看待合同条款的设定问题。一份合同给相对方的“冒犯感”越强，无形中对方的心理堤坝也会筑得越高，双方所需要耗费的各项成本越高，达成合意也越难。所以，我觉得应该在双方都相对公平的情况下，有礼有节地进行协商，最终实现共赢才是目标。很多强势方在拟定合同模板时有意无意安排了大量冒犯感很强的内容，面上可能是确保了自身权益，但底子里着实不够智慧。其实，公平而克制地安排合同条款反而更显得“高级”。

图书推荐

聊完了这些年大厂风控岗教会我的工作上的那些事儿，我还挺想借着这个机会跟大家聊聊工作范围之外我的一点体会。

如字面含义，风控做久了，就总是想着把风险圈定在自我可控范围内，像我就是个典型的“风险厌恶型”选手。这在工作中或许是个好习惯，在生活中却不见得是。所以我也会跟身边的“职场风控新人”们叮嘱，请把工作和生活进行适当的区隔。工作场合中保持理智和专业度，生活中，则告诉自己可以“偷偷懒”，学会“差不多就好”，这样生活会轻松很多。千万别把工作中反复评估，反复斟酌，认真辩论的劲儿带到生活中，或者和家人的相处中，至少在我看来这是不太聪明的做法。

无论在职场多少年，我始终希望自己可以保持着对这个世界的好奇心。在这个处处都充满着“风险”的世界，相信上帝不会如此眷顾，我永远不可能凭一己之力确保事事顺遂、事事周全，该走的弯路我一步都不会少走。所以，索性就告诉自己勇敢地去爱这个多彩多样的世界，跳脱出每一个当下的舒适，探索的道路将引导我们去到另一个更开阔的境遇。

所以，在常律师指定的推荐好书环节，我毫不犹豫地选择了《非暴力沟通》（[美]马歇尔·卢森堡著）和《爱的艺术》（[美]艾里希·弗洛姆著）这两本书。选择《非暴力沟通》是因为书中的内容对于提高我们的沟通技巧十分有帮助。而推荐《爱的艺术》则是因为我们中的绝大多数人从小并没有认真被教授过“爱人”的知识，这是我们确确实实缺失的，甚至我们从不觉得，“爱”是一种需要学习的技能。因此希望大家能体会到，“爱”这种东西，确实值得我们学习和认真对待。

最后，感谢各位认真地读完我的絮絮叨叨，但凡文字中的些许字句能引起您的共鸣，都会使我倍感荣幸，如果有说得有失偏颇的部分，也请大家体谅。终了，愿你我一直在生命道路上朝着标杆奔跑，对于生活的热爱亦如日光，光辉烈烈。

校稿人：张雅雯

张伟华，跨境并购投资及投后整合专家，国际油气实务专家，现任联合能源集团总法律顾问、副总裁。www.leslie-ma.com创始人，曾任中国海洋石油总公司法律部项目管理处处长，参与过诸多世界级跨境并购交易。国务院国资委特聘“海外并购法律专家”，多次获得The Legal 500、ALB等权威杂志“最佳中国总法律顾问”称号，国际石油者谈判协会（AIPN）全球董事会成员、标准合同起草委员会委员，被多家知名大学及研究机构聘为客座教授及研究员。上海国际经济贸易仲裁委员会/上海国际仲裁中心仲裁员，北京仲裁委员会/北京国际仲裁中心仲裁员，武汉仲裁委员会仲裁员。著有《海外并购交易全程实务指南与案例评析》等六本并购实务专著，参与合著三部国际油气实务英文著作。

微信公众号：uncle莱斯利；邮箱：zhangwh888@163.com；微博：uncle莱斯利。

国际并购中的“惊”彩故事

张伟华

一、年轻人审查合同先要掌握基础

我建议年轻人在刚开始执行合同审查工作时，先要掌握基础，比如法天使的“三观四步法”就很好，是个很有用的思路工具。首先掌握基本程序、脉络和关注点，忌眼高手低，别一上来就希望审查最复杂的，比如上百亿美元的交易合同，需要有个循序渐进的过程。合同审查要有思路、章法，也要有大局观才行，国际并购交易中的合同审查，也需要这样的“点”和“面”结合，有宏观、中观、微观这样的三观，然后按照一定的步骤来完成审查工作。比如，你们提到的合同审查的复核，我也有个说法叫“last-look”（最后一眼）的工作法，在合同审查完毕发出的时候，必须要有这个再看一眼的意识和动作。

二、律师应当充分把握客户需求和项目进程

我理解作为律师，一定要充分把握客户的需求。有一年我们做了一笔并购交易，交易节奏较快，交易进程已经推进到一定程度了，但律师对交易进展的跟进还在后面，他对商务上的节奏没跟上，对交易的进程不了解。所以当我们要求律师去起草和修改交易文本时，我们发现他做不出来，因为他的整体进程和思路已经大大滞后于我们交易的进度了。后来是我们自己对着交易文本去做修改，增加了很多工作量，效率较低。因此我认为，对于外部专业顾问来讲，一定要清楚你的客户核心诉求是什么。他进展到了什么样的阶段，我看“三观四步法”里面，

讲了合同审查第一步的沟通需求，这个是对的，就是要把握客户的需求和节奏。律师只有清楚客户的交易节奏和进程，在哪个阶段，需要配置什么样的团队来服务客户，否则落后于客户的进度，很有可能给交易带来问题。

三、对风险大小是否能够承受的核心商业判断不能依赖外部顾问，公司应当有自己的把握

有时候外部律师不愿意帮助客户去做商业判断。在交易推进中，假如发现某个地方有风险点，但是该风险有多大，怎么去定性，往往律师难以给出结论。我举个例子，有一年我们做交易，标的公司存在纠纷，有第三方要向该标的公司索赔2亿美元，去咨询律师意见，该纠纷潜在的损失有多大，这个时间，你会发现律师很难给出一个很明确的答复。律师可以说，分两种情况，第一种情况，就是全损，损失2亿美元；第二种情况，法院诉讼最后看判决，赔1亿美元，那就是损失1亿美元。但这个结论对于我们而言，是显而易见的，不需要律师出意见我们就知道的。所以这种情况下，依赖律师做决策就会比较困难，因为律师难以给出一个明确结论来。这个时候，公司自己要做商业判断，要在律师的帮助下去做商业判断。因为你自己的风险承受度，公司的情况还是公司内部最了解。所以，公司不能将所有的事情都依赖律师，要有自己的把握和判断，并且清楚自己可以承受的风险程度和损失，尤其是商业判断和把握。曾经有家央企的二级单位，在海外收购后发生了损失，最后把给自己提供服务的国际律所搞上了法庭，其中一个原因是说国际律师没有把合同下的商业风险给自己提示，而是出具了合同没有重大风险的结论。这个事情就说明了，商业风险和合同法律条款的风险不是一个事情，在商业风险的判断上，更多地要依靠公司内部来决定，而不能把这个事全部推给外部律师。当然，有经验的商业律师，他会给客户相关的商业上可能的风险提示，但是毕竟这个不是律师的本职工作，这个客户和律师都要注意。

四、模板合同有用处，但不可随意套用

对于并购交易而言，模板合同能够帮助解决一些问题。跨境并购交易领域涉外合同内容非常广泛，类型很多，可以分出很多类别，例如私有公司收购、上市公司收购，资产收购、小股权入股、控制权收购、合并等，而且不同的行业有不同的交易合同惯例。同时，在不同国家的司法领域下，相同类型的收购方式也有很大的差异。比如，上市公司收购的类型、路径在不同国家就存在差异，例如加拿大有公开的要约收购（Public Offer），也有所谓的安排计划（Plan of Arrangement）等收购方式，在不同的收购方式下，合同和相关法律文件是不同的。但是很多交易里面的事情有共性，所以针对存在交易范式情形下，如果有模板合同工具，还是很有帮助的。比如，美国律师协会就出了不少的交易模板合同，这些对律师起草合同是很好的基础。

但有时候我们不能拿模板合同随意套用，因为交易的环境是发生变化的。例如近两年的新冠肺炎疫情发生了，标的经营受到了影响，那到底交易是否要继续？有人认为，那就不做了，因为我们理解是构成了交易中的重大不利变化。这个重大不利变化可以让买方从交易中撤出，不进行交割。但也有人会说，新冠肺炎疫情到底算不算在重大不利变化中还要看合同的写法，如果合同里面没有明确把新冠肺炎疫情作为重大不利变化的排除项，那么恐怕也可以被视为重大不利变化。所以交易合同是一个动态变化的过程，是需要根据实际情况去处理的。重大不利变化（Material Adverse Change/Effect）这个条款，这么多年，这么多的律师，投行聪明的脑袋在谈这个条款，你看新冠肺炎疫情出来之后，合同还是会出现争议和问题，这也说明了模板合同需要动态地进行调整，合同是根据社会生活或者情况的发展来不断变化的。所以你们这个合同模板也需要动态地进行调整，这是个很有意思的事情。

五、合同是一连串事件的集合

合同就是一连串的商业故事集合。对于能够熟知合同审查、谈判等全程的

专业人士来说，单从合同本身，就能从中读出其商业故事。这是件非常有意思的事情，有时候去阅读一些交易文件，或者读一些上市公司公告，我都可以脑补，在文本背后发生了哪些商业方面的互殴或博弈，或者是双方在合同谈判的时候发生了什么样的争论，这是非常有乐趣的。合同是一连串事件的构成，也是交易双方博弈、利益、风险平衡的体现，有经验的合同审查者可以从一个合同中读出它背后的故事。我们去审查合同，就需要把这些背景、这些双方的需求、纠结把它们都读出来，然后才能更好地去进行审查、修改和谈判。

比如，关于私募股权基金公司黑石集团和潘石屹SOHO的交易，之前我曾经撰写文章，提出黑石私有化SOHO的交易应当进行国家安全审查。黑石作为一个美国基金公司，已经收购了中国大量的不动产资产。进行国家安全审查，不一定意味着该私有化交易一定会带来国家安全风险，但审查这个步骤或者程序应当有。经过国家安全审查后，黑石作为一个美国基金公司，是不是要答应一些条件，履行一些承诺。例如，当时安邦收购美国华尔道夫，最后虽然政府同意收购了，但提了要求，要求安邦在收购后，就不能再去做酒店了，而要改成公寓。再回到黑石私有化SOHO的交易，也有很有意思的地方。当时双方宣布交易后，首先需要完成国家市场监督管理总局的审批，审批程序进行了几个月后，总局还在要求补充交易材料时，在交易最终完成日之前，黑石就站出来说要放弃交易，这就很有意思了。

在该交易中，黑石不承担中国监管机构审批的风险。所以，基于公开披露文件及黑石的交易行为就可以理解推断出，黑石在交易之初，是有监管审批顾虑的，但可能还是觉得，经过一段过程后，最终能够拿到中国的监管审批。只是在黑石和监管机构打交道的过程中，开始感觉到这个交易可能难以通过审批，因此提出来终止交易。

美国高通收购荷兰恩智浦半导体的时候，中美关系处于较为紧张的状态，因为中国监管机构没批，过了交易最终完成日，只好终止交易，并且支付了20亿美元的反向分手费。

所以，从黑石和SOHO中国的交易文件中，你可以读出双方当时对于监管机构审批的担心，然后如何在交易文本、法律文件中去体现这些担心，如何分配风险。

从跨境并购的视角，合同的本质是实现商业目的，分配法律风险和其他风险的工具。因此合同本质上是双方达成交易、进行风险分配的一个工具。所以我们在看交易、看交易合同的时候，要牢牢地把握各方商业目的的实现，同时在合同中实现可接受的风险分配。

六、作为总法律顾问，应当如何去衡量交易中的商业风险？

实际上，我们法务工作在做的一切，都是为了在商业可行的情况下去控制风险，或者叫作提供商业可行的法律风险控制解决方案。因此，从这个角度，法律的工作和商务的工作都是相通的。本质都是在控制风险的前提下，将事情做成。把握商业目的，控制法律风险，底层逻辑是一致的，是一件事情的一体两面，都不可偏废。

另一个很重要的能力是判断能力，总法律顾问要有能力去判断风险多大，风险的可接受度，公司对风险的承受力，风险是理论上的风险还是现实的，出现了之后有没有机制进行控制，最大的风险度是多高，这个判断能力和经验、商业嗅觉等息息相关，需要长时间的工作和思考才能培养出来。

这个判断能力在重大交易合同的最终落地上，能起到关键的作用。

七、跨境并购交易结构设计的基本框架、思路及考虑因素

从跨境并购交易结构设计的角度，需要考虑如下多方面因素：

第一，需要从商业角度去考虑买方和卖方的交易诉求。针对买方诉求，例如假设我是一个私募基金买家，我可能买了之后几年就卖了，针对这种情况，在哪里设立收购实体，要考虑未来方便上市或者几年后出售，以及交易税收成本最优等多个方面。针对卖方的诉求，比如卖方就是为了卖公司，要把公司的潜在负债一并处置掉，那这时就不能不考虑资产交易的交易结构。

第二，要结合当地监管要求。交易结构设计时，需要考虑当地的监管要求。假设收购一处非洲石油区块，想通过公司收购的方式可能还不行。因为通过公司收购往往是为了规避国家或者国家公司的批准权或者优先收购权，或者避税。但国家的政策很可能规定，不管是收购公司还是资产，国家公司都要审批，国家公司都有优先收购权，国家都要收税。那在这时，通过公司收购可能不能达到目的。例如，当年中石油希望收购哈萨克斯坦的一处油田，转过去收购油田上面的加拿大上市公司以规避国家公司的优先收购权。但是公告之后大家都知道了，结果当地政府就直接通过了新的法律，规定不管是收购资产还是收购公司，国家公司都有优先购买权。这个通过交易架构来绕过国家公司优先购买权的方式没有走通，这也是需要在设计交易架构的时候考虑的。

第三，需要考虑其他利益相关方的诉求。比如，在交易中，如果希望去投资一个和中国没有双边投资协定的国家或地区的公司，这个地方政治环境不太稳定的话，投资风险可能会较大。此时就需要考虑找有双边投资协定的国家，在这个国家去设立实体，再去做收购。比如，要考虑交易融资的诉求，中化收购先正达时，在我国香港设立了一系列的收购实体，然后要在下面做一系列的融资安排，实际目的是在融资的时候，实现不同层面的抵押融资以及不同贷款方的权利义务的分层，确定谁的担保权益优先，谁的担保权益劣后，等等。另外，早些年的价格转移支付等，也是交易架构设立的考虑因素之一。比如，在收购一家公司后，考虑在体系外再设立一家公司，来实现利润和成本的转移。

因此，交易架构设计整体而言是一个通盘的思考。从交易之初需要梳理各方商业目的，以及交易中可能存在的风险，各利益相关方的诉求，再去做一个综合的方案。这是客户、投行、律师、会计师和税务顾问一起来完成的事情。

八、关于跨境并购交易谈判

这些年从事跨境并购交易领域，经历过很多商业谈判，也面对过各类谈判对手方，例如投行、国际律师、大石油公司、私人企业、各地的政府、阿拉伯王室、世界500强公司、工会、非政府组织（NGO）、福布斯榜单上的世界级私人富豪等。

但不管交易标的多大，谈判对手方是谁，不管我们有没有意识，谈判是蕴含规律和法则的。我个人在西方式的谈判背景下比较推崇哈佛谈判法，举个例子，哈佛谈判法里面讲道，你想要和对方达成交易，你和对方之间一定是有一个“可能达成协议的空间”（ZOPA，Zone of Possible Agreement），否则是不能达成交易的。因此，不管是否使用谈判技巧，这个客观规律是存在的。不同背景的专业会影响我们，带来不同的思维模式，但在我们做跨境并购交易的人眼里，没有什么是不可谈的，只要找到ZOPA，都可能达成交易。

在商务谈判中，谈判也有表演的部分，双方的那种情绪比如生气或者发怒，对方都是可以知道的。如果是一群有经验的人谈判，双方其实大概知道平衡点在哪里，只是需要花点时间来达成最后的结论。

谈判一般不能直接很容易就答应，一个国际商务谈判中的一个经典问题：在商务谈判中，一方是不是需要为了表示善意，在对方没有让步或者同意一方其他要求的情况下，作出让步或者同意其请求的姿态？

A.需要

B.不需要

一般来说，在国际商务合同谈判的背景下，很少有所谓的“为了表现我方善意”，我方先主动让一步的这种说法。

一方的任何让步，都需要换回对方的一点好处，无论这好处是否和一方的让步对等。在商业谈判中，不要让自己陷入一个“我先让”，认为对方就不好意思不让的情况。尤其在面对一个谈判强势对手的时候，主动的退让拿不到任何对方的让步或者相应的好处，可能会在未来的谈判中处于更加不利的地位。

谈判可能出现发怒、生气的情况，或者对方拒不接受的情况。例如，无论你说什么，对方都拒绝，你就问对方，你为什么不愿意答应，你担忧的点在哪里？但对方说，我就是不喜欢你的说法，就是不喜欢你的提议。这种情况，你就很麻烦了。所以“高质量人类”，是要经常进行商业谈判的，一个人要经过多少商业谈判，才能成长为真正坚强的人？成为一个真正坚强的人，是要打过一些硬仗的。

单从谈判工作而言，身体和意志是很重要的。很多谈判就是在磨意志，因为没有谈完就不能走，需要有强悍的意志。很多时候，双方就在那里互相伤害，互相指责，相互指责对方不合理，这种情况下，如何管理局面？谈判中适度吵架是可以的，按照交易思维来看，这个就和男女关系一样，不吵不行的，要适当吵一吵。如果不吵，那代表没有交易意愿了。但如果吵得太狠，那也谈不成了。

我想起来当年谈过的一笔交易，交易对方资产在阿根廷，当时谈判的时间表非常紧张。对方直接从阿根廷飞来谈判，我们的美国律师给了一个建议，建议打疲劳战术，等对方一来，就直接让对方从机场去会议室开始谈判，先谈不重要的东西，和对方磨，等把对方磨到累的时候，再谈重要的东西。但是，结果谈到半夜三四点，对方毫无倦色，我们这边的美国律师居然有点累了。后来我们得出的结论是，阿根廷的牛羊肉好，所以这些人身体就是好。这个也说明了，要知己知彼，否则谈判策略可能不管用。

九、关于行业合同

我本人是国际石油谈判者协会（AIPN）的董事和标准合同起草委员会的委员，国际石油谈判者协会为一个非营利组织，在全球有数千名的专业人士、学者和政府人员、能源公司高管。作为国际石油谈判者协会董事会成员，我们每个月要开一次董事会，讨论全球会员的情况、组织发展以及标准合同的制订、发展等。会议一般分成不同的地区，每个地区的委员需要介绍自己所在区域本月最新的动态。国际石油谈判者协会有一个标准合同库，在国际石油界得到非常广泛的适用。这些合同有不同年代的版本，根据行业发展、司法实务发展等，来进行动态更新，同时查漏补缺。我们要做一些市场活动和研讨交流，为实务的发展提供助益。

这些行业合同对于并购交易也是有影响的，因为如果你不懂行业合同，就很难在行业交易尽调过程中、交易的文本中去体现行业特性的风险，无法更好地保护自己的利益。行业标准合同既体现了群体的群策群力，也能把合同做得更好。所以，我建议法天使也应该搞行业合同，同时还要动态地进行修改、调整，这对所有人来说，都是好事。

合同洞见

现代社会商业主体获取、保持、分配财富的最重要手段来自合约。从行业、商业、专业的角度去审查、解读、谈判乃至达成和履行合约，保持对合约潜在风险的敬畏态度，是每个市场主体在商业活动中都应有的意识。

图书推荐

《海外并购交易全程实务指南与案例评析》《并购大时代：资本的谋略与实战》《跨境并购的十堂必修课》《跨境并购的十堂进阶课》《国际油气跨境并购全程实务指南》《并购之道》。

Takeovers and Freezeouts by Martin Lipton and Erica H. Steinberger. Structure of M&A Contracts by Kenneth Adams.The M&A Process: A Practical Guide for the Business Lawyer by ABA Book Publishing.

校稿人：陈婉琼

劳阿毛，本名劳志明，著名并购专家，毕业于中国政法大学，专注A股上市公司并购重组近20年，现任华泰联合证券董事总经理，并购业务负责人，执行管理委员会委员，主持过数十余起上市公司收购及重大重组等操作，数次参与证监会关于并购重组的课题讨论及相关法规修改，在上市公司并购重组领域具有丰富实务操作经验，曾被《新财富》杂志评选为本土最佳投资银行家，著有《劳阿毛并购新说》。

注册制背景下A股并购那些事

劳阿毛

一、投行并购业务集中的领域

并购重组是国内证券公司投资银行业务中很重要的部分，主要是围绕着证券市场开展的，其中大部分业务集中在A股市场。简单而言，要么是对上市公司的收购操作，要么是上市公司收购非上市资产，或者是上市公司之间的合并交易。其实，并购重组业务并非只在证券市场才会发生，但国内投行并购业务多数集中在资本市场相关领域，是有内在逻辑的。

首先，投行并购重组会聚焦在大企业和大交易层面，随着A股证券化的逐年提高，目前各行各业比较有规模的企业基本上都上市了。从这个角度而言，大交易与A股上市公司的关联度与竞合的概率就比较高。

其次，上市公司并购重组的活跃度明显高于非上市公司，主要是上市公司可以借助资本市场的金融工具进行并购，比如融资以获得现金，发行股份或可转债进行支付等，这些都是非上市公司单纯依靠经营现金流积累或者银行债务融资所不能比的。除了工具手段便利，上市公司做并购扩张的驱动力也更为综合，可能为寻求基本面的产业协同，也可能单纯为了刺激股价上涨而进行并购。

最后，从券商投行的自身利益而言，围绕着资本市场的并购具备牌照业务属性，相关法规要求构成行政许可的并购重组必须聘请券商参与其中。这不仅保证了券商在A股并购重组中的法定业务机会，同时也基于牌照的管制会形成制度红利，从而让券商在这个领域的业务更为划算，与其他机构相比也更有竞争力。

二、并购重组的类型区分

对于并购重组有很多的定义，并购重组就是针对股权和资产的交易，就是民法上的逻辑平等主体之间的买与卖。如何给上市公司并购重组进行分类呢？这需要分析并购重组的法律形式或者底层逻辑，这个逻辑就是要看并购重组交易发生在哪个层面，交易针对的标的对象是什么。

上市公司并购重组可以分为两大类，一类是基于上市公司的股权层面，另一类是基于上市公司的资产业务层面，前者是针对上市公司股权的收购，后者是上市公司作为主体的对外收购。

简单而言，前者是解决上市公司股东名册中都有谁，后者是解决上市公司资产负债表上都有啥。当然，这两种分类也是有重叠的，比如发股购买资产等行为，上市公司股东结构和资产负债都会发生变化，最极致的变化就属于借壳上市了，上市公司控股股东和主营业务都发生了改变，甚至连上市公司名称和注册地等都发生脱胎换骨式的变化，只有法人主体资格和股票代码保持不变。

上市公司股权层面的并购也有很多细分类，比如基于控制权是否变化可以分为上市公司的收购行为和非控制权的权益变动行为。是否构成控制权变更及股权变动比例大小不同，对上市公司造成的影响差异是很大的，对于信息披露的要求也有很大不同。

当然，还有交易形式层面的各种分类，比如说协议收购，就是买卖双方能够协商一致，达成共识后办理股份过户登记；再有就是要约收购方式，收购人公布收购要约载明条件，明确拟收购股份数量、价格和要约期限，公众投资者自主决定是否接受这个条件；还有就是二级市场增持式的收购，通过股票交易系统不停地买股票，达到法定比例后履行披露义务。这些都是针对上市公司股权收购的交易类型，各有特点，满足不同的诉求也有不同的披露义务。

上市公司对外的并购重组即解决资产负债表项下的交易，分类的逻辑主要看交易规模和对主营业务、上市公司股本股东结构的影响。比如，不同规模的并购交易决策审批程序也会有不同，有些交易仅需要董事会批准即可，有些上规模的就需要股东大会决策，有些涉及发行股份或者构成借壳的则需要证监会批准等。

另外，披露的要求也有很大差异，通常而言越重大的交易对披露要求就越为严格，很多借壳交易要等同IPO披露，动辄披露几十个上千页的文件也都是常态。

三、并购市场的演变及驱动逻辑的变化

从2007年至2017年这段时间，大概是A股上市公司并购频率最高的十年，最近几年并购市场发生了很大的变化，并购的驱动因素和交易数量均发生了很大的变化。并购逐渐在回归产业的本质逻辑，因而变得更为理性。

企业做并购的几层驱动逻辑，主要包括投资驱动、产业整合驱动和证券化套利驱动。简单地讲，企业做并购要么希望能买到物有所值的标的，并且能够分享被并购企业的成长，要么寄希望于与被并购企业实现产业整合协同增量，或者简单地通过证券化过程实现估值的套利。

上述几点并购的驱动逻辑重心也逐渐在调整和演变，上市公司并购的核心驱动已经由前些年的简单证券化套利，转到追求产业整合带来的协同上来。其中很重要的特征是，目前已经开始出现上市公司之间的合并整合诉求，这完全是基于产业整合逻辑而非证券化诉求。

出现这种现象主要有以下几个原因：首先，随着A股市场的证券化率提升，加之最近几年注册制背景下的IPO常态化，上市公司平台属性的溢价越来越不明显，一二级市场之间的估值差基本被消除；其次，这几年市场环境不太好，尤其很多民营上市公司举步维艰，即使是行业头部公司也都面临着很大的竞争压力，抱团取暖取得绝对的市场竞争优势地位是企业非常需要的。

还有，从股票估值角度来看，A股市场已经告别了小盘股的高估值时代，基于基本面价值投资逻辑，产业龙头公司更容易有更高的估值。两家200亿元市值的上市公司合并后市值可能达到600亿元，具备“1+1>2”的逻辑。有些公司在产业链的上下游或者不同地域之间有互补，或者有的公司产品研发能力强而另一方具有渠道或者品牌优势等。

另外，企业家的心态也在调整，传统的“宁为鸡头，不为牛后”的思维也有改变，尤其是2018年大股东股票质押爆仓让很多企业家认识到，做老大有做老大

的风光，当小股东也有小股东的优哉与实惠。无论是企业还是个人，在市场变化的洗礼中都变得越来越理性和务实。

四、投行如何促成交易？

并购通常都是“企业NO.1”之间的巅峰对决，能把企业做到收购或者被收购的规模，老板都不是普通人，通常客观能力超强而主观多自负，投行能与之形成有效沟通已经实属不易，交易撮合要做到管理其预期进而影响其决策，谈何容易。另外并购对企业多是大事，不决定其生死也关系到重大商业利益，在并购交易决策上，客户心态必然是敏感复杂的。

投行在交易中的居间地位，决定了其很难获得交易双方的绝对信任。道理也不难，投行在并购交易的利益格局中，与交易双方都无法在深层次实现同舟共济。简而言之，无论受买与卖哪方委托，投行的天然职责都是以达成交易为终极目标的，而客户要承担并购交易最终的商业后果。客户是来生死决斗的，而投行更像个旁观者。

对投行而言，并购交易撮合既要提升交易达成概率，又要维系和客户之间的信任关系，而这两个目标有时并不在相同的维度。所以投行的交易撮合看上去要解决利益平衡和共赢问题，但实质上时刻在解读人性。从这个角度而言，并购是艺术而非科学，相同的公式也无法确保结果的确定性。如果想吃这碗饭，那么该怎么办呢？

第一，要对并购交易的可行性有判断。

并购交易，尤其是上市公司的并购交易，需要严格的合规性支持，这是并购最重要的前提，无法通过审批的交易注定是失败的。上市公司并购重组的相关规则复杂又多变，必须对规则非常熟悉，才能在方案设计上游刃有余。尤其很多交易基于商业诉求可能又涉及创新与突破，故此对规则及背后的指定逻辑也要有概念，这样才能在可行性基础上拓宽交易方案设计思路。

另外就是商业层面的判断，比如基于估值预期能否在评估技术上得以实现；又如交易本身是否涉巨额税赋而让成本无法接受；再如后续的整合难度如何，市场的股票估值是否能够支撑最基本的商业逻辑等。

第二，要对交易各方诉求的匹配性有判断。

市场上有纷杂的并购交易诉求信息，有人想买，有人想卖，投行的首要职能不是简单的见机会就上，而是基于经验和判断对交易诉求的匹配性进行专业筛选。所以，撮合交易的成功率是判断力导向而非机会导向的。投行应该像有经验的猎人不停搜寻，最终能够通过点杀而一击致命，而不是在丛林中手持大棒任意挥舞。

跟选择投资项目差不多，理性的交易撮合方式是面对多数交易信息，是需要简单判断、果断放弃的，每个机会都尝试的成本实在太高。所以，无效的勤勉对于并购交易撮合而言是非常致命的，最终对外展示的是各种不靠谱的无能，对内是精力和自信的损耗，最终甚至会怀疑自己的智商情商，进而怀疑人生。

第三，要有实现利益平衡共赢的方案设计能力。

若认为双方交易条件具备匹配性，满足双方交易诉求需要专业方案来实现。因为各方诉求多数会形成冲突和博弈，所以并购交易最终达成的都是脆弱的平衡，各方能够接受但不甚满意是常态。并购交易的利益主体并非买卖双方，还可能会涉及监管机构、管理团队和员工、债权人甚至地方政府。

不同主体在并购交易中的诉求差异很大，买卖双方自然不用说，买方希望成本低而卖方希望能够卖高价。同为卖方的不同股东利益点也并非完全一致，创始人股东不仅关注商业利益，可能也会关注企业未来的发展，还有对管理层、员工和地方政府有所交代。而财务投资者多半是完全利益导向的，但持股成本不同的财务投资者的预期也会有所不同，所以有些并购方案会对股东持股进行差异化定价。

创造增量是平衡利益最有效的方式，比如在产业层面能够形成协同增量，又如在后续股价上涨时能够从市场赚钱，再如能够获得地方政府或者税收土地等增量支持等。共享增量蛋糕永远比单纯的零和博弈要容易。如果没有切实的当前利益增量，寄希望于未来也是个方法，虽然有画饼嫌疑，但是毕竟给了想象空间，基于对预期的不同判断也是交易达成的重要逻辑。

第四，要善于做理性的客户预期管理。

并购交易的达成通常是买方的乐观预期与卖方的悲观预期的竞合。所以，对客户进行必要的预期管理是很重要的。这点要做到有理有据才能有说服力，否则就会被认定为服务于投行利益的套路。多用数据和案例说话，告诉客户市场通行的作价区间是怎样的，技术上能够实现的估值和条件应该如何，让客户预期回归理性与常识，帮助客户形成对可实现利益的期待。

所以，对买方而言，要有全面的战略思维来支撑并购交易。客观而言，并购应该是战略导向而并非条件导向的，好东西不怕贵而坏东西白送也不能要，成功的并购核心是在合适的时间做了正确的事，交易条件永远不是最重要的。对卖方而言，要解决交易条件和成交概率的平衡，高价格固然有吸引力，但是无法成交就没有意义，另外资金成本也是需要考虑的，今年的9元可能比明年的10元更有价值。

当然，这些事情说起来容易做起来难，不是简单地瞎忽悠，而是要做到有理有据，预期管理需要客户的信任度作为支撑才可以，否则就会起到相反的效果。

第五，控制并购交易节奏，不用蛮力去摘青果子。

并购交易本质是在博弈中逐渐实现平衡和理性预期的过程，无论匹配度多高的交易都需要有个过程，所以在交易中投行也应保持耐心，创造条件让交易双方进行充分博弈，而不是盲目地追求速战速决。尤其是对并购缺乏经验的客户，需要在并购的谈判博弈中逐渐成熟，所以，好的媒婆需要有耐心等姑娘长大。

在交易谈判中也需要保持耐心。多数交易需要有充足的时间来管理交易双方的预期，通过激烈的博弈最终找到交易双方的利益边界，几乎所有交易都是在最后要崩盘时妥协才达成的。这样达成的条件因为来之不易而不容易被颠覆，所以当谈判激烈甚至出现摔东西争吵时，投行也应保持耐心，交易达成的火候差不多到了。从这个角度而言，太容易达成的交易大概率要如烙烧饼般重新博弈，所以交易的快与慢是辩证的，快就是慢而慢就是快。

第六，信任比黄金还珍贵。

上面说了很多投行撮合交易的各种技巧，但是这些技巧的底衬应该是责任心和善意。某种程度上，投行在撮合交易中，要忘掉自身的利益而为交易达成服务，这样才能取得客户的信任，也可能会赢得交易对手的尊重。投行做并购业务最重要的不是把事情做成，而是通过交易撮合获得客户的认可与信任，这是投行业务的立身之本。

投行做并购业务有几种结果，最好的结果是事情能做成，名利双收，积累了经验赚了钱，又获得美誉；其次是事情没做成但是客户的认可还在，留得青山在不怕没柴烧，还保留着最优结果的可能；再次是事情做成了但是客户不满意，最后成为一锤子买卖；最差的就是事情没做成还掉链子，成本最高，效果最差。但是市场中的撮合交易者，多数是在费力地追求最差结果而浑然不知。

要知道，并购交易多数是谈不成的，所以客户维系比结果更为重要。另外如果能够赢得交易对手的认可，那么并购交易撮合会演变成绝佳的营销机会。交易对手后续的交易也可能会形成新的业务，这样即使交易没谈成也收获满满。有的人只能看到碗，有的人能看到粮食，而有的人看到的却是千里沃野。

五、如何理解注册制对A股并购的影响？

多数人对注册制有很朴素的理解，市场尤其是公众投资者曾经把注册制视为洪水猛兽，认为注册制降低了上市的硬性门槛，不再有各种条框要求，所以企业上市会很容易。比如，最近的创业板注册制的推行，使很多规模不大原来上市无望的企业都跃跃欲试，似乎新的IPO堰塞湖又要形成。

注册制下，企业上市会更容易么？

其实，审批管制和市场化都有各自的门槛。在审批制度下，因为股票有稀缺性不愁卖，故多数上市公司股票是没有定价和销售压力的，只要能取得批文就可以了。但是在注册制下，审批门槛不再那么高昂，但也并不代表监管不再把关，多数拟上市公司要面临股票销售问题，要么卖不出去，要么价格低得令人难以接受。简单地说，行政审批门槛下来了，市场门槛却提高了，上市会变得更有挑战。

再举个例子，当年计划经济下，全国电视机的生产牌照是稀缺的，生产能力也是相当有限的，导致电视机很贵，还得凭条子托关系才能买到。后来放开管制，各种电视机厂如雨后春笋般成立，每家都认为赚钱的机会来了，但后来结果咋样？经过充分竞争，99%的电视机厂死掉了，目前就剩下竞争力很强的几家。讲直白点，市场配置资源会更有效率，但竞争的过程会更残酷。

可以预见，如果注册制到来，发行价格和发行节奏不再被管控，多数的股票可能就面临着发行失败。2020年上市公司再融资放松审批，整个市场已经领略了路演推销股票是件多么痛苦的事。想想，在真正的市场化环境中，无论是卖商品还是卖股票应该都很难。华尔街当年就是由经纪人兜售股票的场所演变而来，在中国，股票长期没有销售压力，不是因为股票质量多好，而是因为审批导致的供给性不足。

对于企业而言，因为注册制会消除股票发行溢价，因此会更慎重考虑是否真的要上市。所以当前排队上市的企业，某种程度上也是对注册制认识不足导致，既看到上市的可能性增加，又对后续发行压力判断不足。另外，主动退市也会成为常态。市场大概率会形成“28现象”，好公司股票被推崇而差的无人问津。上市与否会成为相对理性的选择，上市管制形成的红利将不再有。

注册制对投行业务影响如何？

注册制对A股市场会有颠覆性影响，对身在其中的投行机构也不例外。在管制下，投行的核心任务是应对监管而不是促成交易，所以投行的最大客户是监管机构，其次才是企业。投行的角色也有点奇怪，受托于企业但要做监管的看门人。所以，会让企业感觉惹不起离不开，又爱又恨。

注册制下的投行面临着转型，最重要的工作不是拿批文而是定价和销售。所以，投行要聚焦行业，能从投资角度评判企业估值，能建立起有效的投资人网络和口碑完成股票销售。这无论对现有的投行机构还是个人而言，都是非常大的挑战。

简单来说，在注册制下，投行的核心客户不再是企业，应该是大的投资机构。这个逻辑在于，注册制会让中国证券市场由卖方市场变成买方市场。以后投行开年会，邀请就不应该是企业客户，而是各种大金主了，“铁打的金主，流水的企业”应该是常态。

当然，对投行从业者也会有很多改变，投行的核心能力是定价和销售能力，还有就是撮合交易的资源嫁接能力。注册制会影响多数投行从业者的命运，对行业而言是转型，但对个体而言，大概率就是“新人笑，旧人哭”的惨烈淘汰了。时代车轮滚滚前行，碾压在你我身上悄无声息……

注册制对并购交易有啥影响？

有人说，注册制对并购会有很大的影响，因为如果企业都可以直接上市，就没有必要并购了，所以无论是借壳还是发股购买资产都会没戏。这个确实没错，注册制会改变整个资本市场的生态，也会改变并购的驱动与逻辑，但并购会在新的逻辑下更加活跃。

这并不是并购从业者的非理性乐观预期。借壳肯定会近乎绝迹，因为注册制下上市与否都需要琢磨，借壳通常成本高，不是企业首选。但注册制下借壳成本也会下降，中国香港市场比较成熟但有很多仙股存在，在借壳成本不高的情况下，也不排除会有个案发生。

其实，无论是IPO还是并购本质都是交易，企业作出商业决策最根本的因素是利益。在美国市场，多数企业最终会选择把自己卖掉，主要是独立IPO股票很难卖出去。另外，卖给更大的买家会基于控制权溢价和价值的相对性，获得比IPO更高的收益。A股大家更倾向IPO，最重要的原因是IPO的溢价更具有吸引力，当然，中国有“宁为鸡头，不为牛后”的传统思维也是原因之一，但前一个原因更为主要。

在注册制下，龙头公司基于并购整合的动力和手段都会被放大。并购在市场上的玩法和逻辑会由原来的证券化套利转变成产业整合扩张。目前已经有很多上市公司之间在琢磨合并了，并购市场会越来越好玩，当然也越来越难操作。需要站在整合与投资角度来思考并购。在这方面，企业家已经想得更为超前且准备践行。

注册制演进会顺利吗?

注册制嚷嚷很多年了，现在刚刚有个雏形。目前的科创板和创业板只能说是确立了以注册制为目标的改革，其实还是在路上，但总算是有了注册制的方向和追求了。注册制确实不会一蹴而就，也会有各种纠结与干扰。仔细想想，目前的监管、上市公司、投资者和中介机构，都是管制红利的受益者。面临这场触及灵魂的自我革命，确实需要有些耐心才对。

对注册制的演进大趋势还是应抱有信心，客观来讲，是否叫注册制不重要，A股几十年的市场化进程的大趋势是不可逆的。任何人都无法阻挡历史前进的脚步，既然是资本市场，就要尊重市场配置资源的规律，坚信无论道路多曲折，前途都是美好的。

合同洞见

合同的基础是交易，交易的基础是人性。

图书推荐

周国平的《人生哲思录》。

校稿人：周亚丽

特别返场之《劳阿毛并购新说》

劳阿毛

常金光：欢迎劳总，本次对话还是以聊业务为主。第一部分主要聊并购业务，第二部分聊劳总的新书。这本书的内容我觉得有三个层次，第一个层次是并购业务层面的很多干货；第二个层次是关于沟通技能方面，怎么讲课等；第三个层次是这本书里面也写了劳总自己生活中一些很好玩的事儿，所以今天我们也就从这三个层次来聊一聊。

因为咱们的律师和法务朋友当中，并不是每一个人都了解并购业务，这本书里面有一个基础的分类，据说是2008年左右华泰联合证券提出来的，包括产业并购、借壳上市等。比如说，跨境并购专门指涉外的并购，也有非上市公司之间的收购，您这边主要做的是哪些业务？

劳阿毛：我们做的业务要么是收购上市公司，要么是上市公司收购非上市公司，或者是上市公司之间的这种交易，基本是跟资本市场相关的。我们的业务跟资本市场相关是有原因的，一是券商是有牌照的，资本市场的业务通常要有券商的参与，而且很多业务是行政许可类，所以在资本市场的业务，尤其跟A股相关联的业务，券商是法定位置。其实是有牌照溢价的，我们比如能收3000万元，可能市场化服务就值1000万元，剩余2000万元都是牌照价值，所以是有制度红利的。二是现在A股大的交易在资本市场发生的概率比较高，也就是说大的交易和资本市场的交易在天然上会有竞合。现在证券化率比较高，好的企业大多上市了。上市公司做交易用的工具有很多，非上市公司除了贷款，靠经营积累现金流比较费劲，但资本市场很容易解决这个问题，因为它有换股、可转债等各种工具和手段，最终操作难度小。还有一个逻辑是基于资本市场的并购能够在证券市场放大收益。

比如说，要是非上市公司做并购，可能只能考虑到基本层面，买回来之后能不能“1+1>2”，标的有什么样的价值，只是一个产业的维度，但在资本市场就不一样，可能会有其他的价值，比如希望股价能涨。原本可能在基本面的逻辑上是一个消耗，但市场如果认为股价能涨，再配合减持和融资，在资本市场的估值逻辑上其实还有另外一层动力，所以并购在资本市场会更活跃。也因为是公开市场，对于信息披露大家看得多、关注多，跟股价联系在一起，所以资本市场的并购有券商的牌照红利，有证券化所带来的大企业规模的竞合，还有交易手段的丰富，其驱动力我觉得更为综合，这些因素导致了并购很大部分都发生在资本市场，这是第一个问题。

第二个问题，我们并购到底是做什么？并购就是买和卖，所以它最底层的逻辑是民法上的逻辑，是一个平等主体之间的交易，所以我觉得并购就是买了和卖了，但是买和卖在A股的市场里有诸多的分类。分类有不同的维度，我觉得最重要的一个维度是看并购发生在哪个层面，是基于上市公司的股权层面，还是基于上市公司的业务层面？股权层面解决的是股东的变动，这是基于对上市公司的权益变动和收购，也就是股东名册的变化；另一个维度是在上市公司的层面，资产、业务、参股权等在上市公司报表上。并购要么动的是股东名册，要么动的是上市公司的报表。所以分类其实是按照这个维度的，这里边有竞合，比如说借壳上市，借壳是控股股东变了，同时上市公司业务也改变了，最后只是上市公司一个壳没变。还有其他的比如说发股购买资产，可能增加了重要股东，业务也有相应调整。还有其他的分类，包括运用的支付手段等。我刚才说的这两个分类，基于股东名册层面的最极致的是控制权的取得，上市公司的实控人变了，还有虽然控股股东没变，但是重要的股东发生变化，比如二股东持股比例超过5%，虽没形成控制权变更，但要在市场上披露权益变动。5%以下的变动就非常频繁了，从二级市场理论上来讲，每一天各种股票都在交易，所以我觉得股东层面的变化主要是比例跟对控制权的影响，这个是渐进的。这里边还有收购形式的不同，比如协议收购是大家都商量好的；二级市场举牌；还有要约收购，我出一个条件有多少人能够接受，有要约，有人接受承诺，合同成立，把股份买过来，这都是基于股东层面。在业务层面的话，就是资产的买与卖和置换，一个是财务上指标的规模是不是超过了报表100%，或者50%，或者20%，可能不同的比例会对应不同的决策程序。比例特别高，改变主业同时控制权变更，或者用发股购买的形式，那就是行政许可类，需要证监会审批，有的是构成重大资产重组，要披露详细的文件，有的可能内部决策就可以，比如开股东大会或董事会。我觉得基于上市公司的并购重组也就是这些系列的组合，所以万变不离其宗，即都是股东名册和上市公司资产负债表的变化。

刚才说的是法律的表现形式，还有一个维度是商业上的逻辑或者是产业上的逻辑。比如说，是不是构成主营业务的变更，以及公司要做这个交易的内在驱动。像借壳虽然在法律形式上是并购，但内在逻辑不是公司之间的产业整合，只是为了上市的牌照。与为了上学买学区房类似，这种购买行为并不是基于对房子居住的使用诉求，其实是对法律资格的诉求，所以买了壳之后把资产都剥离，会发现没有什么整合，其实就是一个上市资格的驱动。还有基于并购要转型，比如说原来是传统行业，市场不性感，股价涨得费劲，在市场融资也费劲，希望能够跟好的行业相结合，那可能就要转型，譬如通过并购转到比较有成长性的或者有科技属性的行业，所以很多时候并购跟市场的热点紧密联系，从各种科技到互联网、工业4.0、区块链、元宇宙，会发现市场的概念越来越弄不懂，但对股价的影响都非常明显。所以我觉得A股其实有一个特别好玩的现象是，大家都说不清楚一个概念，但不妨碍股价因它而上涨，这个就是A股所谓的概念。我觉得A股的概念就是客观逻辑很扯，但不妨碍股价与其有强关联性，这也是投机市场的一个最重要的特点。

常金光：我对此特别有感受，我在2015年左右的时候主要做科技公司的外部律师，最近10年几乎就是不同的概念在快速地流转，从当年的互联网+，然后到O2O然后又一层一层到区块链，到元宇宙，有时候我在思考人为什么总有一波又一波的概念出来，是因为没有新概念出来的话，就没有办法讨论新的问题了，但这也值得我们警醒，有很多概念是泡沫，是虚的。

劳阿毛：我也想过这个问题，中国的市场为什么愿意玩概念。有一个层面，真正用基本面逻辑能够形成大家对价值的共识，我觉得这个是很难的，因为多数的股民并不懂，大家不能在一个维度上对话，但如果拔高到所有人都不懂，大家都会觉得这都差不多。投资是一项非常难的事儿，为什么各种人选择职业的时候，只要失业了就想去做投资，因为这事儿难，所以高手也不一定能够成功，我用好运气也未必一定失败，所以大家基本上机会均等。就像差生认为，我们都报清华北大，你别觉得你比我多200分，你就能考上，我们考上的概率是差不多的。所以我觉得之所以有概念，是因为中国的投资者普遍对很多东西是没有什么概念的。还有一个就是投机市场，有概念就会真的涨，比如说那会儿美国总统奥巴马要连任，然后有人问奥巴马连任成功，澳柯玛肯定涨停，你信不信？我说我信。果然奥巴马连任成功，澳柯玛疯涨。澳柯玛跟奥巴马有啥关系？啥关系没有，澳柯玛也不是奥巴马控制的家族企业，就是名字很接近。然后我跟基金经理一块儿聊天，我说，从你的角度来讲，奥巴马能够连任，你会买澳柯玛的股票吗？他说会，因为大概率能赚钱。我说你分析一下奥巴马连任，澳柯玛涨停是个理性行为还是个非理性行为？你说它是理性行为，基本面大家都知道没有关联，但要说它是非理性行为，买的人就会形成羊群效应，大家都觉得很扯，但都觉得能涨，最后就买到了涨停，开始买的人赌它能够涨，这个人确实是受益了，这是什么一个逻辑？基金经理跟我讲，他认为这是在中国非理性市场的一个理性选择。

常金光：我觉得这跟我们资本市场的历史有关，我们还没有形成成熟的投资逻辑，还有一个层面是跟传播学有关系，舆论传播本身是有力量的，奥巴马跟澳柯玛在传播上有关联性，于是就产生了神奇的化学反应。

劳阿毛：这个是谐音梗，还有产业上的关联性，比如说过情人节海南橡胶会涨停，因为过情人节某种生活用具使用量增加，这都是橡胶做的，会推动橡胶的产量增加，但其实要是轮胎使用量增加橡胶涨停我觉得有逻辑，情人节橡胶也跟着涨，这有点太牵强了。但不妨碍市场有这种逻辑，我觉得也挺奇怪的。

中国资本市场的逻辑特别逗，我们早年做并购的时候，发现市场讨论某些逻辑，学院派跟实务派差异特别大。有很多我的老师级别的人在市场上发表跟实务相关的观点，一看就有明显的逻辑错误，实务中根本就不是这么回事，但他特别自信地在宣传这些理论，而那个理论在他的逻辑上是能够自洽的。我觉得是他自己没弄明白，又经常给不懂的人讲，讲完之后他们对他都很崇拜，时间长了，他就会认为自己经过研究掌握的是真理，越讲越自信，觉得自己的理论越来越丰富，越来越自洽，逻辑上越来越封闭，然后就把一个特别一般的错误观点视为客观的对的观点。比如说有一个观点，认为中国的市场这么投机，是因为老百姓散户参与太多，散户没有价值判断能力，所以他被套了就割肉，形成了中国市场的投机性，就认为中国股市的投机性的罪魁祸首是老百姓，所以要大力发展机构投资者，把散户赶走，这是很多人的观点。再比如说像借壳，大家都会觉得因为壳值钱，那就去IPO排队，大不了还能卖个壳，本身上市这个平台有价值，所以让大家去排队。这两个观点我觉得听起来都特别有逻辑，但是很多因果关系如果倒置，它的逻辑的关联性依然很紧密。比如，很多人说小孩发烧一定要降温，不降温就能烧出肺炎，其实是因为肺炎才会剧烈地发烧，因果关系是倒置的。散户跟投机市场的关系，是因为市场有投机性，价格跟基本面脱离，导致对股票的投资而言，机构投资者跟散户基本上条件差不多，散户还有散户特有的优势，如比较灵活，跟机构投资者对比，散户并不一定天然地占据劣势，所以散户有生存的空间。成熟市场为什么没有散户，因为它不是个投机市场，它是价值导向的，需要对价值有认知，而散户不具备这个能力，最后基本都被赶尽杀绝。中国的市场原来都是纯散户，现在机构投资者逐渐增加，所以散户的存在是市场不够理性的结果而不是原因，你的市场有这样的土壤它才能够生存，而不是说因为它导致的。包括大家都在借壳是因为上市有溢价，IPO可能排队时间很长，所以要走捷径。就像进一个公园，为什么很多人走后门，一是正门进不去，二是进去一定是有好处的，如果进去没有好处，前门进不去，后门也没有人进，所以一定是既要解决意愿的问题，又要解决条件的问题。因为管制所以会有上市的红利，又因为控制整个节奏很难，所以大家会花成本去走另一条路。借壳其实比正常的IPO要贵，大家觉得在时间上可行性强，在门槛上是划算的，所以本质上这个成本我觉得是行政许可所带来的成本，它是一种替换。

常金光：中国资本市场也就发展了几十年，您能不能从一个具备行业丰富经验的过来人的立场，介绍一下中国并购市场的大概脉络？

劳阿毛：我觉得基本上可以分三四个阶段，刚开始并购市场的机会特别少。一直到2004年、2005年中国资本市场的股权分置改革，在此之前法人股是不流通的，只有流通股流通，这对并购的影响有两个维度：第一是控股股东并不关心股票的价格涨跌，所以控股股东的利益跟中小股东不在一个战线上，甚至是对立关系；第二是没有换股的工具，很多交易做起来就非常困难，没有足够的现金就无法交易，另外不能换股就不可能小吃大，也就是交易一定要有匹配性。客观条件不允许，主观又没有动力，所以那个时候并购基本上是零星偶发的，非常少，局限于大股东的资产腾挪。还有一个逻辑是所有制，那个时候的上市公司大多是国有控股。并购有很强的不确定性，也就是有一定的赌性。对国企来讲，不求有功，但求无过。很多国企领导人是不关心企业通过并购能够实现成长的，企业成长可能对其职位有所影响。那个时候支付工具、交易意愿和资本市场的所有制结构都不支持并购的发展。

股权分置改革之后，中小板创业板出现，涌现大量的民营上市公司，民营企业家是极具野心的。股票全流通之后，股票的涨跌直接跟股东所持有股票的市值相关，市值高低对于股东减持、增发等资本运作效率都不一样。这时候我觉得大家具有通过并购愿意冒一定的不确定性把公司做大的诉求。还有一个逻辑，有的公司上市之后必须通过并购来转型，有的公司上市经过严苛的审核后，营利性和成长性都在下滑。内生式成长不行，就要靠并购转型。有些行业估值不行，也需要找一些概念去拉升估值。基本面的成长性和市场对它的高估值都是能够通过并购实现的。从主观意愿和整个公司的成长性以及估值调整来看，并购的动力就会非常大。还有市场的投机性会放大并购所带来的股价上涨，那会儿并购即便终止股价也会上涨，因为市场认为你存在并购的念头，股价就应该上涨。所以那时候大家就都折腾着要并购。市场将换股作为支付工具后，能够蛇吞象，还能解决上市公司的支付问题，还有后续股价上涨带来的收益。交易后股价如果翻倍，相当于交易对方换来的股票的商业利益能够跟着翻倍。某种程度上，资本市场的股票涨幅能够弥补交易作价的不足，对价便宜点也没问题，因为交易后股价有弹性，有动态的逻辑来评判并购里的利益设计。因为有资本市场放大的增量的逻辑，所以那个时候并购特别火，从2005年、2006年一直火到2013年、2014年，但看统计数据是从2016年、2017年开始剧烈下降的，这是因为市场的统计数据有一定的滞后性，从谈判到通过审批起码滞后半年到一年。

谈到并购，不同的角度也有不同的解读。企业眼里的并购跟投行眼里的并购是不一样的。客户客观地认可你的专业性，但主观上总觉得投行跟企业不是一伙的。客户给你钱，本质上来讲，他希望你不能以居间的立场来看这个事儿。这事不但要做成，客户的利益还要最大化，因为客户付钱了，所以从委托关系的角度，客户不允许投行有明确的居中立场。但是从投行平衡交易的角度来讲，你必须居间。所以投行服务一个交易和客户，让客户从内心喜欢和接纳投行，其实是天然有矛盾的。

常金光：劳总的新书叫《劳阿毛并购新说》，有人问为什么叫这个名字？

劳阿毛：阿毛这个名字是高中的时候同学给起的外号，当时我们学鲁迅的《祝福》，祥林嫂反反复复提到阿毛被狼吃了。我们在学课文的时候，其实觉得挺有趣的，在特定的年龄，当你不足以体恤成年人的悲伤的时候，所有的悲剧故事都是笑话。我上课被要求读课文，因为当时我瘦小干枯的形象跟课文里描述的阿毛如出一辙，后来老师说，你有没有发现你跟阿毛很像？同学就开始喊我阿毛，还有的喊小毛，高中的时候我的本名就逐渐被忘记了。甚至也会有笑话，我喜欢踢球，体育老师就说小毛你又来踢球了，那个时候踢球的学生学习成绩一般挺差，老师问，小毛你成绩怎么样，我说还凑合，老师问排名多少，能不能排进前100，我说能，他说上一次模拟排了第几名，我说第一名。体育老师特别惊讶，因为第一名的名字劳志明他是知道的，但他不知道是我。后来我在网上注册新浪微博的时候，我的真名没注册上，我想说那就叫阿毛吧，一是这名比较有个性，大家容易记住；二是名字不长，还能跟我的姓扣上，大家也知道是谁。我在网上有时候讲段子口无遮拦，用真名多少有点压力。这书就是在网上写文章的积累，所以书里边的文章风格比较随意。书里的文章有几个特点：一是基本上看不到案例，怕影射客户，涉及保密信息。二是基本上不涉及统计数据，因为太麻烦，你得为数据负责，所以大多是一些定性的描述。再有个人观点不一定准确，所以就用比较自谦或闲扯的方式聊一聊这种比较轻松的行文风格。三是文章尽可能避免时效性。我写文章积累到一定程度，有人跟我说可以集结成册出版，我找了个在出版社的同学，他说领导觉得比较小众，需要出赞助费，我就没弄。后来中国法制出版社的编辑找到我，她觉得关于生活的那些文章也挺好玩，太专业的东西可能不一定有特别好的传播效果，而且很多生活里的思维方式和价值观跟并购里的处理方式、内核的价值观其实是吻合的。最后就这么出版了，加印了6次，一共卖了不到5万本。编辑说属于畅销书。客观来讲，这本书确实对我很有提升和帮助，因为我之前写文章的很多观点，其实要反复思考提炼和修正，最后成熟之后形成体系。出书其实加深了印象，出书、直播、写段子、讲课都是强化和学习的过程，让我的思考变得体系化。另外对营销也有好处，别人觉得你是一本书的作者，销量又不错，所以就会认为你起码是在行业里的。

常金光：能不能大概给我们介绍一个项目，包括具体流程和所需时间，以及印象比较深的事儿？

劳阿毛：故事有很多，但不好介绍具体的案例。投行业务有三点：第一是能获得好的业务机会；第二是能把项目做成和做好，做成是前提，如果做不成也很难做好，这是过程完整性和客户及市场对你是不是正向评价的问题；第三是通过业务跟市场及客户形成良性的互动关系。投行得能把活拿来且干好，还能形成正向的积累或者互动，那就是做得不错。比如说，从承揽客户的角度，我最喜欢的承揽方式是对方在很早之前跟我打过交道，当时的事没成，但他一直对我念念不忘，现在有一个比较务实的事过来找我，基于对我的认可把事情交给我。最佳的营销状态，也是最稳固的结果，就是所谓的慕名而来。最好的营销方式是让客户能够看到你，有事能够找到你。我经常说，我们就像协和的“一把刀”一样，永远处于坐台的形式而不是夹着药箱去做营销，我觉得这个是最重要的。客户如果是基于认可把项目交给你，虽然有一定的压力，但几乎不会被竞争对手抢走。比如说，去协和找某个“一把刀”手术，住院的日期已经定了，这时候县城某个医生说这个手术我也能做，而且比协和便宜，你不会想正好有这便宜机会。有时候我说营销方式是“婉拒”，其实是很难的，虽然有点开玩笑的成分。婉拒说明你对不靠谱的事情有识别、有判断，注意机会成本的投入，不是说活儿多到已经干不过来了，而是因为有选择，这种选择的过程中间也会反向地形成一定的竞争关系，客户就会觉得我们档期挺紧，我们是要挑着业务做的，小业务非得找我们就得加钱，会产生这种效果。有一个项目我们去竞标，去了三家券商，我们介绍了我们的市场地位，最后比我们报价低的券商中标。在客户对你差异化服务没有认知的情况下，只能从风险防控的角度选一个最便宜的。后来这个项目做到中间就终止了，别人就跟客户讲怎么没找华泰，找华泰的话这事没准就成。客户老板就跟着中间人找到我这儿来，见面后他说我看你特别眼熟，我说你们的竞标我们也去了，没中标。他说当时我不知道你们这么厉害，去那几个投标的券商都说自己是不同角度的第一，听起来都挺厉害。面对营销语言，通常人是没有耐心的，因为你会怀疑对方的动机，既怀疑动机，也怀疑其判断力，你也不愿意被别人推销的套路蒙蔽，潜意识里就有防守意识。撮合交易的时候，很多老板的决策要力排众议地去做，下属都觉得这事可干，这事儿八成要黄，因为老板心里没底。第一他感觉下属都觉得这事可行，这事儿肯定不可行，因为下属作为不是最优秀的人都能看出来的不叫机会；再者下属这么想干成的事儿对下属可能有利，对老板个人不一定有利。所以老板决策时就会谨慎一些，下属越劝，老板可能越不做。但下属如果说这事不行，有风险，老板可能就觉得这可能是企业大发展的机会，下属不具备能力抓住机会，陷入风险跟收益相匹配的逻辑。大不了干不成，干不成老板也甘心，因为是其个人决策。我觉得个性化的方案设计真的要解决问题，并且要站在可行性和客户利益的角度，这个其实不容易。

常金光：做并购交易结构设计时有哪些常规的分类和套路吗？

劳阿毛：前提是方案一定要有针对性，要清楚客户的客观条件和诉求，再者一定是可选择方案里的最优方案。首先保证结果的确定性，其次保证实效性或者低成本。

以一个案例为例，有家民营上市公司的业务客户主要是政府机构，就希望跟央企绑定，但大股东又不想完全出局，非公开发行融资等引入的小股东愿意将股权集中打包出售给央企，相当于在大股东不变现的情况下，愿意引入央企作为二股东。问题在于，一是过来谈判的央企很多，很无序，方案迟迟无法确定；二是执行过程中无法保证有人不反悔，央企也不好跟国资委解释定价合理性。投行在技术方案上很难解决商业利益的分歧，不能解决条件的根本性差异。后来我建议别用协议转让的收购方式，采用部分要约收购。一是可以解决出现半截工程无法跟国资委交代的问题，央企发起25%的部分要约，统一要约条件，如果没达到预期，全都不收；二是采用要约收购的底价，按照法规的要求选的价格来跟国资委解释合理性很充分，可以免责。这个方案既能避免一对一的谈判，又能避免中间的不确定性，还可以充分解释定价合理性。最后这个交易就做成了，这就是基于经验的方案的转变。

再讲下交易撮合。举个例子，买家要收购一家上市公司，买卖双方要见面谈判，见面之前我让卖家给出一个比较实在的价格，卖家说我的底价是4亿元，少于4亿元肯定不行。我说咱这交易要速战速决，就不要漫天开价就地还钱在这磨，没准开一个不切实际的高价就把对方吓走了。其实这是我对他做的预期管理。然后我对买家做的预期管理是把平均成交价格拉出来，跟买家说收购这种质地的上市公司的控制权，起码要4.5亿元以上的现金。对买卖双方做这样的预期管理就是为了让双方的诉求有竞合有重叠，有重叠才有交易的可能。预期管理一定是建立在有数据支撑的基础上，最好是让他们中间有一定价格区间的竞合。这跟二级市场股票的撮合竞价是一个道理，买家和卖家都能够接受的价格，双方的最高价和最低价能交叉，交易就有空间，没有交叉的话，需要大家继续去谈。我的经验是，15%之内的价差基本上可以通过谈判来弥补，因为大家都会有一定的预留空间。双方见面一定要提供价格的意向，在此基础上进行谈判。第一次见面时卖家说肯定不能低于4亿元，希望能在4.5亿元到5亿元之间，4亿元以下就不谈了，4亿元到4.5亿元之间也很难，我们希望能在4.5亿元左右。其实这种表达基本代表卖家能接受4亿元到4.5亿元。

谈判的中间人很重要，我们一般情况下会跟客户讲，谈判如果要想追求效果就要往真实价格上靠拢，允许预留空间，但不要预留太多，否则可能会失去这个机会。作为中间人，要给买卖双方做相应的预期管理。另外我们也会跟卖方讲，要平衡成交概率和商业利益之间的关系，为了多卖5000万元，第一面就把对方吓跑，那就失去一个交易机会，还有为了能够多卖2000万元可能将交易难度翻几倍，这对卖方未必是利益最大化。最好的结果是买方觉得价格可接受，但不是特别满意，想降点价最后没成功只能接受，这是交易平衡的最佳距离。

继续说4亿元的这个交易，因为涉及要及时停牌，双方见第一面之后相当于交易价格4亿元这个事儿基本上确定了。买家说4亿元可以，不用继续谈判了，让律师开始准备法律文件的时候，我跟买家说这个价格我想跟卖家再谈一下。买家就觉得有点奇怪，他都接受了为什么我还要继续努力。我说我认为有可能还有空间，然后我就跟卖家说买家其实没还价，大概4亿元我觉得基本上能够形成共识。但从买的角度来讲，不能完全不讲价，所以我说你再稍微让点。他说没有空间了，我就让他考虑一下，两天后再定。两天后我就跟卖家说，买家还是要稍微再便宜点，卖家说一次性付款的话3.8亿元，分两期付款就高一点。看似他在价格上让步了，其实是用支付节奏进行了交换，每一次的让步是用条件换来的，而不是硬让步。硬让步是像积木一样，从下边搭叫硬让步，从上边拿叫软让步。每一步都胶着，用条件来换，这个就叫滚木法。你跟我谈价格，我就跟你谈节奏，比如说你觉得价格不合适，想再便宜点，那就一定要支付节奏。每一个条件的争取不是我平白的让步，而是有所交换。这种交换根本上没有破坏利益的平衡，有来有回这种回合的概念，谈判才胶着，他觉得每一个条件都是换来的，才会珍惜交易机会。然后我说行，我去跟买方说一下，你们内部也商量一下。最后我说，支付节奏还是分两期，价格少2000万元，对方就说你这有点过分，内部商量一下，我觉得很难。一个人要是说条件很难还愿意商量，潜意识这事基本上有戏。最终他说第一个条件能答应，但内部已经反弹得非常激烈了，大家已经开始寻找替代选择了，第二个条件要是想答应一定要签约打定金进入执行阶段。我为什么要去替买家砍这个价格呢？是为了让交易的条件稳定性更好。从买家的角度来想，他会觉得在最后很费劲的情况下讲下来2000万元，所以对最终的价格心里无比认可，这样就会把这个交易扣捏得很死。如果一开始一拍即合就4亿元，双方都会觉得对方欠自己人情，都认为自己还有空间，这样的交易我觉得是不稳定的。

常金光：您现在在五道口金融学院讲课，从没那么擅长讲课到越来越擅长大概经历了什么过程？请您对在线的朋友讲一些关于讲课的建议。

劳阿毛：你要想一想别人对一个人讲课的兴趣的内在逻辑是怎样的，第一最好要欢乐，没有人会拒绝一场好玩的课，就像脱口秀一样。第二我觉得在好玩的情况下，听众还能够有所收获，这是最好的。要把课讲好，专业的东西就要通俗化，因为专业的东西容易上纲上线，特别专业大家会觉得理解得非常累，但可以举一个例子将专业的东西通俗化，大家理解起来更容易，又会觉得好玩。再者讲课的内容里最好有自己的总结和认知，大家都愿意跟有看法、有观点的人交流。我们不是演员，不是说一定要给听众带来多少快乐，我们通过讲课做营销的一个前提是让听众知道我对业务是有理解、有操控能力的，讲课是能展现我的业务能力的，这样我才有更多的业务机会。我刚开始讲课也讲得特别差，很重要的一点是讲课的自信，自信就会放松从而能够正常发挥，甚至是超常发挥，如果紧张大概率讲不好，这是相互成就的。自信第一肯定是要多练；第二是要熟练，熟能生巧；第三是要放低期望值。

我认真听郭德纲和单田芳，发现他们都有一个很重要的能力，就是凡事只讲一遍。人紧张的时候会不停地重复观点，担心别人听不清，其实是多虑。还有他们对语言的驾驭能力很强，几乎每一个字都不是多余的，而普通人的表达就会有很多多余的话。口齿不干净，讲课的质量就容易不好，我就是自己刻意练习，比如直播的时候，这5分钟我就想做到一字一句有逻辑地把一件事情说清楚，清晰明了没有废话地呈现出来。如果日常的事能表达清楚，业务上的事就能表达清楚，简单的事能说清楚，复杂的事自然也能说清楚。

再者别有麦霸心态，做论坛时很多人特别喜欢拖堂，其实精彩程度跟讲话时长关系不太大。尤其是人比较多的论坛，可能有人拖堂了，我就会问下主持人是否需要缩短讲话时间。相互成就也是一种能力，我愿意牺牲局部的所谓利益，来成就整体的有序。

常金光：您怎么看注册制对并购业务的影响以及北交所?

劳阿毛：律师最近都关心是不是注册制实施后就能写招股说明书了，会有新的业务机会。我不是特别看好这个思路，投行在A股市场负责文件和底稿的逻辑不是因为投行在这方面更强，而是因为中国的股票上市基本不愁销售，所以投行在定价和销售端的工作很少，投行赚的是牌照的钱，同时投行的价值需要一个承载。所以，投行做文件的本质不是因为投行能力比律师强，是因为在A股投行太多没有定价和销售的工作，挤占了原本的律师的文件工作。按道理来讲，注册制要是跟国外的资本市场逻辑一致，那我觉得律师应该回归到负责文件，投行负责定价和销售。但前提是真正的注册制，监管没有太强的问责，如果监管有问责，他能够问责的就是通过招股书来看中介是否勤勉尽责。券商收费高、体量大、注册资本大，能扛住责任。基于这一点，我觉得至少在目前，由律师去负责招股书撰写是比较难的。另外我们要思考什么是注册制，有人说注册制是原来文件往证监会报送，现在往交易所报送。我觉得不是，注册制的内涵是上市的市场认购是交易逻辑还是批准逻辑。如果名义上是行政许可，但监管只管程序不管定价、募投和发行规模，这也是注册制。但如果只是更换监管的部门，我觉得并不是注册制。注册制还是要看市场起的作用，发行人最终是需经投资人点头换得上市的机会，还是需经有权部门点头。这不仅是发行门槛的问题，这跟并购重组也是有关系的。整个资本市场的资源配置逻辑是基于计划和行政的指令还是更多地基于市场，股票作为一个舶来品，在中国原来计划经济的体系内运转了这么多年，第一是带有惯性的，第二是中国的市场客观来讲是有其特殊性的，第三是市场化这条路一直在走，今天的A股市场与20年前相比，市场化已经前进了很大一步，所以无论叫不叫注册制，趋势是不变的。但过程没那么容易，中国为什么有这么多的板，包括主板、中小板、创业板、科创板等，大家在不停地希望能够用不同板块的设计来寻求市场化。券商、律师等中介机构、发行人、投资者等所有当前的参与主体，本质上来讲都是管制红利的受益者。券商能收费这么高是因为有管制，从而有牌照溢价，发行人股价能发那么高也是管制的受益者。在这种情况下要形成自我突破，符合时代的整体发展趋势，就存在理想跟现实之间的矛盾问题。趋势是肯定的，并购重组本身是个市场化的交易行为，本身就应该在注册制的逻辑下。注册制就是交易双方说了算。IPO的注册制就是放开价格和放开审批，只是对信息披露进行监管。并购重组的注册制就应该管得更少，并购重组天然就是市场化的。比如像借壳上市，我觉得借壳天然就是注册制，目前借壳的条件在向IPO靠拢，借壳是否等同于IPO其实是值得思考的。从把控质量的角度理应如此，因为上市肯定需要有一定的标准，监管也得付出很多努力。但内在的逻辑如何跟注册制进行衔接，其实是市场参与者，无论是监管、实务还是学者，都要有思考。很多东西逻辑真正通了之后才能够落地，确实各有各的难处。顶层设计的逻辑很好，但落地的时候需要考虑的因素又有很多。

常金光：您认为北交所的大逻辑背景是什么？

劳阿毛：我对北交所的第一个看法是增加市场的容量一定是有利的，真正的市场化注册制一定要扩容。第二个看法是北交所阶段性跟新三板挂钩，我觉得是解决出生证的问题。从长久看，我不认为北交所是专门为新三板解决问题的，北交所带着这个使命，但我认为它是跟沪深交易所齐名的。你要考虑什么样的企业对北交所会特别感兴趣。我觉得有两个逻辑，一是在新三板的创新层或者精选层有先发优势；二是门槛所形成的结果的可行性的优势，不满足其他板块上市条件但符合北交所的上市条件。北交所的周期、规模对投行和投资者的吸引力有多大，这也值得思考。很多项目的周期很长，在新三板挂牌之前要经过辅导。还有规模大部分基本三五千万元的利润，后续如果融资规模上不去，假如说新三板挂牌没融资，到北交所还没融资，投行的投入产出比其实不高，就意味着业务能力比较强的投行没办法真正去重视，这带来的连锁反应就有可能在短期内使质量得不到保证。反过来，监管一看质量不行，大券商做得又少，那得管控风险，量没起来，同时具体的条件又开始严控。

摸着石头过河的方向肯定是好的，通过市场的消化和阶段性的过渡，我觉得都能解决。所以我们一方面要沿着注册制和多市场的扩容角度来评判北交所的长周期的意义，对于眼前的具体问题，我们也要做一个判断，在短期内大概会呈现出什么样的状态。对这些问题有了认知之后，做业务才能够真正有的放矢。判断一个市场的核心在于基本面和成长性，一个市场如果资产普遍质量不太高，那就要看流动性跟性价比。

常金光：今晚还想聊一些八卦，关于烧鸡、弹弓等。

劳阿毛：弹弓一个是兴趣，还有作为投行人在网上有强烈反差的标识，是有利于传播的。烧鸡和弹弓这种标签跟投行离得太远，大家会更容易接受和认识我。我给自己贴标签，包括二人转、弹弓和烧鸡等，一方面体现出我的兴趣，另一方面也有利于传播，还能让客户知道我还是比较实在和真性情的一个人。

常金光：再次推荐劳总的新书《劳阿毛并购新说》，大家可以在微信公众号搜索劳阿毛，公众号的文章基本就是劳总日常的朋友圈以及一些非常有意思的事儿，微博账号也是劳阿毛。

劳阿毛：今天聊的很多东西只是个人观点，无论对具体的市场走势，还是案例里的技巧，很多带着很强的我的个人痕迹，对错大家别太在意。

校稿人：周亚丽

叶臻勇，商事争议解决律师，君合律师事务所合伙人。本科毕业于上海财经大学，研究生毕业于华东政法大学和美国圣路易斯华盛顿大学，曾在中国远洋运输集团工作多年，在企业合规和公司治理方面有深入研究，并在危机管理及诉讼仲裁领域有丰富经验。其根据争议特点创新性提出的危机管理争议解决方式，曾获国家证券主管部门关注，并应邀进行交流推广。

叶臻勇先生在2016年和2018年两次被国际权威法律媒体《法律500强》亚太榜单（The Legal 500 Asia Pacific）列入争议解决领域重点推荐律师（Recommended Lawyers），并于2017年被“亚洲法律大奖”（The Asia Legal Awards 2017）评为争议解决领域年度杰出律师（Dispute Resolution Lawyer of the Year）。2018年，叶臻勇先生还被《亚洲法律杂志》（ALB）评为“ALB中国15佳诉讼律师”（ALB China Top 15 Litigators）。

邮箱：yezhy@junhe.com；电话：021-22086235。

争议解决新发展

——危机管理

叶臻勇

一、什么是危机管理?

我们这里讲的“危机管理”不是指对于疫情、舆情等突发社会公共事件作出的反应和处理，而一般是指对于“法律争议问题”产生后至进入法庭审理前这段时间内的应对处理，特殊情况下也可以延伸至法庭审理期间及裁判执行期间。因此“危机管理”属于广义范畴的争议解决法律服务，是传统诉讼业务的延伸和充实。若再往“法律争议问题”产生之前看，那就属于合规法律服务的范畴了，通过建立和执行合规制度把潜在法律问题都防患于未然。因此，简单地说，危机管理一般情况下就是合规与诉讼中间的那一段。

我们这种危机管理法律服务一定程度上是对国外部分国家流行的替代性争议解决方式（Alternative Dispute Resolution，ADR）的借鉴和本土化改造。在国外，ADR主要包括调解、调停、斡旋、租借法官、专业第三方评审等很多方式；但因为法系和法律习惯的不同，上述方式在中国法下并不能完全直接适用。然而，其核心理念是可以借鉴和使用的，例如上海高院曾提出“希望多元化纠纷解决机制能顶在案件诉讼前面以解决更多纠纷”，这就是一次对ADR理念的有益借鉴和实践，法院为此推出了各种诉调服务，还有各种人民调解机构和商事调解机构参与或提供的调解服务，确实在一定程度上起到了案件部分分流、化解矛盾和息讼止争的效果。

二、为什么要做危机管理？

从法律执业者和法律共同体一员的角度来看，我们所做的危机管理要比官方目前所提的工具性方式更加宽泛和灵活，其更注重理念而不拘于形式，争取尽量在打官司之前把问题解决，而把去法院打官司作为不得已而采取的最后救济手段（Last Resort），最大限度避免诉讼可能造成的费时、费力、费钱等弊端，以及诉讼衍生的各种次生灾害。

我记得多年前，发生过一起有很大社会影响的中外合资纠纷案件，由于这起纠纷案件吸引了太多公众关注，导致在案件诉讼进行过程中，突然出现社会上的某热心群众向税务部门举报中方之前涉嫌偷漏税的情况，好在中方在税务部门启动处理程序之前就主动把税款补缴齐了，但如果当时未能及时补缴，由此产生的次生灾害可能是灾难性的。类似这种在诉讼之外衍生出难以控制的次生灾害的情况，在实践中也并不罕见。

除了上面说的避免次生灾害，危机管理与传统诉讼比起来，还有以下这些比较明显的优势：

第一点是时间快。最近我有个诉讼案件一审结束后进入上诉程序，意外地收到了二审法院发来的诉调通知，实践中，诉调通常都是发生在一审阶段的。这一现象可能从侧面反映目前法院的待处理案件量过大，案件处理时间可能会被拉长。另外，在我近几年处理的仲裁案件中，一个案件全程收到2—3张仲裁庭延期审理通知已经是比较普遍的现象了；在一些涉外仲裁案件中，甚至一两年拿不到仲裁裁决的情况也不少见。因此危机管理在高效解决争议问题方面的优势是显而易见的。

第二点是省钱。大标的案件缴纳的诉讼费或仲裁费的绝对数值还是比较高的。而目前社会上金融和建筑相关纠纷多发，这些案件最大特点之一就是标的额高。当这些案件一旦进入诉讼或仲裁，首先需要缴纳一大笔的诉讼费或仲裁费，并且其中许多案件因争议大往往会经历多阶段审理（如一审、二审、发回重审、再审、不予执行仲裁裁决、撤销仲裁裁决等），每个阶段的案件费用叠加，不论胜败，当事人的金钱成本投入是巨大的，而恰当的危机管理可以很大程度上节约当事人案件费用的支出。

第三点是不公开。我们注意到现在很多争议案件，特别是涉及证券、基金、债券等与金融市场有关联的争议案件，如果达到一定标准，其进入诉讼仲裁程序都是要向市场作出公告的。这些公告除了会造成社会影响外，特定情况下还会触发关联金融产品或合约的交叉违约、加速到期等多米诺骨牌效应。并且，当今资讯传播发达，企业的涉诉记录在很多渠道中都能被公众查到，这些公开信息在企业后续参与招投标或接受合作方背调时都可能造成很多麻烦。而用危机管理来处理争议，显然可以避免因争议公开造成的诸多问题。

第四点是创伤小。在争议双方打官司期间，常常互不相让、互相揭短、互相伤害，这种情况导致打完官司后，双方之间的关系很可能已到了无法弥合的地步，造成业务关系中断和合作机会丧失的情况比比皆是，更不用说前面提及的次生灾害的破坏问题了。而危机管理在降低争议对各方造成的创伤方面，其优势也是很明显的。

三、如何做危机管理？

如前所述，危机管理怎么做其实并没有固定的模式，它更多强调的是一种理念。我们通过这么多年的危机管理业务实践和发展，也大致摸到些门道。为便于理解，我通过讲几个案件故事的方式来对如何做危机管理进行以下描述。

1.以复合化商业方案化解不宜进入诉讼的案件

譬如，在金融行业的资产证券化（ABS）业务中，底层资产形成稳定的现金流后即可包装成产品上市，给投资者进行购买和交易。但若这类产品存续期间突然现金难以为继了，按照传统思路就会马上进入诉讼仲裁甚至采取财产保护措施。虽然资产证券化产品一般有很多增信措施，但其执行变现能力较弱，特别是在有多期关联的ABS产品发行的情况下，一期产品违约进入诉讼仲裁可能会激活其他各期产品中的交叉违约条款，进而导致各期产品都出现加速到期、提前解除合同或者要求立即偿还等多米诺骨牌效应，当所有各期产品的债权人都扑上来追索的时候，产品底层资产和增信措施可能完全不够债权人分的，更不用说其本来就弱的产品执行变现能力了。此前，我们就曾在一起类似的资产证券化产品纠纷案件中，帮助客户成功避开了诉讼仲裁的坑，通过多次谈判达成复合化商业方案，在6个月内解决了这起标的额达十多亿元的争议。

2.转化身份，另辟蹊径地解决进不了诉讼的案件

现实中有些纠纷是进不了诉讼程序的。我们之前曾经遇到境外法院任命的公司清盘人（Liquidator）在接管国外债务人公司后，需要进一步接管该债务人在国内投资的外商投资企业。但国外法院任命清盘人的命令在性质上属于一种中间措施，并不属于终局生效的裁判文书。因此，国内法院无法直接认可该等命令及清盘人身份，更不用说给予其司法上的协助和救济了。当时我们协助客户（即清盘人）设计了一套让其在境外完成清盘人身份向境内被投资企业高管及法定代表人身份转化的方案，从而不用经过中国法院（最多经过工商行政部门）就能实现清盘人对债务人的国内投资企业进行接管和控制。

当然，这套操作方案在后来的一些案件中遭到了挑战和质疑，但2014年最高人民法院作出的大拇指判例①在很大程度上否定了这些挑战和质疑，也证明了我们当初的核心判断和设计思路是正确且可行的。

3.巧借外力处理诉讼没把握解决的问题

我们曾经代表某私募投资基金的一些投资人调查该私募基金管理人在某投资项目中的不当行为，结果发现，投资项目赚钱但私募投资人享受不到应得利益的原因在于，该投资项目有个复杂的国内国外关联结构，而问题主要出在国外结构中，但由于其国外结构和操作都比较隐秘，海外调查取证和材料公证认证都非常困难和烦琐，使得在国内诉讼的胜算比较低，很难通过诉讼完全解决问题。这种情况下，我们协助客户通过向行政监管部门反映情况的方式在较短时间内就获得了问题积极且全面的解决，客户对处理方案的效果是比较惊喜的。

4.穿透思维纾解诉讼后未能完全解决的问题

我们说危机管理的方式比较灵活，除了在诉讼之前发挥作用，诉讼之后也是可以发挥作用的。我们就曾经在债务追索诉讼案件胜诉后遇到债务人是空壳公司

---

① 我国最高人民法院于2014年6月11日对“大拇指环保科技集团（福建）有限公司与中华环保科技集团有限公司股东出资纠纷案”作出的(2014)民四终字第20号案件判决书。

无法执行的问题，而要刺破债务人公司面纱直接追究其公司实控人责任是需要另外提起诉讼的。在客户已经比较灰心的情况下，我们通过调查发现债务人公司居然在外面还开了一家饭店，遂派人去该饭店进行消费，发现其收款都通过网络渠道收到第三方支付平台去了，而实控人有通过该平台去提款的记录。在收集到相关证据后，我们立即提交给了执行法官并请其以涉嫌拒执罪的名义移送公安刑事处理。此时债务人公司的实控人也得到消息，主动找我方履行了其生效裁判文书项下的债务。

5.“仲调合璧”践行多元化纠纷解决路径

危机管理除了与诉讼有关，和仲裁也是可以发生关联的。

我们曾代表某跨国生产企业处理其与经销商之间的经销纠纷仲裁案件，所涉纠纷时间跨度大、标的金额高，仲裁对双方来说都将是一场耗时耗力的“苦战”。当案件被提交到上海国际仲裁中心后，双方注意到这个案件的一方当事人注册在自贸区内，可以适用上海国际经济贸易仲裁委员会（上海国际仲裁中心）的自贸区仲裁规则，而自贸区仲裁规则中有一条“仲裁与调解相结合”的特殊规定，即申请仲裁后，仲裁委员会根据双方当事人的意向选择适用仲裁与调解相结合的条款，指定调解员组织双方进行调解，调解员了解案件基本情况后，不听取双方发表的任何辩论观点，也不对双方的法律观点做任何评判，仅依据公允善良原则，向当事人提出争议调解的建议，通过磋商和沟通缩小双方差距，最终达成一致的解决方案。然后，将调解取得的一致解决方案提交另行组成的仲裁庭，用仲裁裁决的方式固定结果。

这种不让调解员接触和评判争议双方法律观点及辩论观点的独特调解方式，让争议双方都觉得调解员不会偏袒某一方，从而有利于建立信任基础，并通过调解员高超的调解技巧，高效解决一起重大仲裁纠纷案件。

6.用替代性管辖法破解仲裁中的僵局

除了仲裁前，危机管理在仲裁案件审理过程中也是可以适用的。我们曾代表某国外公司在中国国际经济贸易仲裁委员会（CIETAC）处理其与国内某合作伙伴间的合同纠纷，按照合同约定应当适用意大利法，但案件标的金额不大，使用外国法查明的成本对双方来说都比较高，但若直接适用中国法，外方又觉得自己吃亏了。我们在翻阅CIETAC仲裁规则过程中发现其第四十九条规定，仲裁庭应当根据事实和合同约定，依照法律规定，参考国际惯例，公平合理、独立公正地作出裁决。于是双方沟通后达成协议，本案既不适用中国法也不适用意大利法，而是适用国际惯例来处理。于是，该案采用了2010年版的《国际商事合同通则》并配合CIETAC的《中国国际经济贸易仲裁委员会证据指引》，从实体和程序两方面均采用替代性管辖法的方式，将案件顺利裁决解决，双方对结果都比较满意。

可见，运用好危机管理理念，是可以让其在仲裁过程中发挥出一些意想不到的效果的，有助于纠纷的公平高效处理。

7.“破调结合”竟能破解诉讼都解决不了的问题

前面提到了与诉讼和仲裁相关的危机管理，下面分享一个与破产有关的危机管理案件。

我们的客户是家物流公司，专门给某个食品企业送货，有很多物流相关的债权尚未实现。但该食品企业突发严重违反我国食品监管法律的情况，被行政机关处以极为严厉的处罚，罚到该公司资产全交罚款都不够的程度。并且，由于该食品企业未能在政府指定期限内缴清罚款，行政机关已经申请法院对其进行司法强制执行。由于物流公司的债权是其一单单物流服务累积起来的血汗钱，对当事人意义重大。但代表物流公司起诉食品公司显然很难帮其实现债权，因为行政机关已在司法强制执行程序中查封了食品公司的所有财产。

面对困局，我们选择了一条绕开诉讼的新路径，即先找到上海经贸商事调解中心，通过调解快速达成食品公司确认物流公司债权的调解协议；然后依据调解协议及其他证据材料向法院直接申请债务人食品公司破产；在食品公司进入破产程序后，按照企业破产法的规定，普通债权的受偿顺序优先于行政罚款，从而使物流公司的债权优先于行政罚款而获得了最大限度的受偿。当事人对于本案中采用的破调结合方案居然能破解诉讼都解决不了的问题，感到甚为惊喜。

8.以退为进最大化减损就是胜利

现实生活中的争议很多还是有其复杂性的，不能仅看表面上的胜负。

我们有个客户是某种陶瓷建材的供应商，在好不容易中标了某大型建设项目后，遇到该项目的总包单位、设计公司等提出来的一系列针对其所供陶瓷产品的性能和安装要求方面的尖锐问题和苛刻要求（有些甚至超出了建材本身的材料属性），这些要求在技术上和经济上都不具有可行性，形势对客户非常不利。我们分析后发现，客户当初竞标时为了取得竞争优势，盲目答应了一些比较过分和模糊的条件，直接导致其目前面临的被动局面。此案纠纷若进入诉讼或者仲裁，客户不仅在合同条款上十分不利，而且造成的项目工期延误损失可能是客户不能承受之重。因此，我们在客观分析案情和形势后，转换了处理策略，就相关方所提各项要求中不合理、不清楚之处逐一提出异议，各方反复开会博弈，一段时间后各方心照不宣地同意解除我方的供货合同，我方客户平安撤出项目，避免了后续可能发生的更大损失和风险。

四、危机管理的理念究竟是什么？

综上，我们认为，争议能获得解决应当是其中存在那么一个平衡点，这个平衡点能体现争议事件中的公平正义、符合各方核心诉求和利益，形象点描述的话可以姑且称为“中道”。

如何把握和寻找这个中道，我觉得可以参考我国儒学经典《中庸》首章中的一句话，即“喜怒哀乐之未发，谓之中；发而皆中节，谓之和”。引申到危机管理业务中，就是在个人情绪还没有被带入争议事件中去的时候，我们作出的判断应该是比较准确和中立的，一旦个人情绪被带进案件中，我们所采取的行动都应该要打在问题解决的关键节点上，防止把方向带偏，否则很可能进入消耗战、拉锯战、互相伤害的恶性循环中。这个理念与我国法院当前践行的司法为民宗旨，即“让人民群众在每一个司法案件中感受公平正义”在内核上是一致的。

把握住了中道，在处理问题的方式方法上就可以灵活变化，就如《孙子兵法》所说：“兵无常势，水无常形，能因敌变化而取胜者，谓之神。”希望大家都能成为妥善处理法律争议问题的高手。

合同洞见

关于合同洞见，我想到过去在处理常法业务中，经常需要帮客户审阅修改一些巨长的复杂合同，特别是建筑工程合同和涉外贸易合同。这里有个比较好的方法推荐给大家：可给每个合同条款（特别是重要条款）归纳出“条旨”，譬如“合同解除”“违约责任”等，这样有助于高效把握合同的清晰脉络，阅读和修改起来都更加方便。

图书推荐

“律师之道”系列，君合律师事务所著。这一系列图书分享了律师从业之“术”，也帮助年轻法律人领悟律师成长之“道”。另再推荐一本君合律师事务所的内部读物《君合人文》，这是一本不讲法律的“闲书”，书里以散文、照片、诗歌、小说等形式展现了君合人对生活的热爱和对世界的探索。工作和生活要有平衡点，也要保持平衡，才能走得更远、更幸福。

校稿人：张定国

张静，山东大学法学院经济法学学士，北京大学法律硕士。2002年开始从事律师职业，2006年开始专攻婚姻家庭法律业务，现为北京市炜衡律师事务所律师，任北京市炜衡律师事务所全国婚姻家事法律专业委员会主任、北京总所婚姻家庭部副主任。

个人专著：

《婚姻家事律师养成手册：婚姻家事法律业务全解析》，法律出版社2021年版。

《中国合同库：婚姻家庭》，法律出版社2020年版。

合著书籍：

《生活离不开的民法典》，法律出版社2021年版。

《中国合同大全：中国合同分类法》，法律出版社2019年版。

微博：炜衡张静律师。

婚姻家事这样的“传统”业务，到底香不香？

张　静

一、婚姻家事业务的变化，婚姻家事业务法律意义上的难点，哪些法律问题是律师不容易搞定的？

法律本身就在变化，所以需要我们不断地学习。就如《民法典》的出台，进行了民法的大整合，相应的司法解释也进行了更新。这个行业本身就是一个需要每天都学习新法律、新知识、新经验的行业。

就婚姻家事这一领域来讲，主要涉及《民法典》第五编和第六编的内容，当然在其他编章中也会涉及一些问题，但主要就是这两编。这两编吸收了原来三部大法的内容，即《婚姻法》《收养法》和《继承法》。第五编是原来《婚姻法》和《收养法》的整合，第六编基本沿袭了原来《继承法》的内容。目前第五编婚姻家庭编的司法解释一是原来《婚姻法》的三个司法解释的整合，第六编继承编的解释对应原来继承法的解释。当然《民法典》条文和司法解释的条文都不是简单的汇总，而是经过编纂的。所以说《民法典》和相应司法解释的出台是法律及司法解释的大整合。这个过程中，律师需要学习的东西本身就很多。

就婚姻家事领域来讲，也不断有创新，诸如近些年很受关注的财富传承方向，我个人更认为是一种跨界的整合，它涉及法律领域内的跨界，你既要熟知婚姻家庭方面的法律，又要了解有关信托、保险、财政金融相关的法律法规，同时这种跨界，也是法律领域和金融、投资领域的结合。又如《民法典》中规定的意定监护、遗嘱信托、遗产管理人等制度，还在不断发展中。这些新的方向，也是涵盖在婚姻家事这一大的领域内的，就单独的某一个方向的研究，可能就值得律师付出很多努力，专业从事研究工作。

总之，生活中的问题是复杂的，这个领域永远有难点和变化，即便是传统案件，也会有层出不穷的新问题，例如重婚的认定问题、离婚中的拆迁利益分割问题等。

我经常被问到的夫妻财产约定的适用问题，在离婚案件及继承案件中都曾遇到过，一般情况是夫妻签署了夫妻财产约定后，离婚时一方觉得不合适，想要推翻，或者在签署时对效力不太了解，真的在离婚时要按照约定分割财产了，又意难平，要求律师尽量想办法挽回损失。这就涉及夫妻财产约定是否适用赠与，可否行使任意撤销权等。这类问题在我的案件中常遇到，案情不同，结果也不同。以不动产为例，假设某房屋约定为女方个人所有，根据房屋的情况不同，可能产生不同的法律后果：如产权本来就登记在女方名下，则约定签署后房屋就是女方的个人财产了，根本没有什么挽救办法；如果产权登记在男方或双方名下，那么根据《民法典》合同编的规定，如果约定的行为是一种赠与行为，则在不动产物权变动前可视为并未交付财产，所以应当可以行使任意撤销权，撤销赠与行为。所以这种情况下，夫妻财产约定适用赠与与否，就成为一个关键问题。在实践中，我一直对这个问题很迷惑，直到最终我做了一个深圳的继承案件，把这个问题搞明白了。在司法实践中，房子如果是一方的个人财产，比如婚前就支付全部房款的房屋，产权人同意约定为另一方的个人财产，或者约定为男女双方的共同财产，都视为一种赠与行为，不管是用签订赠与合同的方式还是签订夫妻财产约定的方式，如果没有办理产权过户，是可以行使任意撤销权的；但是如果房屋本来就是夫妻共同财产，比如婚后买的房子，约定为一方的个人财产，则法院不认为是一种赠与行为，而是财产约定的行为，不适用赠与，也不可以行使任意撤销权，过不过户不影响房屋为一方个人财产的性质。这种微小的差别，如果不是对婚姻家事领域的法律适用特别了解，是难以明确具体的法律后果的，只有专业律师才能解答清楚。我曾在北京做过一个类似的案件，一方婚前购买，但是婚后有共同还贷的房屋，约定为夫妻共有，这种情况下我们也主张了撤销赠与，但是一审法官未做任何论述，对于这份约定是不是涉及了赠与，以及我们能否行使任意撤销权没有论述，就是直截了当地按约定的内容判了。我们后来上诉调解解决了，所以也不清楚到底二审法官是如何认识这个问题的。但是深圳的案件，一、二审法官的论述是一致而且明确的，我后来把这个案例写进了我的新书《婚姻家事律师养成手册：婚姻家事法律业务全解析》内。可见，在最传统的案件中，也有层出不穷的新问题。

再如公司股权的分割，也是一直以来的难点。如果是上市公司股票或股份有限公司的股份，好分割一些，一是价值好查询和确定，判决折价没有太大困难；二是可以将股票和股份直接分割，这是有明确法律规定的。难的是有限责任公司的股权，价值难以评估确定，一般是股东一方主张价值较低，而要求折价的一方主张价值较高，分割股权又不现实，股东们一般不会同意增加另一方为股东。法院在实践中各种做法都有，还有的法院告知我们，如果公司股东里有第三人，就不处理。当然实践中大部分股权还是分割了，我也听高院的法官讲过，当他们实在没有办法确定股权价值时，也可能会参考出资额，其实在法条①中就是写的分割出资额，并没有写分割股权。但是股权的价值往往高于或低于出资额，法官对这个是了解的，所以其实最终分割的还是股权的价值。

公司股权的分割还有一个难点，就是自然人持股的公司下面还有关联公司，股权怎么分割。之前我一直认为，当事人只能分割自然人名下的股权，关联公司只是导致自然人持股的公司股权价值可能较高而已。但是我在和公司法律师合作时，他们认为，可以通过自然人在母公司的持股比例间接计算出在子公司的持股利益，要求将关联公司的相关比例股权直接判归一方所有。但是法官认为子公司的股东是母公司，股权属于法人财产，不能直接判归自然人所有。但是，关联公司的利益是要有所考虑的。某些案件在就公司股权的分割进行调解时，法官的表述也是“某某公司的股权及在关联公司的全部利益均归某方所有，另一方享有折价××元”。

再有涉及房屋的分割，关于婚后还贷折价的计算等，很多不常做婚姻家事案件的律师对于如何计算经常是一头雾水，我后来不得不把相关法条的解释扫描下

①《最高人民法院关于适用〈中华人民共和国民法典〉婚姻家庭编的解释（一）》第七十三条。

来，供身边的律师同行参考，因为被问的次数太多了。

对于法律没有明确规定的，法官也不能拒绝审案，所以都有解决方案，没有明确的法条，还有立法原则和法理，这些也是律师需要运用的。从这个角度讲，婚姻家事领域的业务也是一个小海洋，永远有需要研究的问题。

二、从事婚姻家事业务的心理压力，专业律师如何化解？

我从2006年开始专业从事婚姻家事业务，从实习期开始，我就接触了婚姻家事案件，这样算起来也从事了十七八年这个领域的业务了。大家从事这一领域的业务时，可能都会有“烦”的时候，我也一样。我在写作《婚姻家事律师养成手册：婚姻家事法律业务全解析》一书时，曾有一个想法，就是我经常会觉得很累，时不时地就有想放弃或者休息的想法，但是多年来我确实代理了很多婚姻家事类案件，熟悉这一领域的法律，经验也较丰富，所以每当我有这个想法时，都会为我的专业感到可惜。而且如果自己带助理和团队，也带不了多少人，我的经验及知识如果不能实现很好地传授，也是我内心的责任感所不能接受的。所以写作时，我曾想过，这本书写完，我所知道的这一领域内的经验也算全面地介绍给所有人了，即便有一天我离开这个领域，我的经验也会留下来。

但是在整个坚持的过程中，我却对这一领域的业务“渐入佳境”，这是我当初很难想象的。有一些专业律师在看到我的状态后，也有想从我这里寻找经验的——为什么我的状态这么好，而他们从事这一领域业务，挺“烦”的。我也会分享我的感受，就是大家都会经历同样的成长过程，我也是从那个过程过来的。但是律师的思维和别人不一样，是习惯“解决问题的专家”，所以我们遇到问题后，如果一时不能更换从业领域，所想的自然是“如何解决问题”。

我想了很多种方法去解决从业压力。比如，我会找助手、合作伙伴，让他们去分担我的压力；我在部门内部开设对外的公益活动“读书会”，邀请自愿参加者一起来读书聊天，参加者有我的同行、当事人以及他们的客户、朋友。我们选择的书籍涉及心理学、传统文化、个人成长类、子女教育、养生类等，我们分享书籍，交流体会，有时也邀请各种嘉宾老师来分享，有心理学老师，也有其他领域的专业人士，如我们请过一位读书会的朋友分享周易，请过一位朋友分享关于“整理”的内容，请过老师讲“速读”，也请过一位妈妈来分享自己在育儿过程中的困境与成长，等等。至今读书会已逾百期，在这个过程中，很多人潜移默化地受到影响，从而在案件中或在自己生活遇到挑战时发生变化，这些客观上也可能减轻律师的压力。但这都是随缘所得，律师不会强求当事人参与读书会，也不会强求任何人有所谓的变化。对于挑战比较大的案例，律师可能会向当事人推荐与心理咨询师进行一对一的咨询。目前我们的律师事务所内部设有心理咨询室，律师及律师的客户亲友，可以在律所内部的咨询室进行咨询。我也会尽量与当事人之间设定界限，在工作时间以内完成工作。

在坚持的过程中，我实现了“波浪式的前进”或者说“螺旋式的上升”，就是虽然也会感觉到工作中的低谷，但我发现只要坚持，这些低谷就会过去，而人会得到成长，再回首，工作也就没有那么难了。当我发现我的工作最终都会有成效，我的自信心也在增加，明白所有的困难都只不过是过程。而在工作中，我可以帮助我的当事人，我这个人及我的工作都会得到认可。我倾听我的当事人，得到他们的信任，我自己也感到有价值。我对难搞的案件投入专注，注重策略，经常在完成工作后看着我的“作品”自我欣赏，觉得自己的工作作品也是艺术品。我把我的工作变成了“我喜欢的样子”，从而让工作反过来滋养自己。

其实从事哪个领域都有难点和压力，并没有哪个领域更“好”，或者说，哪个领域都有它的优势。

三、这一领域中的执业风险，律师也要有意识地化解

因为涉及个人之间的冲突，所以婚姻家事领域的对抗性其实是很强的，自己的当事人有情绪，对法官或律师的做法有不理解的地方，容易“活在自己的规则中”；有些对方的当事人也会对代理律师有很强的对抗，这种情况下，律师所承受的就不仅仅是压力了，我觉得这是这一领域特有的“执业风险”。

对这种风险，律师要有意识地化解，要敏感，我送给大家的解决方案是“适当地抽离”与“充分地沟通”。

适当地抽离，就是不要轻易掉入自己当事人的情绪当中，律师要保持适当的中立。比如，自己的委托人对对方当事人及事件的描述，律师不能完全照搬，在文书的写作中，一定要尽量使用“法言法语”，而不是刺激性、评判性的语言，否则效果会很差，会加深当事人之间的矛盾对抗。

充分地沟通，是指律师发现当事人的情绪有大的偏差时，一定要介入，不管是己方当事人还是对方当事人，都是需要沟通的。有些离婚案件，出现了伤害律师的情况，所以这类案件其实是有高度风险的，律师应当及时觉察问题，适时解决。在沟通的过程中，要传递一个信号，就是律师是来解决问题的，引导大家进入一个解决问题的方向，避免双方陷入一个对抗的循环，而且是一个恶性的循环。

和自己的当事人也要充分沟通，比如，原来我们没有书面的工作记录，后来就有了。律师的工作记录定期拿给自己的当事人看，让他们了解律师的工作并确认，当事人不容易投诉律师，双方比较容易达成沟通，这个可视化的工作记录是我们每个案件都有的。

四、男当事人和女当事人的差别

我的当事人中男性和女性的比例差不多，基本持平。我发现，一般男性当事人确实更理性一些，女性偏感性一些。我们给当事人咨询，往往有一样东西是必备的，就是纸巾，女性往往会流泪，更容易有情绪，男性会好很多，但是同样也会动感情，只是两者相比，女性更突出罢了。

由于感情因素的困扰，女当事人更容易在做选择的时候出现极端的情况。比如明明感情已经破裂了，但是为了“报复”，让另一方过不好，也要一直拖着不离婚；或者男方的一点过错，女方就认为自己受到了莫大的伤害，一定要对方“净身出户”等。当然也有男方极端的，比如我做过的一个离婚案件，男方结婚后知道女方曾经在婚前与别的男性同居过一段时间，就完全接受不了，一定要离婚。

五、离婚的理由

离婚的理由有很多种，虽然事实都是感情破裂了，但是因为什么破裂的，原因各不相同。比如，我经常遇到的一种，就是结婚前同居，女方怀孕，为了道德义务男方不得不同意结婚，或者说女方为了解决子女的问题不得不和同居男友结婚，但是其实感情基础可能并不深，了解也不够多。在婚后的相处中，容易出现问题，最终还是要离婚。还有诸如性格不合、三观不合，或者婆媳矛盾，因子女教育问题产生分歧，因经济问题有矛盾，等等。当然，因为一方婚外情导致感情破裂的比例也很大，还有家庭暴力等导致感情破裂的，也常见。

六、离婚的选择，律师要不要发表意见？

不劝和，也不劝离，是我的原则。我之前也有一种倾向，认为离婚并不是一件好事，但最终，我觉得这是一种错误的观念。离婚非好非坏，具体到每个案件，可能会有所谓的好坏吧。比如，对于没有感情基础的存在家暴的案件，一方坚持离婚，可能是对自己的救赎，是一件需要力挺的“好”事；对于违反忠诚，见异思迁，把一个和美的家庭拆散的离婚，可能是一件“坏”事。但我发现，这些好坏，很多也是基于片面的判断。比如，在所谓一方出轨的案件中，过错方是不是完全没有合理理由，也许没有，也许有，有些出现婚外情的婚姻反而比较容易维持，这里面的深层心理原因，可能需要心理老师讲上几堂课吧。所以，基于以上原因，我会把选择权留给当事人。尤其是现在，很多人对于婚姻质量是有要求的，你也许认为这个婚姻是可以挽救的，但是当事人却不能接受继续留在这种婚姻中，所以选择权只能留给当事人。

我有一个案件，在刚开始来找我时情况还比较好，两个人还能协商。但是几年后，双方关系极度恶化，男方为了委曲求全，还签了对自己很不利的夫妻财产约定，造成律师真正在办理离婚案件时非常被动。这些案例都让我认识到，律师不要替当事人作出是否离婚的选择，关于身份关系的解除，只能本人自己做决定。

七、离婚案件是不是一定要调解？

不一定。我以前很执着于调解，因为调解结案嘛，可以做到案结事了，以离婚案件为例，要么去民政局办离婚，快速解决，要么法院出调解书，有调解书都不可以上诉的。但是现在我就不太执着于这个事了。通常签诉讼的委托代理协议，我们可以同时做诉前调解，但是要根据案件的情况，如果当事人觉得这个案子根本没有调解的可能，我们也会直接诉讼。即便是律师做诉前调解，有的当事人会来跟律师谈，有的不会谈，有的可以谈成，有的也谈不成。我比较顺其自然，有时调解到了僵局，就是用诉讼去推一把才容易成功的，有些案件就是到二审才能调解，顺其自然就好，但是我们肯定不会放过可以调解的机会，当然也不要为了调解尽快结案作出太大的让步，这是律师需要把握的。

八、非诉业务，比如起草夫妻财产约定等文书，这些非诉业务的专业性体现在哪里？

文书是非常重要的，其实一份文书写好了应该是很有价值的，因为它里面含有律师的策略，对专业知识的了解等，绝不仅仅是文字的表达。有些不专业的做法，我甚至觉得还不如当事人自己写的呢！举个例子，比如一份遗嘱，我们发现遗嘱人有未成年私生子的话，就会告诉他遗嘱中必须给这个孩子留遗产份额，否则遗嘱会部分无效，法官可能就会自由裁量出一部分遗产给他，所以不如他事先自己安排，使继承更可控一些。

再如我们最常作的夫妻财产约定，可能涉及家庭巨额财产的属性变动，是很重要的文书，而且除了“书面”这一形式要件外，并没有其他的形式要件，不管是不是经过公证，只要自愿签署就生效。这一点和离婚协议书不同，离婚协议必须是在民政局最终办理离婚时备案的那份才会生效，否则提前草签了是不生效的。但是夫妻财产约定不同，签了就生效，有些人根本不了解签订这种约定的法律后果，现实中有的当事人认为这是签着玩的，当法官要按约定判决时，他会觉得难以承受。

我接文书起草的业务，最常起草的是三种文书，遗嘱、离婚协议书和夫妻财产约定。当然非诉里面包含的内容很多，比如意定监护，我只做过一些简单的，后来我经过了解和学习，发现意定监护的内容非常丰富，文本也非常复杂。有人专门研究这个方向，据说在日本，一个律师担任意定监护人不能超过15个。还有《民法典》现在规定的遗产管理人、遗嘱执行人、遗嘱信托等方面的业务，其实会非常复杂，单个人很难做。还有现在的遗嘱库业务，把做遗嘱这件事做精做深做专业。我自己很少做遗嘱见证，因为收费比公证处要高，但是档案管理和程序管理都比不上人家，公证处和遗嘱库的收费更低，而管理更专业规范一些，所以我也在考虑可以采用合作的方式，比如遗嘱文本我们出，但是立遗嘱的程序，建议当事人去公证处或遗嘱库，这样合作起来律师压力小，当事人支出少，遗嘱效力高且有保障。对于公证遗嘱，法院基本上不怎么审查，基本会认定遗嘱的效力。所以律师可以把这件事做成专项业务，文本起草由律师做，真正立遗嘱可以陪同办理公证，公证处要求对遗嘱文本进行修改的，律师可以实时跟进。

九、起草离婚协议书的专业性建议

所有的文书都是有专业性的，不只离婚协议书，当然离婚协议书是婚姻家事领域最常见的文书种类，在此我们简单地说一下专业性的建议。首先，我们多次强调过，离婚协议书如果不是在民政局离婚登记时签署的那份，按法律规定它是不生效的，所以一般没有提前签署的必要。但是如果你想确定某些事实，比如协议中提到了一些代持的财产，可以提前草签，目的是证实某些事实。其次，不管每个个案如何，所有的离婚协议书都要注重写履行条款，这个是当事人和律师比较容易忽略的，比如房屋产权登记在男方名下，归女方所有的话，何时履行过户手续，有折价的话，什么时候给付，过户费用如何承担等。最后，之前，我一直认为因离婚协议的履行发生的争议不能约定管辖，后来我经过请教，发现对于财产争议是可以约定管辖的，比如离婚后财产纠纷，如果有约定管辖条款，且管辖法院与当事人或财产有一定的关联，法院可以按约定管辖条款受理案件。一般我们认为，婚姻收养这类有关身份关系的协议，不能参照合同编的规定，但其实在婚姻家庭财产纠纷中，是可以参照的。但是如果离婚后因为抚养权、探视这些发生争议的，约定管辖起不到作用。这些可能都是需要我们注意的。

十、我的营销方式

我的务实风格使我认为，如果没有业务做基础，营销根本没必要。还是要先学习，学会了基本的业务，才能独立，否则还是要跟着师父学习。我在真正独立做律师前从事了大概五年的律师助理工作，所以独立时已经建立了基本的执业自信。

刚开始独立时，我也尝试在某些法律平台上做过几个月的网络推广，但是案源质量很一般，也不多。我很快放弃了这种方式。我有四年的婚姻家事专业助理经验，已经为我积累了一些客户和口碑，所以会有当事人的转介绍。另外，我所在的律师事务所，律师同事非常多，他们也会了解到你的专业，慢慢地就产生了“滚雪球”效应，转介绍越来越多，而且案源质量很好。所以当你打好了基础，成功只是一个时间问题。

当然现在好多年轻律师缺少找到专业老师的机会，如果实在找不到一个专业的律师做老师，也可以考虑和其他律师合作，让老律师带一带。所以我现在写书，也有这个目的，希望可以帮一帮年轻律师起步。也因此，我的书和课受到了很多人的欢迎。有很多听过我课的人，当他身边有人需要婚姻家事专业律师时，也会介绍我，所以我的很多转介绍人，我其实根本不认识。年轻律师可以考虑先做一些公益的课程，比如到社区给居民或老年人做普法宣讲，慢慢地锻炼和积累客户。对每一个咨询和服务，要有责任心，比如以前我参加“村居行”的法律服务，对于社区里解决不了的法律问题，我会请有经验的律师去帮我解决，起到了很好的效果，客户觉得你负责任，就愿意把业务介绍给你，或者希望通过你去找到合适的律师。

所以到最后，我觉得可以总结为：你的专业影响力及尽责的工作态度，会为你带来客户！所以老老实实地沉淀，也是必需的一步。

十一、《婚姻家事律师养成手册：婚姻家事法律业务全解析》这本书

出这本书和法天使还有渊源，刚开始受法天使之邀，我出了一套婚姻家庭类的文本，后来又去讲这套文本，所以开发了“顶尖婚姻家事律师的绝密锦囊”这套课程，发现这个课卖得特别好。我同事也听，但她说有没有纸质版啊，感觉看纸质版会更直观些，我就问法天使可不可以出纸质版，所以我就加入了中国合同库的出书计划，出了一本我自己的专著《中国合同库：婚姻家庭》。这本书的编辑是法律出版社的蒋橙编辑，我在跟她交流的过程中，也谈了我对这块儿业务的一些想法，她认为很好，但她说这本关于专业文本的书没有办法承载那么多业务的内容，所以建议我在出完那本书后再写一本关于业务的书籍。所以在完成《中国合同库：婚姻家庭》这本书后不久，2019年底，我就开始写作这本《婚姻家事律师养成手册：婚姻家事法律业务全解析》。

2020年10月我写完了第一稿，然后就开始不停地修订校稿，因为2020年5月《民法典》正式稿就出台了，我根据民法典的内容，把书里引用的法条重新修订了一遍。到2020年底，新的配套的司法解释也出台了，我继续修订。2021年11月初我拿到了新书，所以这本书从动笔到出版经历了两年的时间。

不知道别人怎么去写书，但这本书是我的“自然流动”。就是好像我在教一个新入行的年轻律师如何做家事业务，从如何获取案源，开庭的时候要注意什么，为什么你要把所有的信息写进你的证据目录里，为什么你的证据目录里要加备注，一直唠叨，最后唠叨到你怎么订卷，非诉文书你怎么写，等等。所以这本书的感觉，就像我对着另外一个人在说话，所以它和普通的法律书有点不同，没有什么特别精深的理论，这本书里纯讨论实体问题的部分只写了一章《婚姻家庭案件常见法律问题》，还加了一些案例。其他部分都是实体、程序及注意事项等掺杂的。

另外一个特点，这本书从我的角度来看，我觉得它比较“全”。所谓“全”，是说我想说的都说到了。这也是为什么我觉得这本书没有太深的内容，是因为每一个问题写一点点，加起来就有很多内容了。我尽量让这本书有实操性，所以我注重介绍细节和方法，放入了很多示例、文书的模板，这些模板都是在《民法典》

及司法解释出台后重新修订过的，而且附了二维码，方便扫描二维码直接下载电子版。

合同洞见

婚姻家事领域的协议不同于普通的合同。以名称来举例，我们很少使用“合同”字眼，比较多地用到了“协议”“约定”。文书中很少使用甲方乙方之类的词，离婚协议和夫妻财产约定中我们用男方女方，有些家庭投资协议、分家析产协议中可能会使用甲方乙方。

文书的标题其实挺重要的，以夫妻财产约定为例，我建议签夫妻财产约定，标题就用“夫妻财产约定”这六个字，因为法律就是这么规定的，这几乎成了一个专业术语。有些人用什么“承诺”“声明”等为标题，非常容易产生歧义，有些人会辩论说这不是夫妻财产约定，是个对事实的确认，所以只要证明不是事实，就不产生法律效力。有些人会说这个声明是个赠与声明，所以要撤销赠与，等等。所以，没有必要让文书的性质产生疑问，标题就使用规范的。

另外，在文字的表达上，根据中国人的习惯，我喜欢用短句子，而不是像某些商事合同，是长句子。要清晰表达，言简意赅，讲究条理。

图书推荐

《好婚姻，靠修行》，作者：［韩］智光大师，广西科学技术出版社。

校稿人：范婷婷

胡静，国浩律师（北京）事务所合伙人，从业17年，是司法部千人涉外律师库入库律师、全国律协“一带一路”律师库入库律师 、The Legal 500亚太区推荐律师。在合规领域经验丰富，秉承“合规创造价值”理念，为半导体、航天航空、互联网、汽车、光伏、纺织、大型机械制造行、区块链等行业，提供出口管制和经济制裁、数据与隐私保护、反垄断、世界银行等领域的合规咨询、合规架构搭建和合规调查等服务。

邮箱：hujing@grandall.com.cn。

逼死法务与合规官的N个瞬间

胡　静

在我们大部分中国客户的组织架构中，法律部与合规部放在一起，统称法律合规部。笔者作为半名合规律师（另外一半是其他业务领域的律师），公司法务和合规官是我们最密切的战友，能想他们所想、急他们所急，深刻体会到他们日常工作的艰辛与不易。在一个合规文化尚不成熟的环境中，他们可能被领导否定，被业务部门挑战，对外与第三方或谈判，或边打边谈，或做小伏低，不得不内外兼修，硬生生把自己逼成更好的打工人。

今日，捕捉和总结逼死法务与合规官们的那些瞬间，特以此文向他们致敬。

逼死法务与合规官们的瞬间一：缺权，合规红线轻易被突破

当合规律师去解读现行法律规定和处罚案例时，脑海里首先出现的概念是：不能。法务和合规官们从律师这里得到了不能的答案，业务部门抛出的问题却是：我要我能，有没有解决方案？

有些问题可能有解决方案，但有些是合规红线，一旦触碰后患无穷。合规是一个有门槛的技术活，有的时候领导或者业务部门对合规风险的理解不够深入和专业，往往带有侥幸心理，认为即使触碰了合规红线，也不一定会被发现或者处罚。在这种冲突下，到底听谁的？

举个有代入感的例子。有位合规官在办公系统里就某笔交易给出了否决票，但业务人员非常迫切地希望签下这个合同，直接跳过合规官，去找领导特批。领导口头批准后，自己不在系统中做特批，却指示合规官修改办公系统中的否决票。

作为合规官，你该何去何从？

我们见过很多公司高管和员工因违反法律法规被监管机构处罚的情况，作为合规官，在系统里放行某些违规交易，也可能会被连带追责。

解决合规官的这一窘境，需要赋予合规官们独立的职权和独立的汇报线，作出的决定不受业务部门和非合规线的领导左右。

我们看了很多监管部门发布的合规指引，都不约而同强调合规部门的独立职权。在组织架构设计上，公司设立首席合规官，首席合规官领导独立的合规部门，列席董事会并向董事会汇报工作。只有拥有独立职权，合规官们挑战业务部门——衣食父母们时才有充分的底气。

我们当然鼓励合规官们站在业务部门的角度上，在法律允许的范围内为他们提供合规解决方案，而不是一味说不。但涉及合规红线时，我们认为给予合规官们独立职权是必需的。

逼死法务与合规官们的瞬间二：缺预算，法律咨询靠蹭免费服务

在外部监管不断强化的今天，国内国外新法新规层出不穷，动不动再来个惊天处罚案例，这都给法务和合规官们带来巨大挑战。只要专业选得好，天天是高考。这是适用于所有法律从业者的至理名言。如何在最短时间内判断新法是否对公司所有业务条线产生风险，并提出解决方案？

跟我们一起工作的法务和合规官们都拥有非常强大的学习能力，即使如此，针对新法新规的适用，合规官们在面临业务部抛过来的问题时，还是希望有外部顾问的意见可以依赖。然而，你却没有预算。

在没有预算的情况下，法务和合规官们一般有三种处理方法。第一，自我学习和自我研究，拼命卷自己。第二，寻找外部律师们发布的免费解读，多找几家比对，在各家观点中寻找共同点。第三，跟私交比较好的律师进行非正式讨论。

上述方式都有一定的问题。自我学习和自我研究毕竟有一定的局限性，尤其在不了解整个行业上下游和友商实践情况时。外部律师发布的免费解读一般比较浅显，无法就具体问题给出指导性的建议。与外部律师的非正式讨论，因为没有

形成聘用关系，外部律师对给出的意见不承担责任，因此无法倚赖。

我们看到很多监管部门发布的合规指引中，会强调一个运行有效的合规架构应有充足的资源投入。这里的资源投入虽不仅仅是金钱投入，但当然包括金钱的投入。金钱的投入并不仅仅是支付外部顾问的费用，但聘用外部顾问的费用应是金钱投入的一部分。

在我的办公室，经常会收到来自全国各地的礼物，大部分是没有预算的合规官们自掏腰包送的。他们在没有预算的情况下跟我咨询了很多专业类的问题，虽然我有问必答无所谓是不是有律师费，但合规官们经常性地会觉得不好意思，心理压力极大而要通过送礼物的方式缓解。还有一些合规官，会在我解答完他们的问题后，给我发个红包以表感谢。我以前不收，以后也不收，律师不能私下收费。

借着本文，也替法务和合规官们向领导们呼吁一下：干着公司的活儿，就别让他们还自掏腰包答谢律师了。

逼死法务与合规官们的瞬间三：缺人，全公司的事儿都我扛着

我们见过很多公司的法律合规部门人员配置有限，包括央企、国企及上市公司，很多时候专门负责合规事务的只有一个人。这些大型集团公司的业务类型繁杂，涉及的合规领域较多，每个合规领域都是一块专业领地，一个合规官的繁忙程度可想而知。很多合规官们日日加班，每日深夜回家，路上经常感慨：我是不是当了一个假的甲方？

正如我们在上面提及的，一个运行有效的合规架构应该有充足的资源投入，除了金钱的投入，人力资源的投入也是非常重要的指标之一。一个人，即使全天24小时都在工作，也无法把所有的事儿干完，实在被逼无奈，合规官们也只能“算了算了，管不了那么多了”。

人手缺乏，很难有效防控风险。如果合规官这道防线崩了，下一把火就要烧到领导了。

逼死法务与合规官们的瞬间四：缺合规体系，处处填坑灭火

当一个公司缺乏全面合规体系时，则无法系统性防范风险，必然会出现头疼医头、脚疼医脚，处处填坑灭火的情况。我们在观察一家公司是否有合规体系时，会首先去看这家公司的诉讼情况。如果有太多的诉讼案件，则可能风险防控做得不好。

曾经有位合规官跟我讲了一个梗："很多人认为合规是合规部门的事儿。"我听完后放声大笑，再看周围，能懂这个梗的人并没有我想得那么多。当一个公司没有合规体系的时候，这样的观点不足为奇。

举个例子，因为没有整体的合规体系，公司跟合作伙伴签订合同时约定了一些义务，但这些义务没有反馈到法务部，也没有反馈到公关部。公关部对外发布信息的时候没有考虑到公司应信守的义务，被监管机构或被业务伙伴抓住把柄，从而引发处罚或者索赔。有多少事儿出在对外的信息披露上？

合规官和我们喜欢把涉及某类事件的所有上市公司发布的公告找出来对比，并能从上市公司的公告看出来这家公司是否有有效的合规架构防范风险。上次针对某事件，我们比对各家公告后，有位合规官说："从这家公司的公告上一看，这事儿他们根本就没搞懂，更别提风控了，我得赶紧回去排查这家公司是否跟我们有业务往来，有的话赶紧停掉，不要被猪队友拖累。"你看，合规做不好，会丢业务。

对一个有全面合规体系的公司而言，若公司有一整套制度和组织架构去防控风险，每一个员工都有合规义务，则合规就再也不是合规部门处处填坑救火。

在我们看到的合规架构中，员工手册的撰写是搭建合规架构的必要因素之一。只有每一个员工都是合规义务人，都是合规的第一道防线，才能在公司培养合规文化，从而有效防控风险。

逼死法务与合规官们的瞬间五：缺"真把式"，形式合规不落地

有些公司，在很早之前就有了合规制度，但有两大问题。问题一，制度太过

粗犷，没有可操作性。问题二，制度是摆设，在日常业务中并没有人去真正执行。

在一个不落地的合规环境中，合规官们的工作要不不受重视，要不流于形式。比如，前一阵看过的一个段子："2015年问一个公司反垄断合规岗：最近工作如何？答：就那样。2020年再问，答：最近不错。2022年再问，答：越来越好了。"为什么监管越严，合规岗越好呢？必然是受领导重视了，待遇也相应提高了。这也是为啥有些合规官们会希望公司被处罚，只有这样领导才会重视，合规部门才会得到更多的资源。

再如，公司制度明确某些事情不能做，领导天天把合规官叫过去——灵魂拷问1：这个事儿我们必须得干，你看看该怎么干？灵魂拷问2：这个事儿我们秘密干了，监管机构怎么能发现呢？被灵魂拷问的次数多了，有些合规官们出于激愤，立即掀桌裸辞：我不陪你们玩了行吧？

在我们看到的很多监管部门发布的合规指引中，合规制度的有效运行是这些合规架构普遍关注的问题。如何保证合规制度的落地运行？需要通过审计的方式去监督，对执行好的部门予以奖励，对执行不好的部门予以惩罚。

逼死法务与合规官们的瞬间六：缺合规工具，KYC（新客户尽调）调查费时费力

KYC应该由谁来完成，这是本部分的第一个问题。从我们观察到的情况来看，一部分公司对新客户的KYC程序全部由法务合规部门来完成，对于公司业务增长强劲的合规官而言，工作量非常繁重。有的时候一个国外的网站打不开，就能耗掉好几个小时的时间。有些公司的业务部门负责进行KYC，并把结果反馈给法务合规部门。这就带来第二个问题，业务部门不具有专业知识，尤其在黑名单检索方面，打开外文网站并看懂英文已经很困难，再去根据专业知识判断哪些合作伙伴可以交易，哪些合作伙伴不能交易就更困难了。

在我们服务的客户中，大部分客户没有专业的检索工具，甚至有些客户因为公司性质的问题，无法登录外部网站，让KYC工作难上加难，甚至导致很多交易完全没有做过KYC。

其实市面上有一些检索工具可供使用，当我们向合规官们推荐时，他们都表示很欢迎，并“怂恿”我们在风险评估报告中列明风险，向领导申请给他们购买。

合规体系的信息化建设是一个很大的话题，如何让公司的合规制度在公司IT系统内落地？这涉及公司IT系统的改造，可能很烧钱。但如何让KYC程序在后台悄悄完成，一边让业务部门无感化推进工作，一边有效防控风险？这涉及黑名单检索软件在IT系统内落地的问题，倒并不昂贵，每家大型公司都值得拥有。

能逼死法务与合规官们的瞬间还有很多，为了不让法务和合规官们的生活显得太痛苦，今天就写到这里。希望看到本文的法务和合规官们能会心一笑，知道你不是一个人在奋斗。希望看到本文的领导们，能加强公司合规文化建设，多关爱合规官们的身心健康，给予他们更多的职权和资源。希望看到本文并打算进入合规领域的律师小伙伴们，能了解合规工作的不易，打消幻想，坚决投身到艰苦的合规工作中来。

合同洞见

合规工作中，在合同中添加合规条款后对方不愿意签署怎么办？这种情况在实操中很常见，我们建议退一步，以单独的合规承诺函的方式进行签署。如果退到这一步对方还不愿意签署怎么办？那么以电子邮件的形式把合规要求发送给对方并保留邮件记录。虽然退而求其次，但也是一种合规风险防控手段。

图书推荐

本人最怕荐书环节，因为工作之余长期沉迷于上不得台面的言情和武侠小说而无法自拔，看不了除专业书之外的任何形式的“严肃”书籍，怕带坏小朋友。

最近这几年看得比较多的书是《金庸全集》，无论工作到多晚，无论出差到哪里，睡前总是会读几页。金庸老爷子的人生观和价值观浸润在他描述的江湖之中，所以养成本人浓浓的“江湖气”，经常路见不平拔刀相助。

校稿人：孟丽

喻鑫，竞天公诚律师事务所的高级合伙人，本科就读于武汉大学法学院。具有14年以上法律从业经验，主要业务领域为人力资源及资本服务。

喻律师拥有丰富的成功经验和战绩，尤其在服务新经济与高科技公司、投资基金与金融机构、外资企业、国有企业、创始人及高管方面。

喻律师被The Legal 500、LEGALBAND、《中国法律商务》等权威媒体推荐。

邮箱：yu.xin@jingtian.com。

企业员工舞弊风险的应对

喻　鑫

员工舞弊风险是企业面临的重要合规风险，妥善处理员工舞弊风险是企业长久发展的必然选择。本文将对企业员工舞弊的概况、应对等进行简要介绍。

一、企业员工舞弊的概况

1. 员工舞弊现象的状况

企业面临员工舞弊现象的形势是较为严峻的，上至企业领导，下至基层员工，都存在发生舞弊行为的风险。企业管理防范员工舞弊行为的难度通常较大，一般需要投入较多的资源、精力，并获得外部专家的支持，才更可能取得满意的结果。部分企业通过内部系统化的制度和机构对舞弊行为进行监管，并取得了一定的成效。但部分企业出于节约管理成本的考虑，存在自愿接受一定"灰度"的情况，这就给员工舞弊行为的滋生留下了空间。企业在处理这类问题时可能缺人缺经验，内部法务与合规部门不一定能确保有充足的应对能力。尽管员工舞弊处理难度较大，不同公司对待员工舞弊的态度存在差异，但从整体上看，治理员工舞弊高度关系公司的长期利益。有观点认为，打击员工舞弊行为就是为了将企业打造成百年老店，无论是创始人或接班人来管理企业，还是职业经理人来操盘企业，保持对员工舞弊的严格治理都有利于企业的长期稳定发展。相反，如果企业仅关注眼下短期盈利状况，对看似不会影响短期盈利状况的舞弊行为放任自流，将会与企业长期利益背道而驰。因为这种情况容易形成一种风气，这种风气一旦蔓延，将给企业带来非常负面的影响。

2. 员工舞弊行为的主要类型

较常见的员工舞弊类型有商业贿赂、职务侵占、同业竞争或不正当竞争、挪用资金、计算机类舞弊等。其中商业贿赂最为常见，例如采购时“吃回扣”或进行“吃拿卡要”等，主要来源是供应商，方式以转账和现金为主；而职务侵占是员工舞弊案件中总涉案金额最高的类型。

3. 企业内部员工舞弊的重点关注岗位

有三类人员出现舞弊行为的概率较大，因而也是员工舞弊治理的关注要点。第一类是挣钱的岗位，比如销售部门的销售人员、负责人等，可能会通过“飞单”①等方式获得不正当的经济收益。第二类是花钱的岗位，比如采购部门以及作出购买决策的主体出现舞弊的可能性都较大，具体如IT部门决定采购某品牌电脑，市场部决定购买某型号车辆，或法务部门、人力部门决定购买某专业服务等，作出该类决策的过程中员工有可能出现舞弊的风险。第三类是管理人员，他们通常在企业中拥有较大职权，但内部监管相对有限，这就给舞弊行为滋生留下了空间。

二、员工舞弊的个案处理

1. 员工舞弊个案处理的环节

从个案角度，员工舞弊的处理大概分为三个阶段，分别是调查、处理和诉讼。调查阶段主要由调查人员把可能涉及员工舞弊的事实查清，然后向公司管理层作汇报。处理阶段，是指对舞弊行为查实后的企业内部对相关人员采取的措施，比如开除、让有关人员辞职、对有关人员进行调岗，或采取通报批评等。诉讼阶段，这里是指在处理后被处理主体可能会就此触发的将公司作为相对方的诉讼活动，或者公司向公安机关进行刑事报案以及后续的刑事侦查、公诉与审判。

就员工舞弊个案处理的整体环节而言，外部律师可以在其中发挥重要的作用。如上所述，员工舞弊的处理一般有三个阶段，外部律师的经验和专业性，

---

① 指业务员拿到订单后，不将订单交由自己公司做，却将订单放在别的公司做。

在这三个阶段都有一些优势。处理阶段主要会涉及对法律的分析，需要专业研究，对实务经验要求较高。在调查阶段，很多企业通常会由内部专门的合规部门开展调查，他们对公司的情况及内部问题一般较为了解，但我们建议调查处理员工舞弊的人员与后期参与诉讼的人员最好有重合，并将专业人士纳入其中，以确保调查团队能妥善作出利于企业的判断，避免企业在面对诉讼时处于劣势。

2.员工舞弊调查

（1）员工舞弊调查的参与主体

开展员工舞弊调查的内部具体部门，在不同类别的企业间存在一定差异。在很多国有企业，纪检部门可能会参与其中。在外企，通常会有较为成熟的合规部门，它们的总部或中国区可能会有相关的合规经理或合规总监，有时还会引入外部律师或审计机构参与员工舞弊调查以确保调查效果。而在我国很多民营企业，员工舞弊调查这一职责的承担主体较为多元，很多企业可能设有专门的部门，名称多种多样，如内控、内审、合规、纪检等，还有一些民营企业可能会让若干部门间交叉开展员工舞弊调查。

开展员工舞弊调查的外部机构，主要是律师事务所、会计师事务所和调查公司。需要注意的是调查公司及其工作方式的合法性是存在合规风险的。

（2）员工舞弊调查的关注要点

员工舞弊调查是一个技术性问题，也是一个核心问题。就员工舞弊的调查而言，有以下几点需要关注。

第一点是要有线索，从线索开始去做推测。对于有经验的调查人员，看到这些线索，大概可推测出或能反推出哪些地方可能有问题，哪些方面问题可以查实，哪些方面问题严重程度较高。接着基于这样的线索，逐渐厘定调查方向。

第二点是调查思路，即怎么查。常用的方法是设证，即先假设被调查者存在哪些情况，然后再去核实。这是调查的常用逻辑之一。任何一件事情的发生都会随时间推进，呈现出波浪式的演进，事件推进可能会在不同地方留下痕迹。基于这些痕迹，结合违规事实的假设，就可以分析推测出有漏洞和证据的位置，并直接去特定位置寻找线索和证据。

第三点是对关键性人物的调查。员工舞弊调查中，人证极为重要。通常物证可能反映的情况是分散的，比如把一些查到的痕迹拼在一起，可能会呈现出不同的线索，但有时在合规情况下也可能会产生这些线索，所以单靠物证可能无法做到把事情查实。而知情者对于案件的查实一般会起到举足轻重的作用。企业在开展调查时要大胆开展围绕这些知情者的工作，尝试运用多种方式去沟通。

第四点是在调查中要有所取舍。员工舞弊调查中，调查者通常会在一个员工身上找出若干个舞弊行为。但因取证调查难度较大，成本较高，建议将核心行为与问题多加关注，做到“起手时面广，落脚时聚焦”。最终坐实个别关键违规事实即可取得突破。

第五点是舞弊的调查要以人为参与为主，不建议过多寄希望于依靠技术手段。技术手段虽能提高调查效率，但整体抓取到的信息在证据质量及系统连贯性上较为有限，可能无法达到足以认定有关员工存在舞弊行为的证据要求，就违法事实也可能无法列举明确。此外，公司在使用技术手段对员工进行舞弊调查时的权限情况也是需要关注的问题，要避免出现侵犯员工个人信息权益和隐私权的情况。

（3）员工舞弊调查的线索来源

员工舞弊案件调查的线索来源很多，主要有举报、日常工作及例行核查中发现不当操作、核对公司财务账目时发现异常、报销发票时发现虚假发票或非工作用途的发票、发现与病假证明的病症不符的情况或发现打卡记录异常等。其中，举报是较大来源之一。举报人进行举报的原因通常多种多样，比如分赃不均或供应商出于报复心理等。举报主体通常是对被举报人有敌对态度的人，也可能有一些人出于正义感而进行举报。在职位继任者的工作交接过程中，比如公司更换财务总监，新财务总监在交接工作时查出一些问题，继任者就会存在顾虑并可能向领导进行汇报，从而使得公司取得舞弊问题的相关线索。另外，如上级领导在管理的过程中发现存在潜在员工舞弊风险的异常状况的，可能会促使企业内部开展调查，并获得员工舞弊行为的调查线索。

员工舞弊举报中，匿名举报占大多数，实名举报的员工较为有限。举报人通常是员工舞弊案件调查的重要切入点，因为举报人通常能提供线索或说明有关情况，便于调查者了解举报原因及舞弊事实。对于匿名举报，举报人线索的收集是开展舞弊调查的重要环节。除了匿名举报人线索的收集以外，企业在开展内部调查时，还需要进一步与举报人进行协商，对其开展思想工作，以获取更多有效线索促使调查深入推进。

有选择地开展对举报的调查，还是凡举报必调查，是需要进行权衡的，通常有建议企业选择地开展调查。对于企业，有些举报内容不涉及工作或舞弊嫌疑的，很难有入手调查的切入点；有些是涉及重要职位人员但证据线索不明的举报，调查该类人员对公司而言是一件大事，被调查主体的工作状态可能会受到较大影响，调查难度也很大，潜在阻碍较多，如遭受诬告或恶意举报可能会产生恶劣影响，举报分公司负责人但没给出证据等，像这种情况，建议企业内部在获得一定的线索或证据材料之后再谨慎开展调查。而建议开展调查的举报，主要是重要且有一定线索的举报，以及于一定期限内发生的事件相关的举报，如若举报内容涉及若干年前发生的事件，查证较为困难，调查可能也无从下手。

（4）员工舞弊调查的方向确定

员工舞弊调查的开展应以线索指向的违规行为为调查切入点及核心，并以线索指向的违规行为相关事件发展中，员工在公司内外部的一切沟通交流和行动轨迹为调查范围。调查人员在调查过程中亦应进一步发散性调查是否存在其他不当行为。如果发现线索指向的违规行为调查出现障碍，而其他不当行为的证据链更完整或证明力更足的，调查人员应及时动态调整重点调查方向，确保达成最终调查目标，查处违规行为。

（5）员工舞弊调查中的排除干扰

员工舞弊调查中也应当注意排除干扰，如果被调查人员拥有较高的职权和人脉，或者关联人员有多名，调查过程中很容易受到干扰。容易出现不配合调查、串供、销毁证据、泄露调查进展等干扰情况。对此，我们建议企业注意以下几点：第一，要严格甄选舞弊调查的调查团队和知情人员，不应由可能与被调查人员有关系，或者与被调查事件有利益冲突的人担任。第二，调查的开展和进展要严格保密，在锁定关键事实和证据前要隐秘行事，锁定后则建议立即将被调查人员停职或者调职。第三，调查过程中，对多名知情人的询问可以同时进行，避免串供；不能让被询问的人知道调查进展，更要坚持将物证与询问情况交叉核验。第四，在调查过程中要注意方式、技巧，提高施加干扰的难度，降低被干扰的可能性。

3.舞弊员工的处理

对于舞弊员工的处理，建议结合实际情况对事实进行分析。企业应根据员工的违规行为严重程度、相关证据充分程度，以及公司从商业、各方面利益的整体考量，分析判断选择何种处理方式为佳，包括但不限于证据不充分时停职继续调查、给予书面警告、降职、解雇、索赔和通过诉讼仲裁追究相关法律责任。无论采用何种方式对舞弊员工进行处理，企业都应基于舞弊行为的轻重以及相关证据的充实情况作出分析判断，并应充分考虑相应成本。

舞弊员工的处理建议做到以下几点：

第一点是及时处理，发现违纪行为、收集好证据后，要在合理的时间内及时作出处理。第二点是一事不再罚，企业选择具体处理方式时应慎重，作出处理决定后应尽量避免改变已确定的处理方式。第三点是充分列举处分事实依据，发现多个违规行为时，应将证据链最完整且处理依据最充分的排在前面充分说明。第四点是列明兜底条款，建议企业在处理通知或主张中列明兜底条款，为后续发现员工的其他违纪行为做准备。

4.舞弊调查与刑事报案

多数舞弊调查的结果是采取民事措施来处理舞弊员工，追回企业损失等。如果舞弊调查的结果是舞弊事件情节恶劣，涉案金额大，已经有较高的可能构成刑事犯罪的，则可以考虑向有管辖权的公安机关报案。刑事报案需要将涉案材料按照公安机关的程序要求，对证据规范地进行收集、整理、固定，并撰写报案材料，一同提交给公安机关。为了提高效率和成功率，公司可以在正式报案前向专业人士或公安机关进行咨询，评估可行性后，按照专业技术要求准备规范的报案材料，正式发起报案程序。

三、员工舞弊风险的整体治理

企业由人组成，企业管理制度也都由人参与执行。尽管企业无法依靠制度及管理来消除内部所有问题，但合适的制度与管理手段能有效降低问题出现的风险。对于企业员工舞弊风险的治理，我们建议企业从整体上应注重加强预防和内部管理。

通常员工舞弊情况多发的公司，内部管理状况往往不甚良好，有些甚至缺乏很多必要的管控。在这种情况下，加强管理虽导致管理成本增加，但相对于公司整体风险降低而言，还是值得的。再者，企业需要重视人本身，关注人本身在员工舞弊治理问题上甚至与加强管理同等重要，企业需要对员工进行多角度的关注，比如通过开展培训等活动进行一些意识上的宣传等，这在改进管理之外更容易被企业忽略。

四、结语

员工舞弊风险作为普遍存在的企业风险因素，虽普遍却不普通，往往是企业内部问题的外在表现，如缺乏防范意识和防范机制，或存在管理漏洞等。员工舞弊的治理要从个案和整体两个视角双轨入手，确保专业人员参与其中，以促使员工舞弊治理获得较理想的成效，为企业的长期发展保驾护航。

合同洞见

合同本身是一个结果或者成果，我们在审核或者处理合同时，要结合具体交易的情况，站在交易的过程中思考如何操作，不能只关注合同条款本身，更应该关注交易要素转化为合同条款的过程。我们还要尝试去反推合同条款是否能较好覆盖到合同履行以及双方发生纠纷时的所有可能，尤其是一些重要的环节要有相应的条款能够覆盖，这样能促使合同在内容上较为完整。

图书推荐

《企业合规概论》，作者胡国辉。这本书讲得较为深刻，它从合规的起源、在中国的实践以及从不同合规角度来展开，比如对合规场景、合规团队、合规措施、合规调查等都有一些阐述，内容比较精练，质量较高。

校稿人：童天慧

杨晨，北京金诚同达律师事务所主任，兼任全国律协涉外法律服务专业委员会秘书长、北京市律师协会外事委员会副主任、中国贸促会经贸摩擦法律顾问委员会专家委员、中国贸仲等多个机构仲裁员，获得的荣誉包括但不限于《钱伯斯》“业界贤达”、《法治日报》“一带一路十佳律师”、北京市律师行业优秀共产党员、北京市优秀律师等。杨晨律师擅长处理重大商事争议，尤其是跨境商事争议，其代理的案件曾三次入选司法部和全国律协“年度中国律师行业最受关注的十大事件/人物”。

邮箱：yangchen@jtn.com。

与中国入世一同成长

杨 晨

一、定位

回首20年的执业生涯，我常常感到自己走上涉外律师的道路，既有个人理想的驱动，也有时代赐予我们这一代律师的机遇和使命。

1993年，国际大专辩论赛之狮城舌战点燃了青年们对辩论的热情。辩论赛成为学校里最常见的活动，成了青年人展现才华的舞台。赛场上，辩手们讨论人性善恶、社会价值、家国情怀，闪烁着理想主义的光辉，并以英雄主义和偶像派的表达形式展现出来。我从那时起就爱上了辩论，在中学和大学时代都成为辩论队的一员，义无反顾地投入如火如荼的各种辩论赛中。与此同时，我的心中也悄悄把“辩论”和“律师”联系到了一起，并在大四那年，怀揣着对律师的憧憬，通过了律师资格考试。

20世纪90年代，部委机关是毕业生留京的“香饽饽”。为了满足父母的期盼和骄傲，我争取到了在部委工作的机会，捧起了“铁饭碗”。一段时间里，部委的工作极大地满足了一个穷学生的需求，但我很快就厌倦了似乎可以一眼望到头的工作。无法违背内心对律师职业的渴望，我便在工作之余考取了对外经济贸易大学的法律研究生，并在工作转正一年后，砸了铁饭碗，走上了那条令家人忧心忡忡的“没有人发工资”的路。

走出部委大门时我两手空空，蜗居在对外经贸大学的研究生宿舍。幸运的是，通过学校的司法系统学位研修班，我结识了一些律师同学。2001年，中国税改推出了对律所的利好政策，五位律师朋友筹划创办一家律师事务所。新所需要“人气”，我便怀里揣着“实习证”，名片上印着“合伙人”，懵懵懂懂地开始了我的律师生涯。

在最初进入律师领域的几个月，我跟着不同的律师去见客户、拉业务、谈判、开庭。跟了一段时间后发现，他们做的是传统民商诉讼，我不太喜欢这个方向，因为当时的司法环境对诉讼律师不太友好。他们中的一位对我说：你的外语不错，要不你去做反倾销吧。

那是我第一次听到“反倾销”这个名词，却像有着魔力似的，吸引着我日复一日地泡书店、查找资料，学习相关的专业知识。

就在此时，随着在卡塔尔多哈举行的世界贸易组织（WTO）第四届部长级会议通过中国加入世界贸易组织法律文件，2001年12月11日，中国终于成为WTO新成员。中国入世仅仅7天后，加拿大便对中国汽车挡风玻璃产品发起了反倾销调查——这是中国加入WTO后的反倾销第一案。

初生牛犊不怕虎，又或许是出于一名对反倾销有着些许理论研究的年轻律师的使命感，我急忙开始查找涉案企业的信息，并逐一打电话、发传真、写邮件介绍自己，希望能够为他们提供法律服务。2002年1月2日，正值元旦假期，无处可去的我窝在办公室里，突然接到电话，一家收到传真的涉案企业愿意从广东到北京来洽谈代理事宜。就这样，反倾销的第一单猝不及防地砸在了我的头上。

那个案件中有四家中国企业应诉，我代理的是其中出口量最小的一家。小企业有小企业的困难，没办法花大价钱请国外律师，没有健全的财务系统，仅有一位财务经理配合工作，什么资料都不太完善。我硬着头皮，带着半箱教科书和几件换洗衣服就跟着客户去了工厂，踏上了反倾销的“专业化”道路。

为了不负所托，我住在小公司的宿舍里，一步不出、日夜不停地工作起来。每晚只能睡两三个小时，三餐都由工作人员用托盘端进来，吃完就把盘子收走，十几天体重减了15斤。那时，无论是国家、企业还是律师对反倾销的经验都少之又少。很多问题我不懂，教科书上也没答案，我就记下来，计算着加拿大与中国的时差，等到晚上就打电话去问调查官：这个问题是什么意思？那个又该怎么填？几乎每晚，调查官都要被我“骚扰”一番。

我在30天内帮助企业完成了第一轮答卷，又以一周不足15小时的睡眠，完成了面对加拿大政府的第一次实地核查。那一年是我的本命年，24岁的我完成了人生中第一起反倾销案件。

很幸运，那个案子的结果很好，我代理的企业是唯一的零税率。第一个案子就是这么啃下来的，做得非常辛苦，更像是在干体力活。但是这一案做下来，由于都是自己在反复琢磨，我对反倾销案件的常规操作基本熟悉了，后来另外一家出口量很大的企业在美国同类案件中就找了我来配合美国律师工作。也就是通过这第一起反倾销案件，我慢慢开始了自己的涉外律师道路。

二、进阶

入世之初的中国企业在西方国家面前仍是一个“小学生”，缺乏经验，对国际规则的掌握不够全面，理解不够深刻，因此也遭受了很多挫折。

2005年，中国四家维生素C生产企业因涉嫌联合操纵出口产品价格、限产抬价被诉至美国联邦法院。这是中国第一起出口卡特尔案，涉案金额达1.5亿美元。

起因是2001年，医保商会维生素C分会在收到国外反倾销预警后，牵头组织的一次行业会议。会议上，包括中国维生素C“四大家族”在内的国内六家维C生产企业达成了约定限制出口数量、统一上调价格的协议。

中国从计划经济向市场经济转型过程中，医保商会虽为行业协会，却具有一定的行政职能，可以通过预核签章制度对企业的出口进行监管。通过预核签章对出口数量和价格进行管控的目的是避免日益增多的反倾销调查，结果却顾此失彼，又陷入了触犯反垄断法的泥潭。

最终，该案历经美国纽约东区法院、联邦巡回上诉法院、美国最高院等多个程序，历时近17年才尘埃落定。中国企业付出了巨大的时间成本，高额的诉讼费用，损失了上千万美元和解金。

维C反垄断案启示我们，如果想要融入国际社会并有效地保护中国的企业，就需要政府、行业协会、企业以及法律专业人士，全面地熟悉、深刻地学习国际规则。但也是通过一次又一次的挫败，中国企业和中国律师积累了经验、吸取了教训，不断地成长起来。

同中国入世在国际经贸摩擦中一起成长的，不仅有中国涉外律师，还有具备高度政治素养、娴熟语言技能、优雅言谈举止、成熟谈判技巧的中国政府官员；有勇挑重担、敢为人先、以国家利益和行业利益为己任的国有企业；有不惧国际豪强霸凌，在跨国公司的打压和围剿下，用不懈努力捍卫和拓展海外市场，并最终获得国际同行尊重的民营企业家；还有因为行业利益屡战屡败、屡败屡战伤心落寞后，为一次突如其来的胜利喜极而泣，半宿未能入睡的行业组织工作人员。他们不仅是历史的见证者，也是国际经贸领域的中国脊梁。

除了专业知识和家国情怀，在代理涉外案件时，我们有时还需要点“绝不妥协”的亮剑精神。

2016年4月26日，美国最大的钢铁公司——美钢，向美国国际贸易委员会（ITC）提交了“337调查”起诉书，指控中国钢铁企业：利用黑客窃取美钢生产高强钢的商业秘密，通过第三国转运规避反倾销税和反补贴税，以及在中国钢协组织下协调产品价格和产量，存在垄断行为。这一起诉涉及中国11家钢铁集团，包括宝钢、河钢、鞍钢、首钢、武钢、马钢、沙钢等多家中国钢铁企业。美钢在起诉书中主要指控的商业秘密、反规避和反垄断三个诉点，其中任何一个诉点成立，都将使中国相关钢铁产品面临永久禁入美国的局面。

本案曾有和解的机会，但美国钢铁公司面对万里迢迢奔赴华盛顿的中国代表团提出，谈和解的前提条件是：每家中国钢铁企业先“纳上”500万美元来。中国代表团集体拒绝了，企业代表没有这个授权，也不愿接受这个霸权条款。美国钢铁公司的高管及其代理律师扔下硬邦邦的一句话，“我们的政府会支持我们的”，便扬长离去。

历经近两年的艰苦抗辩，2018年3月19日，随着美国国际贸易委员会发布裁定决定终止美钢“337”反垄断调查，这一案件以中国钢铁企业在三个诉点上的全面胜诉而告终。

美国钢铁“337调查”案是我代理的众多案件中的一个缩影，我也常常以此为例告诉中国企业，走出去首先要做到的就是不要惧怕，要勇于面对挑战。再者就是要有合理的应对策略，这种应对策略既包括法律上的，也包括商业上的，甚至是政治上的；要评估宏观形势，结合行业特点及相关的法律和实践，制定合理的应对策略，找到突破口来争取最后的胜利。还有就是不要把一些正常的摩擦行为过分政治化，泛政治化可能会导致我们对具体案件本身没有清醒的认识。我们要更加自信，并且更专业、更理性地去应对这样的国际争议。

三、感悟

中国律师在涉外法治领域的成长，得益于中国入世带来的机遇。虽然中国的律师行业发展目前所处的阶段和欧美还有一定的差距，但是我们的发展速度比较快。和外国律师相比，我们第一个最重要的优势就是更加了解我们的企业和政府，更加熟悉他们的一些想法和思路。第二个优势是很多中国律师是带有一定的家国情怀的，这使得我们在处理很多中国客户的事情上，会更加愿意穷尽一切资源去帮助客户解决实际的问题，而不仅仅是按部就班地走一些法律程序。第三个优势是我们有一批很优秀的涉外律师，都有多种语言工作的显著优势，包括英语及其他一些外国语种。此外，他们由于曾经在国外学习和工作，对西方的文化和法律制度也非常了解，甚至能够做到中西贯通。我们要做的就是保持并且发挥这些优势。

对于年轻的涉外律师，他们是中国涉外法律服务的未来和希望。年轻律师一定要把职业道德作为底线，珍惜自己的羽毛，还要锻炼好基本功，做力所能及的案件，把每个案件做扎实，不要好大喜功，急功近利。要学会从客户的商业目的出发，提出合理的解决方案。律师这个行业会越来越精细化，除了法律上的专业性以外，还需要去了解相关的产业和相关的产品，这样才能够给客户提供真正有价值的服务。

在国家和企业的国际化竞争中，法律服务业的竞争也是不可或缺的一部分。随着中国经济与世界经济高度融合互动，中国企业“走出去”的步伐不断加快，尤其是在中国“一带一路”倡议的大背景下，涉外业务从点到面铺展开来，涉外法律服务工作的重要性日益凸显。习近平总书记在中央全面依法治国工作会议上强调，要坚持统筹推进国内法治和涉外法治。2017年初，司法部等几个部委联合印发了《关于发展涉外法律服务业的意见》，对涉外法律服务作出全面部署。快速成长的中国涉外律师，不仅仅要为中国企业“走出去”保驾护航，依法维护国家和企业的合法权益，也一定会在国际规则的制定和执行过程中，发挥更大的作用。

合同洞见

在涉外法律服务中，合同通常会有中文、英文或其他语言多个版本。律师在办案过程中要特别注意合同文本的严谨性。面对合同的多轮修订，一定要检查中外文合同版本是否一致，不同语言表意是否相同，是否有错翻、漏翻、添附和歧义等问题。不严谨的合同文本将会严重影响客户的商业决策，甚至造成重大损失。

图书推荐

首先当然要推荐一下《绝不妥协：中国企业国际经贸摩擦案件纪实》这本书。该书于2021年中国入世20周年之际出版，讲述了中国律师在入世20年间为中国政府和企业保驾护航的多个经典案例。中国入世首席谈判代表龙永图先生和前WTO上诉机构主席张月娇大法官为本书作序。虽然本书从案例入手，但并不是一本案例集，也不是法律专著，书中更多以案件参与人的口述，将案例中的法律点和故事点串联起来，从不同视角观察和总结政府官员、行业、企业、专业人士、老百姓等在中国入世后，面对更加复杂的国际经贸环境的变化和成长。无论是法律人士、企业家、经济界人士、学生，还是关注国际法律和经贸关系的读者，都能够获得阅读的乐趣。我们希望本书对政府决策、企业“走出去”、律师实践、法律教学等方面亦有所帮助。

除此之外，我还想推荐一下弗雷德里克·皮耶鲁齐和马修·阿伦创作的《美国陷阱》，该书来自作者皮耶鲁齐的亲身经历。因作者应诉和服刑，辗转了美国的多家监狱，对美国监狱系统存在的各种问题有着全景式的揭露。更重要的是，这本书展现了他对美国司法制度的细致观察，以及他所思考的美国司法背后可能代表的商业利益裹挟。这对于我们在当前中美关系的大背景下，深刻理解当前美国的长臂管辖、出口管制和经济制裁等措施有所帮助。

校稿人：程宝枝

技能篇

程阳，毕业于中国政法大学，北京市兰台律师事务所高级合伙人，管委会委员，郑州分所主任，兰台劳动团队牵头合伙人。多年来一直深耕企业合规与劳动人事法律领域，擅长将法律思维与管理思维有机融合，为客户提供具有操作性、前瞻性的法律建议。工作之余，著有《人力资源合规管理全书》，带领兰台劳动团队出版了《劳动纠纷实战解析》《劳动疑难问题操作指引》《第一本法律日志书：HR每天学点劳动法》等书籍，统筹负责兰台律师事务所出版的《企业法律顾问实务操作全书》的撰写，主笔劳动法律部分，在多家媒体报纸等媒体上发表专业文章，全面负责“兰台劳动”微信公众号运营，公众号坚持每天发布专业文章。

微信：chengyuan007006。

法律人的知识管理与职业发展

程 阳

我是兰台所的程阳律师，主要的业务是公司合规，尤其是人力资源、公司治理和合规制度建设方面。2005年我从中国政法大学毕业之后就开始做律师，所以我的职业生涯很简单，一晃眼，我都做了快17年律师了，也算是“年轻的老律师”。这17年的时间又可以分为两个阶段，2005年到2011年，专业方向并不太细致区分，服务对象是机构客户，业务基本围绕客户需求来，内容比较杂，房地产行业的、汽车行业的都有涉及，投资并购也有涉猎。从2012年开始，我基本上只做人力资源劳动法律业务。从2018年起，在人力资源合规基础上延展到公司治理和公司合规，基本都是与人和组织相关的交汇式合规。

一、为什么做劳动律师？

我立志于做律师，但对要做哪个领域并没有特别限制，只对我自己不做的领域有限制。我当时选择做律师时，有两个领域不去做，一是婚姻家事，另一个是刑事业务。这两类业务我分别都做过一个案子，体验一下，但我内心对这两类业务是有心理负担的，除此之外，我自己并不挑业务，因为做律师是我的初衷。以劳动人事业务为专业是偶然的机会，并不是我有意为之。

兰台是一家一体化运营的律师事务所，我当时在房产团队，兰台在10多年前就确定了“做更好的公司法务律师”的战略定位，由于我们以服务机构客户为主，而未来法律服务市场、劳动法律业务对于任何一个机构客户来说都非常重要，我就从房产团队调到劳动团队来做劳动业务，所以就是一个特别偶然的机会，然后就开启了专业化之路。

当然，可能也与性格相关，既然做，就要做得不一样，就要做好。2013年左右，差不多微信刚开启，我们就从那时候开始，借助微信公众号这样的平台，把内部知识管理与业务发展同步都做起来。回头来看，真的是因为非常偶然的机会来做这个领域的律师，但做律师却是一种从未动摇的选择。

二、法律人的知识管理

1.什么是知识管理？

对于劳动法律领域的知识管理，我稍微解释一下。我们为机构客户服务居多，不管机构在大小、规模、性质等方面的差异有多大，很多劳动人事业务都是高频发生的。比如，劳动合同签订主体注册地与劳动合同履行地不一样，劳动者待遇如何确定？劳动合同第二次到期可以终止吗？基本上每个客户都会遇到类似问题，所以，我们从2013年，就开始做"百问百答"，现在积攒了1000多个问答，都是公司用工过程中的高频问题。

比如有人问，程律师，现在要解除一个试用期的员工，如果我们没做知识管理，我可能需要电话或者文字回复，但现在我就会发给他一个微信或者发给他一个文件，我说您自己先看，看完之后不懂的再来找我。

对客户而言，这样高效地回复客户体验感会很好，因为我们内部的积累写得比较详细，会详细说明一二三步应该怎么做，一看基本上就清楚了，如果还有需要讨论的，沟通效率也会比较高。

兰台劳动团队现在20多个人，人员流动很正常，由于我们此前的知识管理，新加入的伙伴在对接客户时之所以不紧张，是因为我们后台有一个庞大的知识库来支撑。除了日常的咨询，我还需要经常出具类似法律意见书这样的文件，比如说客户问我，程律师，我现在给员工解决了北京户口，可不可以约定违约金，怎么去约定？类似的法律意见出现次数太多了，我们可以很快地去帮他出具意见。内部的知识管理本身也可以高效地去解决客户预算不足的压力。所以，知识管理无论对于内部团队管理还是外部客户服务，都至关重要。

2.知识管理的具体内容

（1）咨询库

我们内部有问答咨询库，咨询库会不断地补充，而且已经变成我们的一种做业务习惯，只要遇到的问题，之前的库里面没有，我就会随时补充进去。比如，前段时间又遇到一个新问题，员工退休之后国籍变了，他能不能继续领取社保？实际上这个问题我们之前的知识库是没有的，我把这个问题给客户回复完之后，就立马把它转成一个问答放在我们的库里边。

这是我们最初的知识管理内容，也就是说，我们的知识管理是从高频问题开始的。当时之所以做这类型的问题，一方面是因为客户同类问题多，如果每次都重复的话，时间上是一种浪费。另一方面是因为我们内部团队也确实需要积累，劳动法律业务有一个特征是没有办法像其他业务一样只做推演，很多问题都有政策规定，各地操作也不同，因此知识管理可以从内部高效地解决问题，是知识管理的第一个层面。

（2）案例库

我们有一个自己的案例库，基本上是把市面上相关的案例自己收集、筛选完之后形成的，也会定时地去更新案例，比如说企业经常会问的，劳动者给用人单位造成损失，可不可以要求赔偿？赔偿标准是什么样的？我们的案例库就可以及时地给到客户。再比如说，客户可能会问，程律师，现在竞业限制补偿，违约金跟最终法院认定赔偿金额是什么样的关系？各个法院的裁判标准是什么？我们基本上也都有现成的案例库，包括我们自己内部对口径的掌握，这样就可以很快发给客户。

案例库是知识管理的第二个层面。建库的过程蛮难的，而且更新实际上对我们来说也有一定的压力，好在现在形成了这种习惯。

（3）文本库

接下来第三个层面就是文本库，通知类、合同类的版本有很多，所以我们有一个文本库，会分得更细一些，比如说同样是劳动合同，我们可能会分成简易版、复杂版、高管版本、普通员工版等，差异会比较大。我们也会定期更新文本库，比如说最近人社部和最高院出台的加班费案件，实际上会导致很多文本需要修订和修改，我们就会及时调整。现在基本上很少有我们没有的劳动业务的文本，只不过是文本到底应该怎么样调整和改进的问题。

（4）指引

指引实际上是基于劳动业务的特点而来的。比如，劳动人事领域的很多事情都需要人执行，基本上是人事部门去执行的，他们可能对人事管理工作很熟，但对法律工作不那么熟，比如有一个员工突然发生工伤了应该怎么办？从申请工伤，到假期以及待遇、劳动能力鉴定，再到相应补偿，一步一步应该怎么办，全部转换成一种工作流程。

工作指引最早应该是2015年。2015年我们做了一个人力资源合规项目，做完那个项目之后，我们每年基本上都会增加和更新工作指引，现在的指引有100多个。

（5）话术

我们基本上每天都在做沟通，跟员工沟通，跟管理者沟通，我们会有很多沟通场景的话术。比如说，现在员工要做绩效考评了，经过考评之后可能要把不能胜任工作的解除了，这种情况跟员工怎么说？说得太重，员工直接跟我“跳脚”了；说得不重，日后员工说你没跟我说清楚。我们会有一些基于这么多年在处理劳动争议中，摘取出来的哪些话能说哪些话不能说，怎么样说会更好一些。

相对来说，这部分知识管理会更柔性一些，没有标准答案，但是我们现在还是花了比较多的时间和精力在做类似的事情和工作，目前有两部分做得相对成熟一些，离职类沟通和绩效类沟通。

（6）培训课件

我自己做了这么多年内部知识管理之后，有一个体会，就是培训实际上是知识管理的集大成，知识管理做得好不好，可以通过培训来体现。培训中需要案例，需要指引，需要话术，需要沟通语境，如果说前面知识积累做得很好的话，培训课件会很简单。我们现在内部有100多个课件。有时候别人会问我，程阳你经常讲课，哪儿还有时间做业务，我就会跟他说，实际上我的大部分时间精力还是在做业务，讲课对我来说只是一个穿插，从时间维度的角度来讲，占比很小。

另外，一个课件我最多使用三次，三次之后肯定会更新。很多课件是客户定制的，因为我们有非常多的积累，所以更新起来不是特别困难。

3.知识管理的目的

总体上，我们的知识管理的目的围绕两方面，一方面是对内部，一方面是对外部。

对内，内部沟通怎么更高效，内部作业质量怎么更可控，怎么让团队伙伴的成长更确定，是我一直在考虑的问题。

原来我自己在内部会议上提过“门槛”理论，首先，我们做任何一类业务都要保证自己不低于某个级别的门槛，要想不失水准就要去盯每一个业务、每一个细节。正是因为有这么多知识积淀，作业质量才相对可控，这是我们自己一直坚持内部知识管理的重要原因。

其次，团队伙伴的智慧需要一种承载方式，比如，咱们今天讨论完了，讨论之后能够提炼和留下来一些什么，让别人一看就觉得是有启发、有收获的，我们就是按照这样的模式来做管理的，如此，知识管理就是可衡量、可度量的。

之前有同行和我说，通过兰台微信公众号能看出来我们的成长。我说当时刚开始做微信的时候，属于硬着头皮在做。一直以来做微信公众号，我们和别人的出发点不太一样，我们从来没有把微信公众号当成宣传方式，它就是我们内部知识管理的工具，我们用这种方式让大家觉得，我们的成长是能够度量出来的。

对外，知识管理是为了让客户感觉更好。每类业务特点不一样，劳动人事法律业务琐碎，时效要求高，当客户遇到什么问题时，我们可以比较快地给客户一个思路，不一定要给客户答案，但有了思路后，客户就不会慌。我们之所以能快速将思路给到客户，是因为已提前做好了很多梳理。

知识管理串起了我们内部团队管理跟外部客户体验，所以知识管理不是一个简单的文件夹，而是客户遇到每一个问题时的锦囊。

4.做知识管理要解决的问题

（1）回报

我们律师是以做业务为主，一定程度上，知识管理是需要在做完业务之后再做的一件事情，我们必须解决每个人“偷懒”的问题。我的经验是，刚开始需要跟团队伙伴“死磕”。因为刚开始做，大家并没有从这里受益，大家会觉得这是工作之外的负担，毕竟工作之外的“多做一点”需要时间投入。回头来看，才会觉得这样的积累有意义，这段难熬的时间只能由团队负责人熬，所以，任何将知识管理交给某个人负责的方式都坚持不下去，这是做知识管理时我自己的第一个感受和体会。

（2）分享

并不是很多人都愿意分享，尤其律师自带生产工具，我本来是拿这个“知识”挣钱的，我分享完之后是不是别人拿去挣钱了？“在商言商”，这种想法我觉得挺正常的，我们自己内部曾经也有类似争论。但我的想法是，你分享，收获最大的不是别人，而是自己，因为你把一个问题从想得清楚到表达清楚，是很漫长的。

（3）跟进

知识管理中需要解决的另外一个问题是怎么样持续地跟进，包括怎样与业务平衡。我自己有另外一个体会，做到一定程度，你就会发现，知识管理与业务不需要平衡，知识管理与业务密不可分。

知识管理和业务是可以打通的，但需要我们在这个专业领域持续跟进，只有持续跟进，你才能知道客户的痛点，我不觉得知识管理和业务管理会有冲突。

知识管理及外部呈现方式本身也可以做管理，只要做了储备，做了管理，就会发现它是不会断的，跟蓄水池一样。你业务相对不那么忙的时候，就多做一些，忙的时候少做一些，只是做多做少的平衡和互动，而不是非此即彼的管理。

我自己的体会是大概需要三年的时间。你一定不要想着我做一年就可以把这件事做成，只有持续三年左右，才会慢慢地感觉到这样的平衡，它不是我们的负担。

三、法律人的职业发展

1. 知识管理与职业发展

知识管理与职业发展不是两个话题，是一个话题。

律师是知识型职业，我们每个人精力时间都有限，怎样能在有限的时间内尽量地去做一些高效的事情，是我一直以来在思考的。我对团队每一个人的期望及要求，包括我对我自己，就是让团队每个人每年都做不一样的事情。看似简单的标准，实际上蛮困难的，要想做不一样的事情，需要几个前提条件：

一是每一个人要有成长。二是团队业务要有变化。我们要想做不一样的事，就需要把原来做过的事情尽量压缩时间。比如，2010年左右我给客户讲一次课，半个月都在准备课件，但是现在我可能只需要准备两个小时，会针对性地讲，这就是知识管理及专业积累带来的成长空间。我也认识一些律师，都特别特别努力，但是他们可能是被业务赶着走。他们做业务都是非常好的律师，但是再过几年，基本上还是停留在那么一个状态，没有质的成长。因为他们自己没有通过知识管理的方式，管理自己的时间和精力，没有从事务性工作中解放出来，每天都在做重复的事情。甚至重复也没关系，如果将重复不断提炼，也可以节约时间和精力，如此，职业发展才会有各种可能性。

与其每天很着急地说我去哪儿“碰”一单业务，不如踏踏实实地把自己曾经做过的案子、做过的事情、对接过的客户，好好地沉下心来总结、思考，可能业务也能做起来，自己的专业度也能做起来。知识管理会与我们的职业发展紧密挂钩。

2.职业发展的阶段

第一个阶段：积累期。这个阶段每个人的时间长短可能会不一样，大概5年时间，其间主要时间和精力应该放在业务和专业上。这段时间特别重要，每次团队新来小伙伴，我会设定几个界限或者目标，告诉他说，在一年以内他犯任何错误都可以接受，哪怕说因此丢了一个客户我都可以接受，因为这可能就是成长的代价，但是一年之后有一些错误是不可以再犯的，没有任何理由和借口。大概这样坚持下去，到了二三年级以上的律师，在专业度、与客户交流方面是不应该有问题的。当然积淀也需要时间，每个人悟性也不太一样。无论如何，需要三到五年的时间，在这期间，不用想其他，就是专注于专业本身。

第二个阶段：转折期。能不能从一个普通作业型律师转换成有市场能力的合伙人，这段时间特别重要，至少需要这么几方面的能力：（1）市场意识：并不是每一个律师都具备市场意识，真正的市场意识是要琢磨清楚客户到底需要什么，客户只会为自己的需求买单。（2）专业标签，我自己做律师这十几年曾经有一个误区，不想给自己贴标签说程阳你就是做劳动法的，我觉得贴上标签之后限制了无限可能。但是如今，法律市场也在走向成熟，没有标签，就不会有市场。你会发现大家现在都在找有标签感的律师，因为这样选择成本会低一些。（3）管理意识，就是说你除了管自己，还必须管理好他人。管律师团队，并不那么容易，因为律师本来就不服管，你会发现不同的律师性格差异特别大，但是还要让他们在团队里面彼此协同，怎么求同存异？我自己总结出来一个“土办法”，“勇于当主角，甘于当配角”。团队里，包括我自己，经常也是配角角色。比如说，有一些案件实际上并不那么复杂，可能为了让一个律师去锻炼，我就是配角，我会陪他出庭，我会让他去发言，而我只是做补充。同时，要让每个团队的每个人，哪怕他刚来没多久都要让他去当主角，在有一些事情里他可能就是主角，比如做一个加班费的问答系列，我可能就是让新人在做这件事情，他可以统筹高年级的律师，可以统筹合伙人。就是说，一定要把赋权的事情搞清楚，然后会发现，团队管起来也并没有那么困难。但在这个过程中还会经历很多心态变化，包括大家刚才提到的团队人员变动，甚至有一些动荡，都很正常，这种心态的转换和历练可能需要时间。

3.律师发展的门槛

对于门槛，每个人的体验不一样，甚至有一些律师可能就不太愿意过门槛了，因为毕竟还能做一些业务挣钱，可能就不想那么为难自己。我自己习惯从长远角度来看，我觉得门槛还是要想办法迈过去的。其中一个门槛就是协作门槛，我最近对协作感触比较深，越来越多的业务很难用一个专业领域的积累解决，不同专业领域的协作就至关重要。比如，平台用工当中的个人信息保护、平台用工当中的用工安全问题，显然不是单一的劳动法问题，你需要去跟很多团队、很多律师、很多同行去做一些协同和协作性的工作。有时候协同起来并不那么容易，甚至我们说着同样的话，但是彼此不理解，此外还需要协同大家不同的时间、不同的工作习惯等。我们未来的业务发展，如果没有协同，可能业务很难做得比较好，也很难响应客户的需求，而协同需要我们去包容、理解，这是我自己的体会。

如果说我们要想再往上发展，比如我现在作为兰台管委会委员，也承担事务所层面的管理工作，会发现面临的挑战更大。因为原来做好业务，服务好客户本身就是比较难的事情了。承担管理事务时，身份是要转换的，不能只考虑局部的、团队的、单一的市场问题，还需要考虑市场趋势之类的问题，如律师行业的一些发展、客户的一些需求变化等。

从个体发展到团队发展，从市场问题到发展趋势，要不断地向前走。

4.优秀律师的特质

（1）信念和愿力

特别爱律师这个职业，看到业务眼睛是发光的，这是内在驱动力的问题，非常重要。

（2）好学

好学的特点在于不在意你当时怎么评价我，我只在意通过这件事情我是不是真的学到了东西，是不是真的成长了。

（3）目标感

目标感跟功利是两码事，我会比较欣赏那些做什么事情都很有目标感的人，一件事情，我知道自己希望达成一个什么样的目标，希望保持一个什么样的状态，希望有什么样的效果。

（4）勤奋

聪明但是不那么勤奋的话，后劲不一定足，做到真正的勤奋并不容易。

（5）职业红线

虽然放在第五个但不是不重要，职业红线的把控特别重要。

我们会发现，每个人特点不同，有的人会更外向一些，他跟客户的沟通感会很好，有的律师他就是码字码得特别好，他能坐一天也不嫌烦，但是我会更在意我提到的这五点。

合同洞见

不知道大家有没有考虑过一个问题，那些消失了的合同或者消失了的合同争议。我经常琢磨这件事情，某一天劳动争议会不会消失。我只是举例子，我们可以想一下，曾经海商法、票据法，甚至原来的外商投资，都是特别高端的法律业务，但是你会发现，现在这些类型的业务好多都消失了，它们为什么会消失？

业务标准化、成熟化到一定程度时，作为法律业务可能就消失了，因为行业规则、习惯已经融入交易本身。我们律师也面临一样的问题，哪怕现在做的业务很超前，也一定要想到这个业务有没有可能消失。当它变成交易惯例，就是当交易成本低到没有争议时，它一定会消失，这时候要是死死地守在这个领域只能饿死了。

我在想，不妨回头看看那些消失了的合同争议是怎么消失的，现在会发现，二手房交易这种纠纷明显降低。当我们用这个逻辑去考虑很多合同争议和很多问题时，可能会有不一样的视角。

对于下一步的对策或者打算，比如说思考哪天劳动业务会不会消失，我想到，如果有一天我现在做的事情全都标准化了，还有哪些事情是我可以做的，两个字——沟通。我觉得哪怕有一天再没有业务干，离职谈判、绩效谈判还是需要人来完成的。

我们可以做沟通，现在在沟通方面做一些储备，再为未来的事业做一些准备。

至于法律人在这个时代如何应对可能会有的焦虑感或者职业危机感，我会用两个字来概括，叫“融合”。不要再用自己单一的法律视角去想问题，我自己现在就会看很多管理方面的书，会不断地去想，为什么管理者想问题的视角永远跟我们律师不一样，我真的就想对了吗？

到底沟通的障碍在哪里，有没有融合的可能性，未来一定会把问题交给能把一些领域融合得很好的人。尤其是对于我们法律这种人文社科类的学科来说，融合会更难，我会在融合方面去做一些尝试，做一些变化。

图书推荐

我自己是比较喜欢看书的，考虑到我今天要分享的话题，我准备了两本书，虽然都跟法律没有关系。

一本书叫《用好人，分好钱：华为知识型员工管理之道》。另一本书是关于心理学的书，叫《了不起的我：自我发展的心理学》。

第一本是针对知识管理的书，华为是做知识管理做得比较好的公司。律师作为纯粹的知识型人才，如果从管理角度观察，我们可以看看华为是怎么管的，他们的思考逻辑是什么。比如，我怎么告别英雄主义色彩，然后往职业化的方向过渡，我怎样能把每个人脑袋当中的想法落实到工作流程，以及嵌入每个人的工作能力当中，实际上也是我们关心的一些话题。这本书我觉得还比较通俗易懂。

另一本是我很早之前看过的——《了不起的我：自我发展的心理学》。为什么我要推荐这本呢？律师在自我成长的过程中，会遇到很多心理困惑，我们可能也需要学一些心理学的知识。

校稿人：陈太阳

常亮，北京嘉善律师事务所创始人、执行主任，中国政法大学法学硕士、中央民族大学法学博士，《动态股权》作者。曾任法官，具有12年北京法院工作经验，后担任360（北京奇虎科技有限公司）、网易公司法务，及某法律科技公司副总裁等职务。北京市法学会电子商务法治研究会常务理事，北京市文化娱乐法学会理事，得到App认证大V、锦囊签约专家作者，猎聘学院讲师、36氪创新导师。

微信：changliang428。

视频号打造律师个人IP，这事值得做吗？

常 亮

Timini：常律师，您是得到App的“认证大V”，有6万多用户关注，您做视频号的主要原因是什么？

常亮：我在法院工作过十几年，这期间当过法官，也负责过法院的新闻宣传工作，我对法治宣传这件事一直很有热情。我觉得，在自媒体越来越发达的时代，律师也要拥有自己的个人IP，这样可以帮助律师形成更好的品牌度和影响力。去年，微信创始人张小龙先生在一次演讲中提到“视频”两个字有143次，提到“视频号”58次，提到“直播”40次，提到“公众号”21次，提到“公众号文章”16次，提到“小程序”9次。可见，在微信的体系里，视频和视频号一定会得到越来越多的关注，也可能会被投入更多的资源。我认为，在朋友圈发布自己的视频号，一方面，可以在朋友圈传播自己的真实形象，可能增加大家对你作为专业律师的信任度；另一方面，如果视频被点赞，也可以被推荐给好友之外的微信用户，这可以让律师得到更多的曝光和宣传。

Timini：视频号做多久会产生收益，您的业务转化率怎么样？

常亮：做视频号之前，我们先要想好自己的目标是什么。如果目标就是获取客户，那还不如考虑直接到其他网络平台买流量，没准还能直接转化业务，当然现在流量费用也很贵，不一定是个人律师能够负担的。我之前做过一些自媒体内容，在得到App、头条号后也有业务转化，个别案件标的超过千万元。但是，视频号能否产生直接的业务收益，我现在还不能给出肯定的答案。如果一定要我给出一个期限的话，我希望不是一万年（笑）。作为一家律师事务所的管委会主任，我们的客户来源主要还是线下，线上业务目前在我们的营收中占比还很小。所以，我自己做视频号的初心，是希望自己不仅是一个专业的法律服务提供者，也是一个优质法律知识的输出者，通过短视频载体，我可以让更多的观众了解法律知识，在大家心中树立起专业可靠的形象，而不是直接为了获取客户。

Timini：您的视频号更新非常稳定、规律，您是如何坚持日更的，是不是需要投入很多精力？有没有内容枯竭的焦虑？

常亮：首先，凡事贵在坚持，做视频号这种自媒体是需要一点长期主义的。我是固定好每周的录制时间，如果没有特殊情况，我会提前录好下周的视频号内容。其次，我们有一个小团队在做这件事，从选题、脚本到拍摄剪辑，需要不同岗位的同事共同完成。最后，视频号的选题一般来源于法律常识和日常案例，素材还是非常丰富的，倒不必担心内容会枯竭。目前，我视频号里的内容主要是围绕企业常见的法律问题，比如公司法、劳动法等，当然也会涉及其他方面，比如民法典里的内容。从后台数据情况分析，劳动法、婚姻法等个人比较关心的法律问题，往往会被视频号官方推荐。

Timini：做视频号会有什么负面作用吗？

常亮：我觉得视频号给我带来的基本都是正面的反馈和鼓励。最近，一家知名大学的出版社找到我，邀请我出一本以“股权纠纷”为主题的书，就是因为编辑老师看到了我的视频号，觉得我在公司股权领域有一定的研究和积累。所以，只要我们坚持正确的初心，把握好方向，不片面为了追求流量去制作一些故意博人眼球、低俗肤浅的内容，就不至于产生负面作用。

Timini：几年前，抖音快手这些短视频平台之前可能快速获得百万粉丝，但现在红利期可能已经过去，您觉得现在视频号粉丝可能快速增长吗？

常亮：我想举一个自己的例子，我在得到App的“知识城邦”上有6万多用户关注，其实刚开始在“知识城邦”发布普法内容的时候，我并没有想到会有多少粉丝，只是觉得这件事情是有意义的，因为确实有一些用户对法律知识有点兴趣，他会关注你，所以我坚持做了下来。其实，不管在哪一个平台做内容，如果我们只是为了涨粉和获客，那真的可能不如去线下寻找客户效率高。

我觉得做自媒体，就是一个种下种子，悉心栽培，慢慢发芽的过程，它会慢慢地长起来，也许有一天忽然就收获大案子，你也不会感到过度惊讶。所谓“但行好事，莫问前程”，正确的事情，坚持一直做下去，就一定会有好的结果。当我们收获越来越多粉丝的时候，还会给人带来一种愉悦感，因为在工作与赚钱之外，我们发现还有更有趣的事情可以做。

Timini：律师做视频号怎么给自己定位？

常亮：要想清楚自己的视频号想展示怎样的一个形象，是一个严谨范儿的专业大咖，还是一个娱乐范儿的网红主播？我看到有的律师在视频号积累了很多粉丝，经常晚上直播带货，卖口红卖手表，这样的定位就不是专业形象，而是一个娱乐化商业化的形象。如果不打算走这样的娱乐路线，我想还是要做一个思考，分析一下展示的专业形象与用户需求是否匹配。之前抖音、快手有不少律师做了比较垂直的内容，比如说婚姻家事、拆迁房产、劳动用工等，这些都是根据自身业务做的选择，关注这些内容的用户是很可能带来业务机会的。就我的业务来说，主要聚焦在企业法律服务，那我会比较多地输出关于股权设计和激励、公司股权纠纷、劳动合规方面的内容，让我的形象和业务领域尽量匹配。

Timini：法律人来做内容，让专业的运营方去做包装、定位和营销，会是一条可行的路径吗？把“用钱买流量”和“用好内容换流量”这两种方式结合起来会不会更好？

常亮：可以尝试和专业机构合作，但还是要考虑两点：一方面，你的内容是不是足够专业和有趣，否则即使花钱买了流量，效果也未必理想。另一方面，专业机构是否靠谱，对于法律类IP的打造是否有经验，否则打造出的人设和我们的业务领域不匹配，也没有实际意义。

Timini：内容同质化严重的情况下，怎么作出自己的特色？

常亮：第一，尝试用一些方法让你的内容更加活泼，激发观众的兴趣。比如我们也会尝试两人对谈的方式，和团队里的小伙伴搭台演戏。小伙伴会问：常律师，我最近被违法解除劳动合同了怎么办？然后我再进行一个简答。观众会觉得这种方式很有意思，这也算是一种形式上的创新。我们也看到有的短视频采用短剧的形式，那样成本就比较高了，我可能做不到。因此，形式上的创新性，可以让观众觉得眼前一亮。第二，在内容上，我们也可以去总结和打磨自己的特色。因为知识类短视频的特点，你的选题可能和其他人的会重合，但我们自己可以尝试建一个新的模型。“得到”App创始人罗振宇老师说过，“知识是对世界的建模”，“这个世界提供确切知识的人，往往都是知识的整理者，而不是真理的提供者”。一个知识点，大家都学过，怎么用你的模型把它整理出来？简单举个例子：我有“离婚三十六计”，还有“股权设计降龙十八掌”，大家就会感到你是有知识体系和逻辑的，而不是搬东搬西。比如，我做过一个民间借贷法律问题的建模，叫“两证三年”，“两证”，指要有借款的凭证（借款合同、借据等）和付款凭证（转账记录、收条等）。“三年”，指诉讼时效是三年。所以，如果内容要有特色，就要对知识进行重新建模。

Timini：我们说想要有好的流量，就要有好的内容。但是怎么去判断内容的好坏呢？或者说能否作出有稀缺性的内容？

常亮：其实法律知识类的内容做到稀缺性不是很容易，我们只能说尽量在输出和表现方式上进行优化。如果能够利用热点事件传播相关知识，这样的内容可能比较会受欢迎。比如说，我们想说说股权纠纷的内容，就可以结合一些知名企业发生的热点、重大事件进行点评。视频号需要用“短平快”的方式输出内容，对于热点事件，内容输出需要更高的效率。我有时候也会在一些报社的新媒体上通过视频方式点评热点事件，如果是上午给的线索，下午就必须做好脚本并录制，时间要求比较高，对于工作繁忙的律师来说，能否保证时间来制作内容，也是个难题。需要提醒的是，这类内容其实是有一定风险的，点评社会热点事件或者案件也是一把“双刃剑”。因为可能有的案件还没有经过法院审理判决，作为律师点评时需要保持客观、理性和中道的立场，否则可能会带来不利的影响。

Timini：除了丰富“菜品”之外，在“烹饪的方法”上能不能找到“无人区”？能不能在个人风格上找到创新？

常亮：比较一下律师同行们的短视频账号，其实创新性并不多，账号的同质性确实很强，一般的风格就是律师坐在屏幕前讲解。创新不多但也有，不同的人也会有自己的风格。我是央视某知名法律栏目的嘉宾律师，栏目定期会邀请我去解读法律问题，有意思的是，他们经常会选择热播剧中某一个片段，针对剧情中的法律问题要求嘉宾进行解读。这种解读方式很多网友就比较喜欢，因为追剧的人很多，可能就爱屋及乌了。因此，我们如果能够利用热播剧来引流，可能会得到更多的关注。比如，电视剧《都挺好》里面就有不少法律问题，如果我们要讲解继承法律问题，我们就可以问问观众：苏大强能通过遗嘱把房子留给自己的保姆吗？这些热播剧里的经典场景，可以激发观众对法律问题的兴趣，也可以加深观众对法律问题的理解。

Timini：作为法律人在录短视频的时候有没有拘谨的心理？

常亮：如果想做短视频，心态要放松一些。要告诉自己，我是喜欢对着镜头表达的，做到面对镜头不发怵，释放自己最好的状态。这几年我经常去给企业和企业家分享法律知识，也做过视频号直播，登台多了也就放得开了。几年前，我在全国律协民委会的年会上做过主题分享，那次我的偶像，最高院的何帆老师也在。我记得我当时就有点儿紧张，语速也没控制好，下来后就觉得有点儿懊恼。不过人是会改变的，当你多上几次台，就会觉得习以为常了，这几年我不断讲课、分享，渐渐地感觉自己的表达能力也在提高。录短视频也是这样，刚开始面对镜头，你可能有点儿手脚发软，有点儿发热出汗，但当你录过十条二十条以后，你会觉得其实没那么难，完全可以做到游刃有余。

Timini：有天赋的人很少，没有任何包袱，口若悬河，机智幽默，这样的人是非常少的。我们大多数人都是普通人，面对镜头或者登台演讲，紧张不适是很正常的。如果你想去做短视频，不要因为畏惧镜头止步，因为这完全是可以克服的，就像克服对登台演讲的恐惧一样。

常亮：大家知道，法院开庭审理案件，经常会有新闻媒体来采访报道。我刚当法官不久的时候，有一个合同纠纷案件开庭，那天来了很多的新闻媒体，审判台下摆放了很多的摄像机和聚光灯，还有很多的旁听群众。我坐在法庭上的时候，也不由得感到紧张，手心也会出汗，因为一想到台下有那么多镜头对着自己，生怕自己有什么表情或者动作不妥，被电视台的镜头抓拍到了。其实，这种担心完全没有必要，因为电视台后期肯定要剪辑的，而我们录短视频就更简单了，如果你忘词了或者说错了也没关系，重来一遍就好了。

Timini：技术层面做好短视频最重要的是什么？

常亮：第一，我觉得还是在于内容，内容的好坏取决于是否有创意。创意应该是最重要的，不管是内容方面，还是形式方面，总要有一点特殊性和差异性，要有和其他人不一样的地方。第二，就是要坚持。有不少人问，执业多久可以做视频号，我觉得如果你真的有兴趣和决心的话，就从现在开始吧，因为“种一棵树最好的时间是十年前，其次是现在”。第三，要不断地试错和迭代，短视频平台有自己的算法和规则，要想获得更多的流量，也要研究视频号的运营数据。

Timini：有观点认为，也许短视频是年轻律师弯道超车的好途径，您认可这个观点吗？

常亮：我觉得还是要具体问题具体分析。你到底想通过视频号来做什么，律师的自媒体粉丝数和实际业务量未必是一个完全对应的关系。我看过一篇文章，说一位江苏的律师，她做的头条号有几十万粉丝，一年能带来几十万元的案源收入，我觉得在三线城市，这样的收入也挺好，而且是线上客户找她，她也不用在线下拓展客户。但是，有的年轻律师通过短视频获得几百万粉丝，就直接开始直播带货，会不会有业务转化就很难说。另外，如果年轻律师是单兵作战，平时自己的业务工作也很忙碌，时间和精力有限，再花工夫去做短视频，可能也需要量力而行。

合同洞见

合同是每一位企业家的必修课，祸福皆因于此，胜败常取决于此。

图书推荐

我想向大家推荐一本书，《臣服实验》。作者迈克 · A. 辛格在一次深层次的灵魂觉醒后，决定放弃自我的偏见和喜恶，放手让生命之流来掌控一切。这本书可以让我们看到一个人的痛苦、纠结、探索、发现，以及最终的绽放。当我们选择向生命臣服时，人生可能会出现种种奇迹。

校稿人：方文璟

李雪松，国际商务谈判专家，极北光管理合伙人，《逆势谈判》作者，科技部特聘导师，香港大学客座导师。李雪松先生本科毕业于中国科学技术大学，研究生毕业于瑞典皇家理工学院，在职业生涯初期曾供职于瑞典爱立信公司，历经研发、交付、管理、咨询、销售等多个岗位，后出任多家跨国公司的市场和销售副总裁及事业部总经理等职务，曾深入40多个国家和地区，帮助世界顶级的企业和机构进行全方位的商务谈判实践、赋能和咨询工作，学员遍布全球100多个国家和地区。

微信：TA-NMC；微信公众号：谈判砖家；邮箱：into@noraaura.com。

法务、业务、商务三位一体的谈判架构

李雪松

无论是做生意，还是在生活中，我们常说的一句话是：“没有什么事是不能谈的。”

的确，谈判可以帮我们避免很多矛盾、争取更多利益；而谈判桌上的一个不小心，也有可能让我们错失商机，或是作出过多让步。

我认为，谈判是一种升维的思考方式，对企业来说至关重要。谈判是门艺术，也是一项可以被习得的技能。凭借丰富的国际履历和商务谈判实战经验，我总结了一系列能够直接上手的谈判体系。我在参加“合同相对论”的专访时，主要诠释了什么是商务谈判，以及管理者在谈判桌上常犯的错误是什么。

一、我们对于商务谈判有普遍的误解

进入谈判领域确实是由于一个非常偶然的机会，因为我学的是通信，毕业后直接去了爱立信。一开始是在德国做了一年的预研，做研究、写标准，一年以后就回国了，回国之后还是在爱立信，做咨询的业务。

后来慢慢地就变成了管理和销售的岗位，现在回过头去看，当时做的也不能完全叫销售，因为我们一年负责几十亿元的业务，这就会涉及复杂的商务条款的商务谈判，会有成百上千条的合同条款，相当于是误打误撞地进入了商务谈判领域。

逐渐了解这个领域之后，发现一开始我对谈判是有误解的。谈判要有很好的沟通表达能力，我们是不是一般这样理解？我后来发现，其实在商业环境下，甚至扩展到商业以外，谈判并不主要考验你的说话能力，而更多考验的是你的思维模式。

我之前的理工科背景训练出的逻辑思辨能力和系统分析能力，给了我很大的帮助，所以虽然之前的学业和现在的专业看上去跨度很大，但是实际上有内在的联系。

经过后来的观察和研究，我也慢慢地发现，很多觉得自己不太会说话，甚至脑袋比嘴巴灵的一些人，实际上可能是潜在的谈判高手。

谈判有点像解方程，它是非常系统性的东西，中间又有很多的变量。这个其实就是我觉得非常有意思的地方。你可以去调整这些变量，不断地设计和优化你的方案，然后来来回回地博弈。

实际的谈判过程，其实是一个连续博弈的状态，在这个过程中，你采用什么样的策略、引入什么样的变量、使用什么样的算法、组建什么样的团队，其实都是蛮有意思的。

二、法务人员、业务人员和商务人员的谈判特点

业务人员、商务人员和法务人员有不同的立场，业务要签单、商务要利润、法务求安全，虽然代表同一家企业，但这三个角色的立场实际上还是很不一样的。

这就引申出了另一个问题，作为前段的业务人员，到底什么时候该引入法务呢？是谈判的前期、中期，还是后期呢？我甚至听过一种特别不靠谱的说法——出事的时候！为什么有些业务人员会在商业谈判时不愿引入法务呢？

很多的情况下是因为业务人员怕麻烦，怕给签单带来影响，其实很多业务人员的想法往往很直接，就是要把单签回来，至于利润率怎么样，执行的时候会出什么问题，都是以后的事情。但商务和法务人员站的立场不一样，很可能一件事情从业务人员的角度来看很有机会，但一问商务就会“节外生枝”，出很多问题，而一问法务可能这个业务根本就没法做了。所以有时甚至会出现虽然同在一家公司，但业务人员会故意躲着商务人员和法务人员的情况。

这就容易给公司“埋雷”，说实话，我基本上没见过什么合同不出问题的，尤其是涉及后期大量执行工作的合同，这就可能导致签单的毛利率并不是最终的毛利率，账期有拖延，甚至有坏账，在财务阶段就会打个折扣；然后还可能有违约风险、赔偿责任，就算我们对对方的违约责任进行追讨也有法务成本，这就导致

在法务阶段又要打一个折扣。

所以，本来签单时看起来赚钱的业务，到最后算下来居然亏了！这些都不是小概率事件，所以我们当然要有足够的风险意识，公司要想长期健康运营，必须得有法务来对业务进行把关。

很多企业在做业务的时候咨询我该在什么时间点引入法务，我换个问题，我们什么时候该去找医生？是生病的时候，还是平时就要注意保健？其实找法务或者找律师也是一样，我想说的其实是公司平时就要注意合同质量的管理，给合同做保健，而不是出问题的时候再找法务、找律师，这个时候能做的已经非常有限了。这就跟患了绝症再去找神丹妙药一样，病急乱投医。这个时候其实给法务和律师的压力也都很大。所以我很理解，法务和律师都是高压的工作，平时不找你，找你都是出问题的时候。

可能我用医生和律师来类比还不能完全反映现实情况，我们现在都比较关注个人健康，也有相应的基础知识，但是大家的法律知识其实还是相当薄弱的，也没有什么合同健康的意识，导致业务人员和法务人员在配合的时候，没有足够的基础知识储备，就需要比较长的时间来磨合。

三、组建法务人员、业务和商务三位一体的谈判团队

怎么解决这个问题呢？因为我是通信行业出身，所以我就讲讲通信行业的实际案例，爱立信在前端有一个“Core 3”的组织，华为叫铁三角，这个铁三角由三个不同的角色构成，即销售负责人、产品负责人、交付负责人，这个铁三角是前端的核心作战单元。

但后来发现，铁三角不能解决所有的问题，正是由于铁三角是作战部队，是要往前冲锋的，但企业需要的是有质量的增长，这就需要有人对前端作战部队打回来的单子进行把控。基于此，爱立信引入了商务运营这个角色（Sales Operation），华为引入了合同商务及履行管理这个角色（CCFM），这其实就是在业务、财务和法务之间加了一个连接器，起到一个“三通”的作用。

这就要求这个连接器本身具备业务、财务和法务的专业知识，这个要求其实

是很高的。不过好的企业都在这个方面有很大的投入，华为在后来更是引入了合同场景师的定义，这在华为内部是个定位非常高的角色。

但这种组织方式也不一定适用于所有的企业，可能更适用于那些需要操盘大型项目的企业，像通信行业流行组建成建制的部队，冗余配置，饱和攻击，但这种打法可能不适合一些规模小，或者单体项目小的企业。还有一种更普适的方式其实是给业务人员进行法务知识的赋能。我之前上过一门课“Finance for Non-Financial Professionals”（对于非财务人员的财务课程），这个课在业务人员里是很受欢迎的，我建议也可以开设针对非法务人员的法务课程，要在公司里给业务人员开展普法教育。

我发现法律人内部的交流还是挺多的，但是很少走出去做跨界交流，不管是在公司内部还是外部。我的观察可能比较片面，不过我觉得这样的交流还挺有必要的，首先市场就很有需求，而且这是一个拓展业务的过程。这就要求我们法务人员同时也要有更高的业务意识，也就是两边都要往中间凑一凑，在没有连接器的时候让自己代偿一些连接器的功能。

四、针对法务人员的谈判建议

其实有律师朋友跟我自我剖析过，认为律师和法务人员在谈判时普遍灵活度比较低，她自己觉得这是一个非常需要改进的地方。但我的看法是，法务和律师工作本身的要求就是要严谨，要有很强的合规和风险意识，肯定会伴随灵活度比较低的问题，这在我看来是没毛病的，该坚守的是需要坚守的。

业务人员在前面冲，但是他可能看不到后面的风险，用一个词来形容，叫作“顾头不顾腚”，我只要把单签回来就行了，管你后面有什么风险，那时候我销售指标也完成了，提成也拿了，说不定老子都拍拍屁股走人了。有人做前锋，有人做守门员，一个组织需要这样的搭配，不能全是进攻队员，没有人守门，这样是会把公司暴露在极高的风险之下的。

我观察的一个比较共性的特点是，法务人员比较喜欢进行长篇的论述，甚至有些时候（尤其是律师）会出现嘴巴不饶人的情况，这在商务谈判中容易带出几个问题：

1. 首先，容易激起对方的反抗情绪，或者激起对方的警觉，这样我们容易在谈判桌上收获更多的敌人和敌对态度，后面就不好沟通了。

2. 其次，律师的表达能力都很好，比较擅长结构化表达，比如抛出一个论点，要给出多个论据进行支撑。这和我们长期受的训练有关，但这其实也是我们在商务谈判中需要尽量去规避的。很多时候一开始讲理，谈判的方向就偏了。

3. 最后，讲得太多我们就听不见对方在讲什么了，尤其是对方的主要诉求在哪里？对方的限制因素在哪里？对方的灵活度又在哪里？这些实际都是谈判中的破局点，是我们需要去着力挖掘和进攻的地方。

当然以上都是我基于自己有限的观察作出的结论，可能不准确。以下是我一些不成熟的建议，供各位参考：

1. 硬话软说。我们还是要把信息传递给对方，包括那些对对方不利的信息，要通过信息的传递去管理对方的期望。但传递的方式需要有技巧，尽量在谈判桌上不要树敌，不要激起防备心，为后面的沟通打好基础。

2. 专注诉求，而不是专注理由，少做解释。我们在谈判时需要让对方关注在我们的诉求上，而不是关注在我们的理由上。对方答不答应你的诉求的根本在于他自己算不算得过来账，而不在于你的理由是否充分。

五、在谈判前要做好充分的拉通和筹划

我还有一个强烈的建议是，在正式的谈判之前，一定要做好内部的拉通和筹划。其实很多人问过我，在谈判当中怎么随机应变？我的建议是：千万不要随机应变！我们看到的可能是幸存者偏差，以少打多，实际情况还是以多打少胜的多。

《孙子兵法》里也有这样的说法，先胜而后求战，而非先战而后求胜。意思是说，你有了充足的把握以后再去打，而不是说我们打打试试，看看能不能赢。

所以有一句话叫“善战者无赫赫之功”，应用到谈判当中也一样，我们一定要做好充足的准备。不要随机应变，我们看到的随机应变，可能是他长期积累的结

果，他之前碰到过类似的情况，或者他有相应的预案，但不要迷恋这种东西，没有准备好就不要上谈判桌。

这个可能也是高手和普通人最大的一个区别，高手一定会好好准备。那我们该怎么做好谈判前内部的拉通和筹划工作呢？

业务人员要提前引入法务人员进行重要谈判的筹划，明确限制因素，业务人员要有底线思维，对于什么是我们的限制因素，要提前明确。

法务人员帮助业务人员筑底，不然业务人员在谈判桌上是很容易没底线的，那就得法务人员之后再去兜底，所以需要事先去给他们铺垫好，做好托底的工作。

还有就是法务人员要帮助业务人员提前明确核心诉求，哪些是必须要放在合同里的，而不是最后在签合同之前往里面塞东西，这个是让在前端的谈判人员和对方都很难受的，俗话说，“丑话说在前面”，有事提前知会，大家的感受都会更好一些。

在谈判之前还要做好授权机制，比如对于风险条款要进行分级，低级别的风险条款，可以赋予业务人员更高的自主权，高级别的风险条款，要赋予法务人员一票否决权。

法务人员在进行谈判筹划时也可以发挥创意去引入表外条款，这个虽然较多是业务人员在前端的发挥，但是从引入产品、交付、运维、财务、法务等多个视角，可以全方面多维度地提升合同质量。在前期可能会比较费功夫，但一旦沉淀下来有了这样一个谈判指导书（Negotiation Playbook）之后，也不用每次都把大家弄在一起去抓头发想表外条款。这是事半功倍的事情，可以帮助谈判升维，提升整体价值，这也是我们在给企业做咨询时会去着重解决的一个方面。

六、小心陷入循环争辩的陷阱

我们很多人一想到谈判，就想到要伶牙俐齿，滔滔不绝，但其实谈判中的沟通绝不只是“说”这么简单，这一点可能和大家想象的不太一样。在给客户做谈判咨询业务时，如果我们发现客户的谈判团队里有成员过于喜欢或者过于善于表达，我们甚至会把他从谈判桌上拉下去。

这样做非常危险，因为当我们在说的时候，可能会错失对方很多的信号。过于关注表达自己，就不关注对方了。

沟通是一个非常立体的事情，它包含了怎么听、怎么问、怎么思考、怎么决策。

它当然也包含了如何表达，但是表达只是其中的一部分，而且这里的表达并不是说要把话说得多漂亮，所以如果一个谈判或一个沟通，追求“话术”这个东西，其实是特别虚无缥缈的，你面对的是不同的人，他的反应在不同的情况下充满了不确定性。

话术其实都是公式，但谈判沟通是没有什么公式的。甚至可以说，你说什么并不重要，对方听到什么才重要，其实对方听到什么也没那么重要，他听到了，但不一定理解，不一定接受，所以最重要的是对方接受什么方案。

这是一个很立体的东西，如果说从谈判沟通的能量级来讲的话，我有一个模型，最底下是辩说，无效的说服、影响，这个是非常没有益处的。你把话说得再漂亮，比如我们让一个奇葩说冠军，到中美贸易谈判的现场，他慷慨陈词一番，对方会不会说，你说得非常有道理，我们就按你说的办呢？完全不会。

所以“无效地说”是最低能量级的；往上是你不说话，不说话都比乱说话要好，沉默有时是有力量的；再往上是你怎么听，你能不能听到对方的一些信号，这个其实是很关键的；再往上是你怎么去提问，你能不能有一个很好的问题，抓到一些突破口；再往上是你怎么提案，把你的方案摆出来，让这个方案帮你去抓取谈判的主动权。

七、善用表外条款可以帮助企业在存量世界增量经营

所谓表外条款其实就是我们当下聚焦谈的条款之外的其他东西，或者说额外的变量。我们在桌上谈的东西一般是冲突比较集中的，但是有没有其他的变量可以打包放进来一起谈？这样谈判就不只是一个切蛋糕的过程，还是一个做蛋糕的过程。

这其实也要求我们回到商业的本质去思考问题，什么是商业的本质呢？其实就是价值交换。

我们不妨回到最初去看商业是怎么萌芽的，最开始的时候，你编了一双草鞋，我打了一只兔子，然后我们换一下，这就是最初的商业。但这种交换其实是有问题的，它需要有双向需求，其实就对交易有了很大的限制，而且你的草鞋可能可以储存，但我的兔子是放不了的，过了这个村就没这个店了，所以它有很多的限制。

后来货币出来了，它是一个非常好的媒介，有了货币以后，我们只要有单向的需求就可以了，极大地拓宽了交易的便利性。

货币带给人类经济体系的价值，相当于文字带给人类文化体系的价值。货币可以存储、流通，它极大地促进了商业的便利性。

但是有一个问题，货币或者说价格的出现，其实极大地抹杀了交易的创意性。什么东西都要去对应到等价物上，但是很多时候其实没有一个公允的价格。

谈判是做什么？就是要回到商业的本质，通过谈判对交易进行重构。这个时候我们要尽量去除价格或者说等价物的概念，而回到商业的本质去进行“不等价交易”。

“不等价交易”是什么意思？我们双方有需求，所以我们会坐下来谈，谈的时候我们就要去看，有什么你需要、对你来讲价值高的东西，对我来说是成本比较低的，我们一交换就产生了更好的、更大的交易价值。

或者有一些东西是对我来讲价值高、对你来讲成本低的，通过对交易进行重构，我们坐下来谈的时候，通过谈判实现交易价值的整体提升。

还有另外一点，我们要实现个人价值的更好的分配，所以谈判其实是一个“做蛋糕”和“切蛋糕”的过程，谈判的本质就是回到商业的本质，对交易进行重构。

提升谈判能力不是一个可以突飞猛进的过程，因为谈判是技巧，它不是知识。谈判能力的提升需要不断练习和打磨。

八、升维思考有助于帮助我们在谈判中打破僵局

我们在低维空间或者当下空间遇到的冲突和问题，其实是很难在当下的空间解决的，如果在当下的空间解决，我们就要直面这个冲突。我多拿一点，你少拿

一点，或者你多拿一点，我少拿一点，这个冲突是非常绝对的。

有没有一种方式，我们可以在更高维的空间去解决当下的问题？这个其实就是一个升维思考的过程。

第一，可以引入更多变量。

通俗一点来讲，我们可不可以不要只谈价格，可不可以把服务引进来，把交期引进来，或者说我们能不能做价量的捆绑？而不要说我们就聚焦在一个变量上面，这种聚焦一般会导致冲突更加集中、更加绝对化，双方的对抗性也会非常明显。

有了更多的变量，我们就可以到更高维的空间去解决当下的问题。

从理工科角度来讲，如果在x、y轴，两维空间，这两条线是交叉的，交叉的其实就是有冲突的；如果在一个三维空间，我们再去看，这两条线可能根本不交叉。

所以说，到更高的一个空间去，其实就会弱化冲突。

第二，嵌套更大的目标。

我举个不恰当的例子，比如说我们以前看香港黑帮电影，双方要开打的时候，经常会出来一个和事佬，他会说什么呢？他是说“不要打架”吗？这个其实是无效劝说。

你告诉别人做什么事情的时候，不能说“不要做什么”，这个是非常无效的，反而会让他去做这件事。

和事佬一般出来是说：“大家求财！”

为什么劝架的时候要这么说呢？想一想他们打架是为了什么？争地盘是为了什么？为了多赚钱。那我们不如就想一想怎么去多赚钱好了。所以应该在当下的目标之上，去考虑我们能不能去嵌套更大的目标。

就是这两部分。但是这个其实只是概念性地去讲，真正在实操环节是不容易的。你怎么能从当下的空间跳出来呢？面对冲突的时候人都会变傻，我们怎么能不“上头”，其实是需要很多方法的。

九、给读者的寄语

谈判不是一种说话方式，而是一种思维模式，也是一种冲突管理的方式。冲突本身并不可怕，可怕的是我们应对冲突的方式。

对我个人来讲，想和大家分享的是：学习谈判这件事，让我可以更好地管理自己的情绪，让我可以更好地跟自己、跟别人相处。所以有时候我会觉得我其实不是在教大家如何谈判，而是在教大家尝试用不互相伤害的方式，去更好地应对冲突。

合同洞见

不求最优，但求改善。

我的感受可能是不必过分追求完美的合同，其实本身也没有完美的合同，合同很多时候在执行过程中都是要出状况的，要去重新协商的，要去打补丁的。我们在前期需要把风险点尽量堵住，但不可避免会有些模糊地带，这些问题可能还是要留在实操中去解决处理的，而不是在合同中吃干抹净、多拿多占，有的时候签了好的合同、好的价格，但弄成坏的交易、坏的关系，最后也没法落地执行。

我们做生意不是一锤子买卖，也没有一劳永逸的谈判，做好准备，随时上桌，或者重新回到桌上，继续谈判，有点无限游戏的意思。

图书推荐

那就借这个机会向大家推荐我自己所著的《逆势谈判》，希望能跟各位读者在书里做更深入的交流。

校稿人：王倩（璀璨）

陈特，浙江一墨（北京）律师事务所主任，专职律师，中国人民大学律师学院兼职教授。2001年毕业于中国人民大学法学院，获法学硕士学位。

陈特律师具有丰富的民商事办案经验，工作期间共发表各类实务论文上百篇。在执业过程中总结出“诉讼十五步法”办案办法，并开发成实务课程向全国推广。

陈特律师的业务方向为民商事诉讼。

微信：chente2222；微信公众号：海坛特哥（haitanlegal）；邮箱：chent@yimolaw.com。

谈律师的定位

陈　特

Timini：特哥，为什么您的公号叫海坛特哥？海坛是什么意思？

陈特：哦，海坛是我老家，福建省海坛岛。

Timini：今晚主要就是聊律师的定位。有人问，特哥内心还有激情吗？

陈特：是的，总是激情澎湃，特别现在我做文娱法律服务，这个业务领域很新，所以还是蛮有激情的。

Timini：特哥您是从高院辞职，您是出于什么原因离开的呢？

陈特：我的公众号上曾经发过一篇采访我的文章，题目是《我要骄傲地把钱挣了》，那里面把这个问题的来龙去脉写得很清楚。

Timini：您的几次转型，包括从法院到德恒，然后又从德恒到一墨所，最近的这一次变化，主要是出于行业方向的考虑，还是其他的考虑？

陈特：我觉得如果"高大上"地说，应该是叫定位调整吧。现在叫诉讼加文娱，那么它的缘起首先是遇到对的合伙人。我2019年参加iCourt的欧洲行遇见一墨所的黄主任，回来之后一直有联系，后面陆续认识了一墨所其他合伙人，发现跟这些人志同道合，然后加盟这个律所做一墨文娱，开办一墨北京分所，又转换领域去开拓这个文娱业务。是这样，从个人到机构再到这个业务。

Timini：你觉得做文娱的话跟做其他的传统业务有什么不一样吗？

陈特：做文娱要特别了解这个行业。你看我转到一墨所做文娱业务之后，时间花在了解文娱行业知识比了解法律知识要更多一点。

Timini：那在做这个娱乐行业之前您对这些娱乐节目有兴趣吗？

陈特：有的，我之前也爱看综艺节目，比如说《爸爸去哪儿》《奔跑吧兄弟》

《中国新说唱》等。

Timini：说到这我又好奇，文娱的律师一般提供哪些服务呢？

陈特：文娱是个大概念，下面有很多细分领域。以我们一墨所来讲，现在也是有12个产品，分电影、电视、综艺版块，还有音乐版块、艺人经纪人版块、动漫版块、游戏版块的法律服务等。

Timini：那律师会在哪些方面服务客户呢？

陈特：以影视法律服务为例，从剧本策划到立项，到它的摄制过程，包括到后期、发行、宣传乃至做衍生等，全流程法律服务，比如说我们要看各个阶段的合同。

Timini：对于文娱业务，你们关注的风险点一般在哪呢？

陈特：它分两大块，一个是商务的内容，一个是法律的内容。对商务内容要很懂，然后法律内容上，它这个行业跟专业是交叉的，从专业来看业务底色都是知产业务，著作权、商标业务会有很多，也有很多常法业务、专项业务等。

Timini：那会有比较多的维权或者是争议解决事务吗？

陈特：文娱圈里面诉讼业务占比是少的，因为我们一般不主张打官司，打官司对艺人、经纪人品牌损害比较大。关于维权，我上次在文化娱乐法学会做了一次演讲，讲"艺人维权三部曲"。在B站海坛特哥上能搜到这个课程。

Timini：那您肯定近距离接触过不少明星吧。

陈特：对，这是工作需要。

Timini：特哥其实在2014年、2015年的时候公众号是做得特别好的。知名度、影响力都很大，粉丝很多，产出也很多，但中间有一段时间您转移了重心，就有点退隐江湖的意思了，是吗？

陈特：对，这几年一直在踏踏实实做商事诉讼业务，极少参加其他活动。

Timini：包括您自己运营的社群这段时间是不是也冷清了一些？

陈特：对，社群冷清了一些，还解散了很多微信群。

Timini：然后您说，这段时间是沉下心来去研究商事的争议解决，做这个决定您会觉得遗憾吗？把原来已经如日中天的领域阵地就这样放到旁边冷却下来。

陈特：不会不会，这就是我刚才讲的定位。定位说到底就是取舍，人知道自己要什么很关键，然后知道自己不要什么，对什么说“不”更关键。

Timini：所以其实您的每一次转型，在头脑中都是清楚地有“定位”的意识的。

陈特：是的。

Timini：那您对律师定位这个事情怎么看？律师定位肯定是以类型为前提的，律师能被分类吗？

陈特：我觉得律师有很多分类的维度。我今天想到一个坐标图，横轴是一个行业的分类，纵轴是一个专业的分类。行业的分类大家可以去看各个大所里面的业务分类版块，各个专业委员会。最常见的分法是诉讼律师、非诉律师。诉讼里面有做人身损害的，有做婚姻家庭的，有做建设工程的；非诉里面有做破产的，有做上市的，等等。至于行业分类，国家是有标准的，有几十甚至上百种行业分类，像我们就是文娱行业所。现在还有专注于互联网的，也有专注于环保领域的。

Timini：所以在定位的时候是要将横向和纵向都考虑到。

陈特：对的。我们以法学生为例，毕业的时候选择律所，其实就是一种定位。你要进综合所还是行业所，你是进一个公司制一体化的所，还是进一个提成制的所，他本身就有一次定位。有的人做几年非诉，觉得不适合自己，他可能会转做诉讼。这时候其实是他一个重新定位的问题，要从专业领域、行业领域两个维度去考虑。

Timini：那您觉得专业律师是什么样子？或者说行业律师和专业律师，他们分别呈现出来的是什么样子的面貌？

陈特：浙江有个垦丁所互联网做得比较多，我们一墨所就是文娱做得比较多，这个标签、品牌很明显。那么，专业律师，你看以前王兆峰老师，他开办周泰所之前就是刑辩领域的大咖，但是后面他团队的业务就很综合性了。早期元甲所是专门做交通事故的，但现在元甲所也升级了，也是综合性的，什么业务都有了。至于行业所，比如说，旷真所最早做建材领域的催款业务，建材是一个行业定位，那么催款其实是一个专业定位。它不是做全流程，而是要做催债，它在解决这个市场的痛点，所以选择行业也很重要。哪个市场中，最初律师在这个行业、这个环节提供法律服务比较少，对律师业务来讲它就是一个蓝海。

Timini：那其实在做这样的定位和选择的时候，是不是就像您说的，意味着舍弃？假设现在有一个非常大标的的医疗案件来找您，您愿意去做吗？

陈特：不做，我从2015年出来之后一单医疗都没做过，但是我会接受一些免费的咨询。

Timini：听起来好可惜哦，就是原来已经到了天花板，攒了那么多经验，然后不把它用在律师业务上。假设有那么好的业务不做，不会觉得可惜吗？

陈特：不可惜，这就叫定位，旧的不去新的不来。律师的时间是有限的，一年能做多少案子是有限的，你接那么多东西把时间占满，你就腾不出空接别的了。人不可能是全才，你什么都做是不现实的。

Timini：是，我觉得很多事情就是说起来大家都明白，但是真正到了你看到在眼前就可以做的东西时，你把它放弃，其实并不是每个人都能做到的。

陈特：对，要下很大的决心，也抵御着很多诱惑。

Timini：说到这样的定位，我觉得它肯定有很强的标签作用，但是您觉得过于强烈的定位或者是标签，会不会有一些弊端呢？

陈特：是的。比如说，我如果从法院出来之后一直做医疗业务，那业务肯定会有很多。但是如果陈特律师被打上一个标签，说这是位医疗律师的话，如果大家有一个建设工程的案子，或有一个银行票据纠纷的案子，是不会想起陈特律师的，这就是弊端。

Timini：所以标签过于明显，想撕下来就比较难，实际上您是希望把那个标签给撕干净了、撕彻底了，这样子才能有新的标签，是吗？那您现在给自己贴标签吗？

陈特：现在我是做诉讼加文娱啊，跟一墨的定位是非常吻合的，我的公众号定位也是民商法加娱乐法。

Timini：就是海坛特哥那个公众号，现在是民商法加娱乐法？

陈特：对，我们一墨的特色也是诉讼加文娱啊，想简单好记的话，就是这几个字。

Timini：年轻人选择律师跟选择法务的区别是什么？

陈特：我觉得法务是连接律师跟公司的一个桥梁。对公司来讲，它又是个边缘的部门。业务部门天天要做项目，法务说这有风险那有风险，很尴尬啊。然后出了风险时，法务部又得去处理，但是真的有大案子，请的又是外聘律师。

Timini：您觉得年轻律师什么时候开始定位比较合适？

陈特：我觉得这是因人而异的，有的人是刚从学校毕业就非常清晰地知道自己将来要做什么，那么他会选择行业所或者专业所。有的人是对某个行业感兴趣，但想去的行业所进不去，先进一个其他所再说。我个人觉得，当你没有特别清晰地认识这些东西的时候，前面还是要打几年基础的，把律师的基本业务弄扎实之后，再来考虑定位问题。

Timini：定位这个事情，必须一次就得考虑清楚要终身做下去吗？

陈特：不是的，定位是要与时俱进的，因为你定位于某个行业，行业是会变化的。比如，你以前定位教育法律服务，现在教育行业比如课外班什么的，大家都知道现在的形势，那可能你们这块就要调整，品牌要升级，定位要调整。

Timini：那如果经常调整定位的话，您觉得是不是会有一些问题？

陈特：是的，太频繁了也不合适，因为我们说一万小时定律嘛，你一个行业还没弄明白，专业还没搞透，频繁换定位，肯定不行。

Timini：刚刚有朋友也在问怎么了解行业，我怎样知道我进的是一个正确的行业，还是没那么好的行业呢？

陈特：这个你看新闻联播，读书看报，包括你看我现在做文娱，我还是比较传统，订的广电总局的机关报纸。这样的话每天看发生什么大事，他们都在提倡什么，不提倡什么，你要去了解。然后要看这个行业协会，搞的各种各样的活动，你要去参与，要去报这些沙龙啊、活动啊、培训班等。

Timini：与定位有关的几个因素，比如第一个我自己喜不喜欢，第二个它有没有前景，第三个市场需要。这些如何权衡？

陈特：这个问题是这样，当然首先你要知道自己喜欢什么。如果恰巧你喜欢的东西市场又有需求，这是最完美的。如果你喜欢的东西跟现在市场需求不太一样，那你就要先理智嘛。先解决业务问题，先说你的事业再说你的热爱，那些东西都会变成你的兴趣爱好。所以我觉得，说大白话，例如现在这个疫情期间，先活下去再说嘛，你先生存下来，你才有可能再考虑兴趣问题。

Timini：什么情形下需要去调整自己的定位？

陈特：业务做到天花板了，遇到了瓶颈，这时候他可能就要去升级。还有一个就是这个行业已经是夕阳行业了，没啥法律业务了，也要调整。

Timini：年轻的律师该怎么选择律所呢？

陈特：我觉得年轻人刚毕业，建议去大一点的所。相对来讲大一点的所，各方面更规范一些。不像一些不知名小所，它可能做业务没那么多规章制度。对年轻律师来说，可以在大所做几年的业务，我觉得至少得是三年的业务。这个打基础的过程很重要，基础打牢了，规则清晰了，后面你再去创业或再去干别的什么都有好处。

Timini：对于那些没有那么知名的所或者是在二三线城市的所来说，它们的生存会不会更难一些，或者它们该怎么去定位？它们有办法做行业或者是做专业所吗？

陈特：我觉得就是小地方的所可能刚开始就得什么业务都做，假如你定位某个行业，可能这个地方这类型的案子项目很少，就谈不上什么定位，小城市专业化的确是很难做的。

Timini：回到我们经常讨论的一个问题：做律师是要做万金油律师，还是要做专业的、有明确定位的律师？

陈特：对，你看我2015年出来的时候也不懂这个，刚开始也不知道要定位在什么地方，所以刚开始也是什么都接触的，我碰过离婚后财产纠纷的案例，也碰过继承的案例。慢慢才知道，商事诉讼可能就这么几个领域，金融、房地产、建工、公司诉讼、股权纠纷。所以我后来就选择金融专业跟争议解决领域，但之前也是摸索的阶段，在摸索的阶段其实就是万金油，什么都要接触一下，才知道什么适合自己。

Timini：那在这个摸索的阶段中，是因为您就喜欢这两件事，还是您觉得这两个领域有价值？

陈特：嗯，可能有一点点喜欢吧。主要是因为职业经历。比如，第一，我这样有审判经验的，大家想起我的时候，肯定不是说公司要上市要做IPO，想起来找特哥，肯定是要打官司才想起我，所以我必然要加入争议解决委员会，对不对？第二，就是你想做商事诉讼，范围非常窄，也就很容易聚焦了。

Timini：我觉得我问的问题，应该是您平时思考很多，信手拈来的问题。

陈特：没有没有，平时思考的都是怎么在文娱领域拓展业务，都是怎么打造文娱领域的法律服务产品。本次直播，我还是做了准备的。

Timini：关于律师的定位，还有其他想说的吗？

陈特：有一个点，我要传递给大家。讲定位，很多东西背后的逻辑就是去定位客户、定位市场，吸引到你想要的客户、想要的业务。这个背后其实都是律师开拓业务的一个问题，我也曾经讲过律师开拓业务的十大办法。

陈特：要不我们进入问答环节。

Timini：好的，有朋友问您在几个不同的细分领域这样跨越，是怎么样快速学习的？

陈特：我以前做课题，网购没这么发达，第一步就是去新华书店，在新华书店把这个领域的书尽量挑精品给买回来。现在我做文娱，第一个关注的公众号就是这个“娱乐资本论”，很快就去参加了这个公众号组织的论坛。然后我还报了演员经纪人培训班，等等。总之就是要沉浸在这个行业里面。

Timini：刚才有一个人问，半路出家怎么做律师？

陈特：这个其实是很难的。为什么呢？比如，你三四十岁了去做助理会很尴尬，你要马上去做合伙人呢，可能未必有这么多业务。所以你最好加入一个团队，在团队里有人给你业务，有人带你，你还可以做自己的业务。然后你的时间要做一个分配，比如说有1/3时间去开拓案源，1/3时间去做助理去学业务，1/3时间可能是做团队管理，等等。

合同洞见

说到这个合同洞见，我是有感触的。我原来在做票据纠纷案子的时候，核心的合同几乎是每一条都背下来了，对合同的每个条文几乎是逐字地在分析。就是说，要回到文本，因为你要去做合同解释。

图书推荐

龙卫球教授的《民法总论》。

校稿人：陈竹伟

张蕾，汉坤律师事务所合伙人，知识管理部负责人。本科毕业于美国卡内基梅隆大学，后获得中国人民大学的双学士。张蕾律师专注于私募股权投资、兼并收购、境外上市、外商直接投资等方面的法律业务，曾协助多家私募基金、战略投资者及新经济领域的企业完成境内和跨境的私募股权投资项目、股权/资产收购项目和公司重组工作，并为多家中国企业的境外上市项目提供法律服务。目前主要负责律师事务所的知识管理工作。

邮箱：leia.zhang@hankunlaw.com；微信：tweetyleia。

谈汉坤知识管理建设的心得

张　蕾

“知识管理”是律师事务所管理机制中的一种，近些年来受到越来越高的关注度。律师事务所的核心业务，是以专业的法律知识为客户解决法律问题、提供法律支持。所以，律师的专业知识和办案经验，就是律师事务所的核心资产，是提供优质法律服务和获得经济收益的基础保障，需要进行优化管理也不难理解。以笔者任职的汉坤律师事务所（以下简称汉坤）为例，汉坤是一家领先的综合性律师事务所，针对国内和国际的商业交易、争议解决提供多方位的法律服务，具体的业务领域涵盖私募融资、兼并收购、外商直接投资、境内外证券发行与上市、投资基金和资产管理、公司合规、银行金融、反垄断、知识产权、争议解决、私人财富管理、飞机融资等。为了在竞争激烈的市场中保持领先地位，为了在日新月异的法律和商业环境中始终向客户提供优质、快速的法律服务，汉坤意识到，必须对自己的核心资产进行标准化管理。武器精良，才能快速、精准地作战。因此，知识管理成为汉坤最重要的管理机制之一。作为汉坤知识管理的负责人，我愿通过此文简单介绍汉坤的知识管理建设之路，并与同行交流心得。

一、汉坤决定建立知识管理体系经过了怎样的过程?

汉坤意识到知识管理的重要性，也是经过了一定过程。事务所的律师都毕业于国内外一流的法学院，很多律师和合伙人具有丰富的实践经验，在办理案件和项目中表现优异。但是，随着事务所的人员规模扩大，业务量上升，合伙人迅速发现这么多优秀的律师放在一起集体作战，并没有让事务所显现出应有的战斗力。

这就好像100名优秀的律师尽心竭力奋战在项目的前线，没日没夜又疲惫不堪，但最后只获得了70个律师应有的战绩。毫无疑问，这中间有大量的脑力和精力被浪费了。浪费在什么地方呢？最明显的是重复劳动。例如：各业务组律师对同一课题展开重复研究，年轻律师在同类问题上犯同样的错误，合伙人面对同样的错误进行重复修改和返工，而大量的合同文件散落在律师手中，好的样本很难找出，每写一份文件需要从零开始……这些给律师工作造成明显损耗，不仅降低法律服务的质量和效率，而且会使律师们被困在大量重复基础的工作中，忙忙碌碌但难以获得提升。

事务所越来越意识到对专业知识和业务技能进行标准化管理的重要性。这是事务所提高整体竞争力的有力工具。汉坤最终选择搭建完善的知识管理体系，目标是：（1）保障优质的法律服务水平，提高工作效率，减少重复劳动，优化基础劳动时间；（2）帮助年轻律师快速成长，降低工作压力，留住人才；（3）在提高效率的同时，降低成本；（4）品牌建设。

在决定建设知识管理体系的时候，很多人问，我们需要参考国际大所的做法吗？答案是，一定会参考呀！有很多国际知名的律师事务所拥有成熟的知识管理体系，种类划分细致，技术和手段先进，不仅如此，国内也有很多红圈所建立了有效的知识管理制度，我们从中学习和借鉴了很多经验和技巧。但是，当具体落实到自身的知识管理体系时，还是需要结合本所的实际需求进行设计。特别是，知识管理涉及的范围比较广，刚开始起步的时候难以做到兼顾所有。优先展开哪部分工作，哪些是五年内的目标，都是需要评估和考量的。如果凡是别的律所有的好东西我们都要搬过来，不分主次同时建设，既不现实也没有效率。这就好比培养娃的兴趣爱好，看到邻居家小宝学了钢琴，觉得音乐很重要，咱们必须学；看到同事家小宝学了滑冰，觉得体育很重要，咱们绝不能落下；看到闺密家小宝学了围棋，觉得思维锻炼不能少，又赶紧去报班……最后精疲力竭，哪个都没有学精。理智的家长会先分析自家娃的兴趣、特长和缺陷，选择适合自己娃的兴趣班，然后再慢慢调整和扩大学习范围。搭建知识管理体系的初期也是一样，首先要了解本所的实际情况和实际需求，例如哪些环节重复犯错的现象比较严重，哪部分业务急需经验的汇总等，找出优先级最高的和开展相对容易的知识管理工作先开始做，同时结合事务所的工作风格、市场定位和律师的需求，设计知识管理成果的呈现形式。

知识管理不是为了做而做，它的存在应该解决律师和事务所在工作中的实际问题。

二、知识管理一般包括哪些内容？

汉坤搭建知识管理体系是一个循序渐进的过程，内容也是逐步完善。多年前，汉坤建立了研究部门，展开了比较早期的知识管理工作，包括：规范各类文件的格式和命名规则，汇集法律研究备忘录，组织业务培训，规范招投标文件，规范案件结案流程，制作市场宣传材料，汇总客户资源，订购法律数据库，建设图书馆，开展微博、公众号等。这些工作一一落实之后，律师们已经能感觉到工作环境变得井然有序，更加方便了。之后，汉坤建立了专门的知识管理部门，与研究部门分工配合，在深度和广度上扩展知识管理的内容。那么，更多的知识管理都包括哪些方面，具体应该如何落地呢？汉坤在这方面收集律师们的需求，借鉴国际律所的操作方式，不断地学习和思索，最终制订了适合本所风格、契合本所需求的知识管理计划。以下是一些主要的内容板块。

在数据统计和报告发布方面，事务所针对一些核心业务，包括私募股权（VC/PE）、兼并收购和基金募集项目，设计了详细的结案统计表。由于这些业务每年交割的数量较大，因此很有统计的价值。通过律师在项目完成后的结案，事务所可以在交易架构、交易金额、法律条款、行业领域等方面采集到大量的专业数据。根据这些数据，汉坤每年对外出具《VC/PE项目数据分析报告》和《基金募集项目数据分析报告》，并对内总结和分析兼并收购项目的各项数据。从这些数据中，不仅可以分析出每种法律条款和交易模式的使用状况，还可以横向比较历年的变化趋势。这种数据分析，既可以对外分享，起到市场推广的效果；又方便所内律师的学习，了解这些条款的变化方式和进退策略。除了以上数据分析报告外，汉坤还对外分享多种蓝皮书和报告，例如网络安全和数据合规蓝皮书、中国私募基金监管与实务蓝皮书、汉坤营业信托纠纷蓝皮书、Doing Business in China、汉坤争议解决报告和债券纠纷处理实务问答等。

在培训方面，事务所定期组织全所培训。培训的内容包括办案技能、新法律法规、市场热点，以及各业务领域的知识点和经验分享。随着律师人数的扩张，事务所决定把培训做得更专。由于每个业务组更加了解本组的实际需求和薄弱环节，事务所鼓励各个业务组有针对性地展开组内培训，更有效地提升本组的战斗力。为了避免对类似课题的重复培训，事务所建立培训登记和共享制度。无论全所培训还是业务组培训，培训课题和材料均会在系统上登记并上传。培训PPT和录音会在系统平台上分享，律师可以通过电脑、手机随时学习。

知识管理的另一个重要部分就是制作知识管理文件。这是一个非常浩大的工程，需要长期、持续不断的努力，而且由于知识管理文件是事务所服务质量的标杆，一般都需要非常有经验的律师和合伙人亲自把关。汉坤的知识管理文件大致分为：文件模板、工作流程、常见问题Q&A和案件分享。

文件模板，是针对在项目中频繁使用的合同、意向书等法律文件制作模板。模板会包括相对全面的条款和规范的语言，确保律师能从一个高质量的文件基础开始着手，减少底层的修改工作。更重要的是，一个好的模板，里面会包含对核心条款的重点提示，例如市场上的几种常见变化模式、特别容易出错的环节等。一个实用的模板一般不会是生硬的条款汇总，让律师改改名字就套用，而更像是一个参考指南，让律师全面了解条款的应用。

工作流程，是指针对比较复杂的项目制作详细工作流程，并对其中的关键步骤和容易出错的环节提示注意事项，便于年轻律师在初次参与复杂项目时，能够快速了解该类项目的整体操作程序，提前学习到项目中比较耗时或者容易出错的环节。律师有了更清晰的预见性，就能避免手忙脚乱，重复犯错。同时，有了工作流程，也能确保不同业务组的律师对客户有标准的服务方式，体现事务所的整体性。

常见问题Q&A，是总结了年轻律师在办案操作中经常遇到的问题和经常犯的错误，并一一提供解答，例如法律英文写作中的常见问题Q&A、劳动法案件中的常见问题Q&A等。

案件分享，是部门之间经验交流的方式之一。例如，每年各个商事交易部门会经手大量的投资、收购、基金、信托等商事交易项目，争议解决部门也会处理大量的商事争议案件。定期总结和共享争议解决部门遇到的商事争议案例，有助于商事交易部门的律师从更多角度了解合同条款和商业操作在实践中可能引发的争议，以及法官的倾向，从而改进条款的设计，更好地保护客户的利益。因此，部门之间的交流和合作有助于信息整合和服务水平的提升。

法律研究成果的汇总和共享是比较基础但又非常实用的一种知识管理。知识管理部门每年从各个业务部门汇集法律研究备忘录，加上上面提到的知识管理文件、培训材料等，都统一存放在知识资料库中。对于每一份法律研究备忘录，知识管理部门会在名称中贴上关键词标签，便于律师一键搜索到所有相关的中英文备忘录。同时，借助IT的支持，可以在系统中实现检索、在线阅览、申请下载和后台统计的功能。

另外，知识管理各个方面的有效实施离不开IT技术的支持。除了以上所述的结案统计、数据分析、法律研究成果的存储和共享外，知识管理部门还通过强大的IT支持制作了尽职调查助手软件。在软件中输入目标公司的名称，可以一键式生成法律尽职调查报告中的常用数据，节省大量人工录入和列表的基础工作，帮助律师提高尽职调查的效率和准确率。

三、知识管理会遇到什么困难?

知识管理可以集中律师的集体知识和集体经验，提高律师的整体专业水平和工作效率，既能够保障客户的服务体验，又能给律师提供快速提升的台阶。它具有诸多优点，但是现实中，实施起来却有不少困难。

首先，对于任何一个单位，如果要推行知识管理，管理层和大部分骨干人员需要对知识管理的重要性有比较一致的认知，并且有共享信息的文化。如果管理层都认为知识管理这事对本单位没有太大意义，认为这就是一些边角的后勤工作，那就真的不要推行了。

其次，即便是单位里的绝大部分人都认识到知识管理的重要性，也决心建立这么一套体系，但当工作具体落到个人头上，也经常难以推进下去。以律师事务所为例，律师日常工作都非常忙碌，项目和案件活跃的时候每天会工作十五六个小时，连睡眠都不充足，节假日也没有保障，哪有时间参与到知识管理工作中呢？而知识管理工作不是一两个人就能完成的，大部分的工作需要律师们的参与和配合。例如，组织业务培训、制作合同模板和工作流程时，要想制作出高质量的模板和流程，必须由资深的律师亲自投入大量的时间来设计、修改、定稿；要想培训内容更有价值，必须由经验丰富的律师来亲自讲解。但律师们工作压力非常大，合伙人也有完成业绩的压力，虽然大家都认可知识管理的价值，愿意在下面乘凉，却没有时间和精力给知识管理这座大厦添砖加瓦，使得大厦很难建设起来，或者建设的速度非常缓慢。更不要说每个单位都会有不愿意分享知识成果的人，他们会觉得我拥有一项独特的知识就会超越别人，拒绝共享。

这些都是知识管理的负责人必须面对和积极解决的问题。

四、什么样的人更加适合承担律师事务所的知识管理工作？

从笔者个人的角度理解，知识管理的负责人首先必须认可知识管理的重要性，并对这项工作有热情和兴趣，否则无法持续。除此之外，最好还能具备以下三个特征：

其一，深入了解事务所的业务、工作风格和核心理念。知识管理与律师的工作息息相关，目的是给律师工作输送武器弹药，提高律师和事务所的竞争力。了解业务，知识管理负责人就能够准确找出项目办理过程中相对薄弱的环节，并对症下药地制订方案（例如组织培训、制作工作流程和文件范本），实际提高这个环节的专业水平和工作效率，也能够准确提供律师所需要的信息和文件；了解工作风格和核心理念，知识管理负责人能够确保制订出的知识管理方案比较契合这家事务所的风格，适合它的市场定位和客户群体。

其二，在事务所中有较好的人际关系。如上面所说，很多知识管理工作需要律师们的集体贡献和配合，而律师们经常忙于业务，未必有时间和精力主动承担知识管理工作。熟悉各部门的律师，有助于知识管理负责人找到合适的律师配合工作；与合伙人和律师建立良好关系，相互理解，律师的积极性就容易被调动起来，愿意与这样的知识管理负责人一起合作为事务所作贡献，从而便于知识管理工作的顺利推进。

其三，本人是比较资深的律师。如果知识管理负责人是经验丰富的资深律师，他/她就能够对培训内容、合同模板、课题研究做到质量把关，甚至在熟悉领域中亲自起草模板、流程和指南。另外他/她还能够切身理解律师的工作模式、思维方式，以及在成长过程中的困惑和需求，制订最契合律师需求的知识管理方案。

知识管理负责人不仅需要在质量上保证知识管理文件、培训内容、IT软件等到达一定专业水平，能成为律师办案的有力工具，还需要设身处地地理解律师，和有调动律师参与知识管理的能力。面对知识管理中的重重困难，耐心和坚持是非常重要的。

五、知识管理的配套制度有什么？

最后，简单分享一下知识管理必不可少的两个配套制度：保密制度和奖励制度。

从上述介绍可以看出，知识管理文件集合了事务所的集体智慧和经验，是核心资产，必须有完善的保密制度确保信息不能外传。首先，事务所需要从制度和合同条款上要求律师承担保密义务。其次，通过IT技术的支持减少外泄的可能性。例如，所有法律研究成果在上线前应脱敏并且加水印，同时鼓励大家在线阅览，确需下载的，需要填写简短的申请表，下载行为会在后台留有记录，等等。

汉坤从建所伊始就强调整体作战、团结互助、信息共享，因此汉坤一直具有良好的知识共享和主动奉献的文化。每年都有一些律师和合伙人，在业务之余主动承担知识管理工作。例如，有的合伙人挤出午餐时间进行了几十期的并购业务培训；有的税务专家用心汇总律师经常咨询的税务问题，定期写出Q&A分享给全所；还有不少高年级律师和合伙人积极投入培训、模板制作和经验分享的工作中。对知识管理有突出贡献的合伙人和律师，事务所建立了奖励制度，包括现金奖励、实物奖励，也有在年终大会上的表彰，既让有突出贡献的律师有成就感，也活跃了工作气氛。

以上是笔者在汉坤知识管理建设过程中获得的一些体验和心得。知识管理制度在很多律师事务所中已经比较普遍，每个律师事务所都有自己的知识管理风格，也都积累了自己的经验和体会，面对了各种困境。希望通过此文，能有机会参与更多有关知识管理的交流。

合同洞见

既然本文涉及知识管理，就说一下有关律师使用合同模板的建议。经常看到一些律师，拿到一个合同模板，或者在之前项目中用过的版本（可以管它叫“先例版本”），过于被其中的条款束缚，即便看到瑕疵，也不敢去改，把瑕疵继续留在里面，还理直气壮地说，模板就是这样的，某某大项目上用的先例版本就是这样的！

其实不管是合同模板还是先例版本，都是为了提高律师的工作效率，而不是限制律师思维的。如果看到了瑕疵，其中必有原因。对于合同模板来说，可能是制作模板的人没有考虑全面，也可能是模板本身只适用于标准情况，并不包括特殊极端情况；对于先例版本，有些条款看似是瑕疵，但基于当时的谈判地位和商业条件，就只能签成这样。而现在你的项目的条件不一样了，肯定就不太适用了。如果模板中有不适合你的项目的条款，就要大胆修改，如果发现了瑕疵，就要大胆改进，并且提供给知识管理负责人，告诉他/她，你写出了更好的模板。

律师要敢于挑战模板，驾驭模板，超越模板，而不要成为模板的奴隶，被它限制住。一个好的模板也是经过千锤百炼，碰到各种情况后完善的，希望你就是完善它的一员。

图书推荐

向大家推荐《有多远，滚多远》。这本书描述了作者吴正亚，一位怀揣梦想在上海拼搏了很多年的中年人，遇到了数不清的迷茫，于是想远离都市寻找另一个真正的自我。他毅然付诸行动，一个人踩单车从成都骑行到拉萨。漫长的2000多公里路途中，他遇到了很多从未体验过的艰辛和挑战，体验了极度的狂喜和失落，他觉得自己似乎摸到了命运的边缘。体重从192斤减到137斤，他从一个颓废的胖子，变成一个肌肉线条明显，内心却异常平静的跋涉者。书中不仅介绍了他一路骑行看到的绚丽美景和各种奇闻趣事，也描绘了青藏高原辽阔深沉的人文画卷。

这本书特别适合匆忙奔走于职场的人阅读，也许，换一个角度看世界，会有截然不同的收获。

校稿人：林振华

姚俊倩，法律服务产品化专家。5年时间，辅导了300+律师团队落地法律服务产品。姚俊倩毕业于武汉大学、美国乔治城大学，获国际法硕士学位，拥有中国律师资格证、美国纽约州律师执业证。曾在美资所、精品所工作，后加入iCourt，成为最年轻的合伙人。现在，她已自己创业，发起并成立了LegalMVP社群，致力于让每一位律师都有自己的产品。

微信：junzhucoco；个人微信公众号：姚俊倩coco；LegalMVP社群微信公众号：LegalMVP。

法律服务产品，究竟是怎么回事？

姚俊倩

法律服务，因为无形，没有有形的载体，在获客的时候，我们的客户不是那么能理解、认可我们的服务价值。

法律服务，也因为定制，没有统一的需求口径，在交付的时候，我们的律师做了一单是一单，很难说能形成“套路”，可以直接套用。

我们都在找一味“解药”。

在这几年的法律服务行业中，“法律服务产品”，成了备受追捧的那一味“解药”。那么，法律服务产品，究竟是什么呢？

这是一个基本的概念性入门问题，但是，咱们好像一下子也回答不上来，行业里也没有形成公认的共识。大家的共识只是在于，法律服务可以借鉴其他行业里做产品的方法和路径，但什么是法律服务产品，如何作出法律服务产品，还处于一片混沌中，亟须开疆拓土。

我因为阴差阳错的工作经历，做了一小会儿的律师后就转行，在法律、教育、科技三者交叉的领域开始折腾，一折腾就是5年，让我有机会辅导了全国300多个律师团队的法律服务产品化落地。

本文，我将基于过去这5年的实战经验，和大家讨论“法律服务产品，究竟是怎么回事？”主题下的三个问题：

一、什么是法律服务产品？

二、法律服务产品是不是一个伪命题？

三、为什么红圈所不怎么提法律服务产品这个概念？

一、什么是法律服务产品？

当你看到“法律服务产品”这个词，脑海中第一个蹦出来的画面是什么呢？是一本本律所的宣传册、产品手册这类打印好的物料？或者是法律服务产品大赛上大屏幕演示的PPT资料？这可能是两个最容易第一个蹦出来的有关法律服务产品的画面。

因为，现在绝大部分时候，我们对法律服务产品化的讨论，集中在“获客端”，也就是如何作出“可视化”的产品，提升客户对我们的价值认可和信任。

但是，在“交付端”，如何作出“标准化”的产品，提升我们的服务效率和品质，则是一个鲜少被讨论的产品议题。

获客端	交付端
可视化	标准化

这是有客观原因的。因为法律服务更偏向定制化的知识服务特性，在交付上，实现规模化的难度大于获客上的难度。如果现实中并没有这么多的业务需求找过来，给我们付费，我们主观上没有这个动力，客观上也没有这个必要，去把咱们的交付端给整出像工厂里的流水线一样的标准出来，按照传统手工作坊的模式，反而投入产出比更高。

那如何突破法律服务个性化、定制化的特性，降低规模化的难度呢？物以类聚，人以群分，做精准的客户群像的定位，即便客户需求仍旧有差异，但是需求的共性已大于个性，我们就可以降低规模化的难度。所以，如果非得下一个定义的话，法律服务产品是指在精准的客户群像定位下，获客上有“可视化”的有形载体，实现了“规模化”获客；交付上有“标准化”的品质保障，实现了“规模化”交付。

用公式来表示的话：

$$法律服务产品=定位\times（获客端+交付端）^{N}$$

N次幂，代表获客实现了规模化。

二、法律服务产品是不是一个伪命题？

“服务”和“产品”，天生是一个相斥的概念，但是法律服务产品不是一个伪命题，顶多是个“新瓶装旧酒”的命题。

为什么这么说？以下分两个部分来聊聊：

1.服务和产品天生相斥，但法律服务产品不是一个伪命题。

从大众的普遍认知来说，当我们提起“产品”的时候，通常所指的是一个有形的、摸得到的、相对可以批量生产的、标准化的东西，而“服务”往往指的是无形的，由具体的人靠单位时间服务单个客户，来获取报酬的交易形态。

法律人提供的法律服务天然就是一种服务，它本身就不是产品。但是为啥我们会提法律服务产品这个概念？强行地把法律服务和产品绑定在一起，这背后到底反映了什么？是在解决什么样的问题？法律服务产品的命题，本质上，是客户需求催生出来的，是市场吹响了产品的集结号。

需求端，亘古不变，所有的客户都想要享受更低价格、更高品质的法律服务。供给端，随着越来越多的新人涌入到这个行业，以及科技公司的入局，玩家越来越多，竞争越来越激烈，如果已经在局里的律师不做任何应变，是会焦虑的。对更低价法律服务的需求，引发了我们供给端的低价竞争。做法律服务产品，在一定程度下，可以缓解恶性低价竞争的病态。在法律服务产品的逻辑下，实现更低价，不是因为我们的服务偷工减料了，服务品质降低了，而是因为在产品获客端，我们有清晰的产品成分说明书，也就是大家在产品手册里经常列出的服务清单，提前给客户定义好了服务的边界。

招投标阶段

服务内容	服务成果
•招标方尽职调查	•《尽职调查报告》
•招标方涉诉调查	•《涉诉调查报告》
•招标文件审查	•《招标文件审查报告》
•招标合同审查	•《施工合同审查报告》
	•《合同条款对比分析表》
•"黑白合同"签署	•《合同签订谈判方案》
	•《建设工程施工合同》

进场阶段

服务内容	服务成果
•施工合同宣贯	•法律培训
•各方信息资料	•《项目部人员登记表》
•法律确认指导	•《各方联系方式确认表》

施工阶段

服务内容	服务成果
•签约方尽职调查	•《尽职调查报告》
•签约方涉诉调查	•《涉诉调查报告》
•待签合同审查	•《合同审查报告》
•各合同履行跟踪	•《合同履行跟踪记录表》
•往来函件审改	•《往来函件文本》
•停工索赔服务	•《停工索赔指引》
•设计变更索赔服务	•《设计变更索赔指引》
•工期索赔服务	•《工期索赔指引》

结算阶段

服务内容	服务成果
•结算文件送达保全	•《证据送达保全指引》
•签证及变更请款	•《项目结算谈判方案》
•质保"空档期"规避	•《XX分包工程补充协议》

例1：《建设工程全程陪跑计划》产品的服务清单

在产品交付端，我们沉淀了标准化的经验，实现了批量可复制的效率。所以，我们的价格可以更低了。

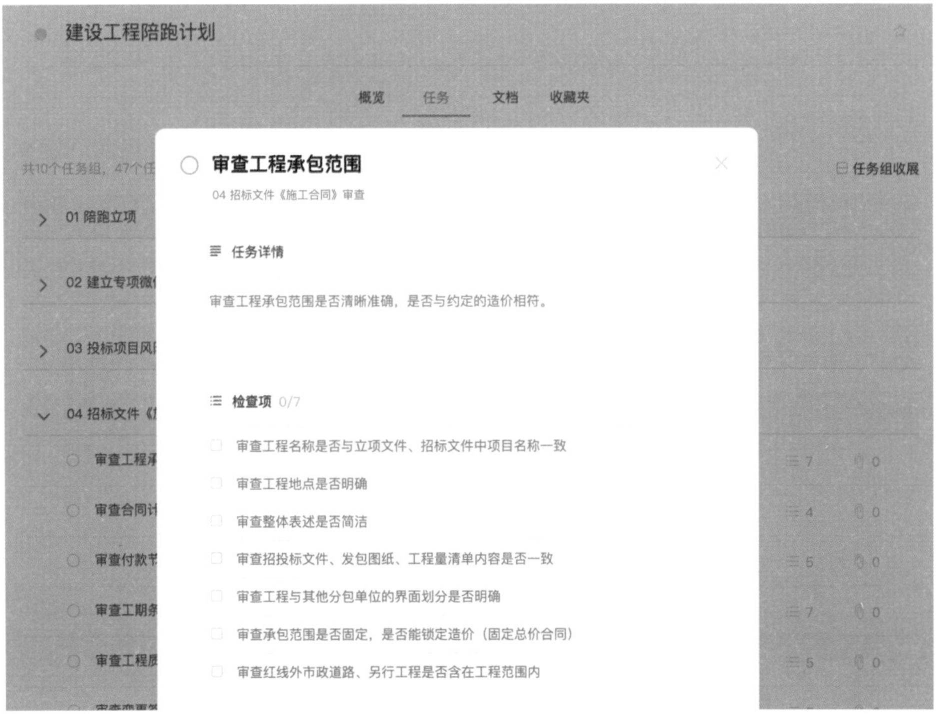

例2:《建设工程全程陪跑计划》产品的交付流程标准

对更高品质的法律需求，引发了我们对传统“万金油”律师的反思。做法律服务产品，是“行业化”“专业化”号召下的解题方案。

在法律服务产品的逻辑下，实现高品质，不是因为我们投入的人力更多了，花的时间更多了，而是因为在产品获客端，因为有精准的客户群像定位，我们可以精准把握客户需求，一击即中。

例3:《刑事辩护》产品的客户需求复现

专业的刑辩律师可以做些什么
让您的亲友早日回家

- 制定辩护方案
- 对当事人开展庭前辅导
- 提出对您亲友有利的 **法律意见**
- 争取被害人谅解，提请从轻量刑
- 为您的亲友 **出庭辩护**，维护其合法权益
- 调取能够证明您亲友无罪或轻罪的证据
- 根据案件情况为您亲友争取更轻的处罚或缓刑
- 及时与公安、检察院、法院沟通交流，了解案情变化
- 分析判决中定罪量刑的合理性，提出是否上诉的意见
- 会见您的亲友，了解案情，提供法律解答、心里疏导、生活帮助
- 申请 **取保候审**，提起羁押必要性审查，争取让您的亲友早日回家
- 查阅案件材料，并制作阅卷笔录和阅卷报告，全面掌握案情及在案证据

例 4:《刑事辩护》产品的服务方案概述

在产品交付端，通过反复的实践与精进，服务效率和品质都得以保障和提升。所以，我们的品质可以更高了。

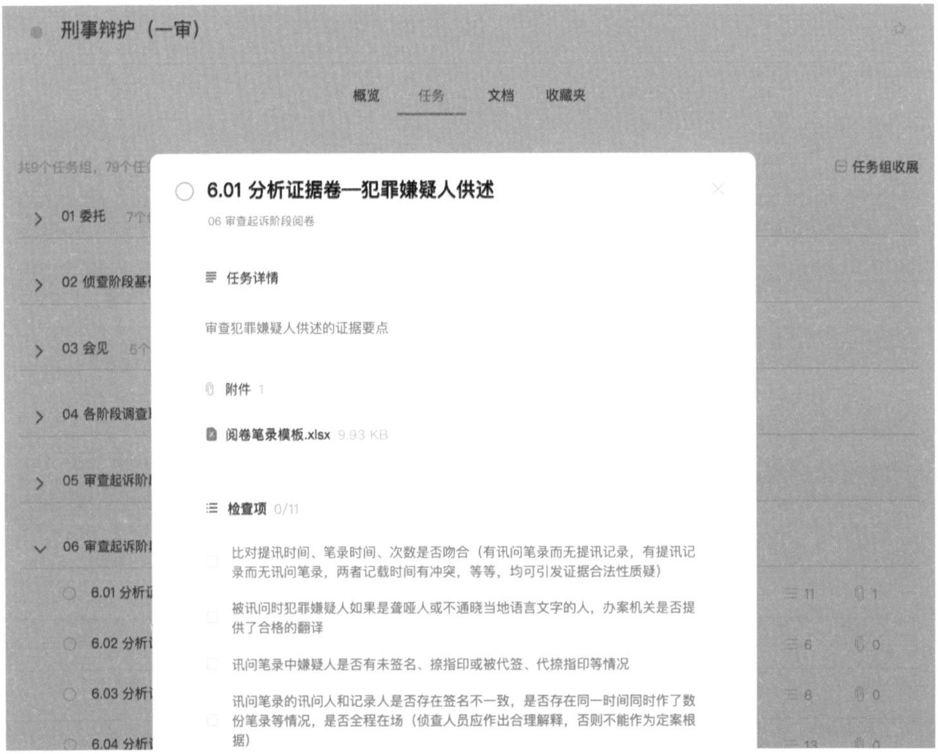

例5：刑事辩护（一审）产品的作业流程标准

综上，法律服务产品，不是一个伪命题，而是一个可以帮助客户享受到物美价廉法律服务的解决方案。

2.虽然法律服务产品不是一个伪命题，但它是个“新瓶装旧酒”的命题。

即便我一直在推广法律服务产品的概念，并靠这个概念获得了不少流量，但实诚地和大家说，法律服务产品虽说不是一个伪命题，但是一个“新瓶装旧酒”的命题，我们还是可以找到更加传统的老词，来做概念上的连接。

在获客端，这个老词是“知识营销”，在交付端，这个老词是“知识管理”。这也是我在写《法律服务产品化：法律知识营销和知识管理落地指引》这本书的时候，中国法制出版社的编辑老师给的启发。

只不过，市场更容易追捧新概念，所以，法律服务产品这个新词新概念，享受到了当下越来越热的高光。

作为服务行业下知识服务细分行业的典型代表，法律服务天然适合做知识营销，通过传播专业的知识，让律师的专业能够被客户看到（比如上电视普法）、听到（比如做社区普法咨询）、摸到（比如写普法书），从而获得客户的认可和尊重。

产品化获客的第一步，其实就是做知识营销，实现引流，让更多的客户知道我们。

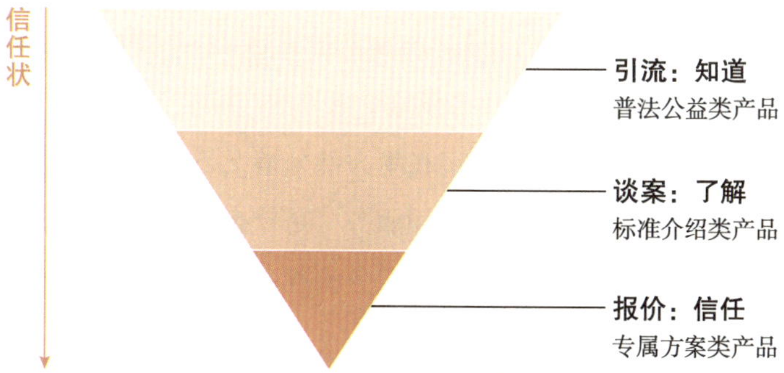

但是，律师对“营销”这个词，天然不是那么能够心生喜欢。在传统的认知里，律师怎么可以主动做营销，我们可是等着客户主动上门来咨询的专家啊。产品这两个字是中性的，解决了这个问题。作为知识服务行业里，学历资质准入门槛、知识储备迭代门槛极高的典型代表，律师也有天然的动力去做知识管理，小到自己个人层面的知识管理，大到几百人几千人律所的知识管理，都是“磨刀不误砍柴工”。

但是，如果说个人层面的知识管理，是自我成长的刚需。那么，团队层面的知识管理，则容易成为纸面上的管理，无法落地。因为团队层面的知识管理，不会对团队带来直接的金钱效益，一般的团队会忽略这部分的贡献，或者即便认可，却并不知道如何做激励。产品这两个词，暗含做出去就是冲着要卖得出去的意思，所以产品化的知识管理，以市场为导向，在概念上解决了团队做知识管理无法落地的尴尬。

再说了，“管理”也不是能够让律师一听就觉得来劲儿的词。律师怎么可以被管理，我们做律师就是看重自由啊。所以，产品这两个词，也能够在律师圈流传得更加有生命力。

三、为什么红圈所不怎么提法律服务产品这个概念？

既然说到了法律服务产品是个备受行业追捧的热词，那么，为啥站在金字塔顶端，做着高端法律服务的红圈所不怎么提法律服务产品这个概念呢？

我抛出两个可能的原因，并不一定对，恳请大家指正：

1.做产品的方法和行动，已经深入红圈所的骨髓了，不需要蹭新概念的热度。

由于这个原因，红圈所不用再去做这个额外的“标榜”动作了。

为什么这么说呢？现阶段，我们在绝大部分情况下讨论的、做到的、看到的法律服务产品化，就是介绍律师的法律服务“是什么”的产品手册，这是浅层面的法律服务产品化。整理出服务清单、服务流程，做成产品手册，只是法律服务产品化在获客端的一个常见的载体而已。

在获客端，这个浅层的认知和做法，只触及了“是什么”的表层问题，而没有触碰客户“为什么”应该买这项服务的深层动因。在交付端，这也没有回应法律服务应该“怎么做”的问题。法律服务如何跳出传统手工作坊式的交付做法，做到车间流水线般，有自己的流程作业标准？这是交付端，做法律服务产品化的深意。

红圈所服务的客户更多是大B（Business）机构客户，这类大B机构客户内部都有非常专业的法务群体，法务虽然不是决策者，却是推动企业老总做购买决策的核心人物（key person，KP）。所以，红圈所的律师和法务群体打交道的很多。

对于浅层的，律师的法律服务“是什么”的认知，是不用红圈所再去多费口舌解释的，这群法务客户都知道。即便对于新兴的服务需求，专业人士之间稍微聊一聊，也就清晰了。

举个数据合规业务需求场景下的例子，这是我在上市游戏公司做法务的同学和我说的真实场景。

2021年《个人信息保护法》出台后，她的公司想请外部律师做整个公司层面的《个人信息保护法》合规，而不是针对公司旗下的某个App去做。

后者是他们公司内部法务团队就可以搞定的，简单一些，但是在整个公司层面做《个人信息保护法》合规，从制度设计到流程搭建，这一套还是挺复杂的，而且，有第三方提供专业支持和合规意见做背书，更符合上市公司的合规审计需求。

于是，她就开始找外部律师，基本上找的都是红圈所，在数据合规领域率先作出名声的顶尖的那几家。

我问她：你怎么判断这个所做出了名声，想和他们聊聊呢？

她说，无外乎看微信公众号文章、收报告手册邮件、线下参加会议活动，再加上同行的推荐，就可以锁定要询价问方案的几个律所团队了。所以，对红圈所而言，做市场的重要前提，是要让法务这个群体的专业人士，通过这四种渠道，愿意和他们聊一聊，而和客户解释他们的法律服务“是什么”，是个细枝末节的后置问题。

如果大家有关注红圈所这个群体的微信公众号，可以看到，他们的更新是非常频繁的，而且里面的内容，也有足够的干货，当然，专业性也有点强，毕竟，直接受众是法务居多，大家都是法律人，是可以在专业上聊出深度的。

通过邮件或者线下邮寄的方式，给目标客户发《白皮书》《大数据报告》《年度观察》《大事件回顾》这类手册，这也是红圈所一直在做的事。红圈所编制的这类手册，向来是法务群体会着重研读的重点材料。

这都是普法公益类的引流产品载体。

再继续说线下会议活动。如果大家朋友圈里有红圈所的律师，估计经常被他们发的各种会议活动刷屏，而且频率一般高于其他的律所。在线下活动上发言、讲课，是红圈所合伙人律师的日常。

最后，重点说说同行推荐。“红圈”这两个词，是2014年外媒在一篇文章中用到的，不是客户给评出来的，客户这个群体，是不会直接来给律所画个啥圈的。如果不是同行的持续认可，“红圈”是不可能在圈内传开，发光发热这么久。所以，大家可以看到，红圈所的很多律师，非常乐意去做同行影响力的事。比如，出版专业书籍，参加专业研讨会，用硬核的专业，得到同行的尊重。这是红圈所在获客端的法律服务产品化，多写多讲，让自己的专业被持续看见，获得同行的认可、客户的认可。

在交付端，红圈所的法律服务产品化，那也是深入到骨髓里的习惯了。交付端的法律服务产品化，是要打造出法律服务的作业标准，其深度基于知识管理。这是一件法律人都知道很重要，都会做，但是基本上99%的团队都做不好的一件事。

前面也提到，知识管理是个不直接产生市场效益的事，没办法和获客市场行为直接挂钩。大家平时做市场，办案子，已经够忙了，还去做这个吃力不讨好，看不到效益的知识管理，那就太没劲了。

但是，红圈所用近多年积淀打下的市场江山，让他们有足够的人力和财力，去投入做这个磨刀不误砍柴工的幕后工作。红圈所基本上都有自己的专业IT团队，有自己搭建的知识管理系统，有不做案子专门做知识管理的合伙人来搭建体系，制定制度，落实执行。

我在刚毕业的时候，去了一家类红圈的精品所，律所即便只有不到100个律师，北京和上海两个办公室，但是从创所的时候，就有自己的专职IT负责人，搭建了自己的知识管理系统。我呢，就在知识管理上碰红线了。律所有个制度要求，每个月都必须上报自己在做业务过程中，可以入知识管理库的文件。但当时的我刚入行，觉得自己写的文件都是“垃圾”，肯定不满足入库的需求，也就没有回复这封邮件。而后，被带我的合伙人，严厉地说了一顿。他说，即便你觉得自己没有，也要回复“没有”两个字，并说明理由。是的，制度很严苛，落实也很严苛。至此，我对这个知识管理系统和制度充满了敬畏，小心翼翼地读了这里的管理规则和系统使用规则，而后，又被权限体系吓坏了。

因为，我的登录操作，所有有权限的合伙人都会收到提醒，而后，知识管理库的文件是不能随便下载的，需要合伙人的再次单独授权。我登录进去，只能浏览。这让我想起来了被重兵把守的“传世秘方”……

律师的工作流程、文书模板、经验指引，按照这样一套系统给运作下来，确实，称得上“传世秘方”了。所以，说到这，大家是不是理解了为啥红圈所都不谈法律服务产品？

不管是获客端，还是交付端，法律服务产品化是他们深入到骨髓的日常行为，不用再“多此一嘴”了。

2.标准，是红圈所更加愿意谈的概念。

红圈所不用“多此一嘴”谈产品，但他们非常乐意多谈谈“标准”。

确实，“树立标准”，比“打造产品”，来得更加高大上。

平台的高光，让高端复杂的法律奥赛问题集中地涌向了红圈所，红圈所可以有一定的底气说，我们填补了行业的××空白，树立了行业的××标准。

但高端的、金字塔顶端的法律服务需求，可能只有连1%都不到的一小撮，绝大部分的我们，处理的是日常高频的法律服务需求，很难有这个底气说，我们在树立这个行业做××服务的标准，但是我们可以大言不惭地说，我们在实践法律服务产品化。

但究其本质而言，标准和产品，是一样的底层逻辑，殊途同归，法律服务产品化的本质，就是“标准化”。

即便红圈所不怎么提，因为广大的群众基础，法律服务产品的概念备受追捧的趋势，也不会减弱。

综上，说到底产品是一定要做的，但是在措辞上，是有品牌调性的考量的。

四、小结

这篇文章，是有关法律服务产品的一次科普，但并非权威官方科普，只是我本人在实践了5年的法律服务产品推广和落地的经验中，做的一些总结和观察。

如果说看完本文，可以给你的启发只有一个，我希望是：法律服务产品，不是一本手册就够了。如果说，可以给你的行动，也只有一个的话，我希望是：你可以试试，做一本，或者升级一下属于你自己的产品手册。

因为，产品手册是法律服务产品化落地中，最容易，也最应该第一个落地的载体。对于如何落地法律服务产品，这个“怎么办”的问题，就给大家留一个彩蛋（bonus），微信搜索“法律服务产品化的3个公式”，可能会对你有所帮助。

期待有朝一日，每一位律师都有自己的拿手产品。不论贫富贵贱，法律服务对所有人都触手可及。

法治天下，可能也不远了吧！

合同洞见

我想聊聊合同的审查清单。过去我在做项目模板的时候，做了大概10种常见合同的审查项目清单，不过没有形成体系。如果说，所有高频常见的合同类型都有可供合同审查用的标准化清单，那么可能我们的合同审查工作，可以节省50%以上的时间。

至于审查清单怎么来，我有这样一个思路，就是来自裁判文书里合同类纠纷的大数据分析。比如说建设工程施工合同，围绕建设工程施工合同纠纷这个案由，我们可以分析裁判文书里的争议焦点，而后将高频的争议焦点与合同条款对应上。这样，我们就可以基于诉讼中最容易产生纠纷的点，倒推出非诉工作中，审查这类合同的要点。这件事高度依赖我们法律人的总结概括。

但是，我们可以通过技术的手段，让实务中产生纠纷的案件和正在审查的合同实现一定程度的关联。这个关联可能不是那么准确，也不是那么全面，但是没事，至少，可以关联到一部分的案例供大家参考。

比如，我们正在审查合同中的工期条款，工具帮我们自动关联到一些因为工期条款产生纠纷的建设工程施工合同案例，给我们提供参考，我们去总结合同审查清单，就有了实务案例的支撑和“反哺”。

而且，这些案例又是实时同步的，那么我们就会知道最新的发生的纠纷，可能又会新增一些审查此类合同的清单和要点。所以，法天使现在在做的这件事情（持续发布合同审查清单），我觉得非常有价值。

如果针对所有的类型的合同，都有相应的基础审查清单，然后这些审查清单又能和每日都更新的纠纷案例库实时关联，我们就真的可以实现合同审查的半自动化、半智能化。但要100%智能化，我觉得太难了。这完全仰仗我们法律人纯人工地投身知识拆解的长期系统工程里，因为争议焦点和清单的总结很难依靠机器去完成。再加上自然语言处理的底层技术也没发展到这个地步，还不能完全消化自然语言，以及“法言法语”，而这二者，缺一不可。

图书推荐

《寻路中国：从乡村到工厂的自驾之旅》，作者：[美]彼得·海斯勒。

校稿人：武鹏飞

后　记

“T总，法天使在招人吗？”

“T总，最近买律师助手还有优惠吗？”

“T总，能给我发一下今年的合同实训营的课表吗？”

这样的私信几乎每天都有，我多希望能有个自动回复机器人能帮我回答：“不好意思啊，我不是法天使的人。”没错，我既不是法天使的员工，也不是法天使的股东。如果非说有什么关系，我跟法天使的很多人是好朋友，仅此而已。

每当我这么说，别人都将信将疑：“啊？你不是法天使的人？那你为什么费时费力地做‘合同相对论’啊？”这时候我必定长叹一口气：唉，又要讲一遍故事吗，机器人快来救救我啊！

借着这本书的后记，我索性再讲一遍这个故事，希望这次讲完了可以一劳永逸。下次再有人问，我可以偷懒地说：“关于这个故事嘛，你可以去读一下《合同相对论：法律人的一千零一夜》的后记。”

一年半之前，我与法天使的创始人之一常金光律师在成都结识。于万千巧合中，我漫不经心地走进了他的教室，一边用手机查看成都好玩、好吃的地方，一边旁听他的合同起草审查课程。然而没听多一会儿，那些山啊水啊火锅啊糍粑啊都对我失去了吸引力，我把手机塞回包里，拿出纸笔开始记笔记。再听十几分钟，我蹑手蹑脚地从教室的后面挪到了靠前的位置，完全忘记了自己的非法旁听身份，还忍不住插嘴参与课堂讨论。

他真的太会讲课了！站在讲台上，身上“仿佛若有光”。

我自己喜欢研究演讲、讲课，碰到这样绝佳的研究对象，当然绝不能放过。

所以，当他邀请我到2020年的合同大会演讲时，我毫不犹豫地答应了，虽然明知这不是件容易的差事。正是在那场合同大会上，我才发现他的演讲比讲课还要精彩。甚至可以说，我从没在现实世界中见过那种风格的演讲：没有澎湃的激情，甚至看起来有点丧丧的，跟演讲书上的金科玉律完全搭不上边。然而就是这样看起来不合规矩的演讲，对观众的感染和冲击竟也是不同寻常的强烈。

好奇，我太好奇了。这是怎么做到的？演讲中说的合同标准、合同服务又是什么？法天使到底是一个怎样神奇的机构？如果不搞明白，我大概像追剧等不到结尾一样寝食难安。所以，当他邀请我跟他成为联合主播的时候，我再次毫不犹豫地答应了，虽然我对直播一无所知，对“合同相对论”想要做的事和可能去的地方一无所知。

就这么稀里糊涂地，我们做起了法律圈的直播对谈节目。可能因为疫情，可能因为法天使大量的用户基础，也可能因为那时基本没有法律人直播，我们的直播从开始就超乎想象地热闹：上来就有几千人的观看量，刷屏般的直播间留言，直播结束后数以百计的新朋友加微信……原本常律师打算只做30期结束，可是临近结束，不仅观众不乐意，我自己也非常不舍。

是的，那种感觉太令人着迷了。无论是“搜罗”嘉宾、联络嘉宾，还是与嘉宾商讨对谈主题、敲定海报文案、打磨对谈细节，每场对谈都是一段新的旅程：既有启程的新鲜和期待，又有旅途的风景与体验，也有结束时的满足与回味。

所以，可以用一句话来回答我为什么要做“合同相对论”，为什么一直有热情：过程即奖赏。别人看到的是我付出时间和精力，我感受到的却是一路不停地在采摘果实。那些果实多种多样，其中最大的几颗分别叫知识、洞见、眼界还有友谊。

就拿友谊来说，因为直播，我结识了几千法律人。每周三晚上十点半直播结束，我至少还会花上两个小时去通过新朋友的好友申请，与他们一对一交流。这些朋友们给出的赞美，甚至超出了我异常强烈的虚荣心所需，时常让我脸红。当然，朋友们也给了很多有价值的反馈。如果哪一次我打断嘉宾发言过多，没等结束就会收到私信提醒。而当我需要什么帮助时，这些素未谋面的朋友，总能给我各种支持。

除了跟很多观众成为朋友，我跟很多原本不熟的对谈嘉宾也成了很好的朋友。这些嘉宾个个怀揣各种“绝技”，但都有着一样的谦逊、认真和赤诚。我们的对谈不过短短两小时，甚至都还没见过面，但之后对我各种得寸进尺的要求，大家都欣然应允。比如，2021年12月法天使在深圳举行合同大会，我全没当自己是外人，直接从嘉宾里“指定”了几位演讲者。年底谁不事务繁多，演讲又有谁不怵头，但嘉宾们不仅无一推辞，还毫无怨言地被我催稿、提要求。还有一些嘉宾虽然没有演讲任务，也不远千里地飞去深圳参加大会。

而这次将“合同相对论”对谈内容集结出书，从编辑约稿到嘉宾出稿，前后总共只有两周时间。你没看错，只有两周。就这样，没人拖延，没人抱怨，有不少嘉宾还提前交出了高质量稿件。

可以说，与“合同相对论”相关的一切，都使我惊奇，使我欢喜，更使我不敢懈怠：优秀者的优秀，自有其原因。见贤思齐，大概是最偷懒却最高效的路径复制。现在将这些优秀者的经验、心得整理成书，也希望可以给你抄作业的可能。

也正是因为这些，我给本书取名《合同相对论：法律人的一千零一夜》。那些美好的夜晚，星光璀璨的夜晚，讲故事的夜晚，我希望可以一直继续下去。

也希望那些夜晚，每个周三、周日晚上八点半，你都在。

踢米尼（Timini）

图书在版编目(CIP)数据

合同相对论：法律人的一千零一夜 / 常金光，踢米尼主编. —北京：中国法制出版社，2022.6

ISBN 978-7-5216-2654-4

Ⅰ. ①合… Ⅱ. ①常… ②踢… Ⅲ. ①法律—文集 Ⅳ. ①D9-53

中国版本图书馆CIP数据核字（2022）第072962号

策划编辑：赵宏

责任编辑：冯运（654093944@qq.com）

封面设计：珊珊来迟

合同相对论：法律人的一千零一夜

HETONG XIANGDUILUN: FALÜREN DE YIQIAN LING YI YE

主编 / 常金光　踢米尼

经销 / 新华书店

印刷 / 三河市紫恒印装有限公司

开本 / 710毫米 × 1000毫米　16开

印张 / 21　字数 / 329千

版次 / 2022年6月第1版

2022年6月第1次印刷

中国法制出版社出版

书号ISBN 978-7-5216-2654-4

定价：89.00元

北京市西城区西便门西里甲16号西便门办公区

邮政编码：100053

传真：010-63141600

网址：http://www.zgfzs.com

编辑部电话：010-63141832

市场营销部电话：010-63141612

印务部电话：010-63141606

（如有印装质量问题，请与本社印务部联系。）